应用型本科院校"十三五"规划教材/机械工程类

主 编 朱礼贵 王海涛
副主编 李 凡 田俊岩 李海滨

汽车发动机构造与原理

The Construction and Principles of Automobile's Engine

哈尔滨工业大学出版社

内容提要

本书结合汽车的各总成、部件的典型结构实例,全面系统地阐述了汽车发动机的结构和工作原理。本书注重理论基础知识与实际应用的结合,着重讲解应用型人才所需的技能,突出实用性和可操作性;以基本知识点为纲,结合国内外典型汽车实例介绍汽车发动机的结构与工作原理;以轿车内容为主,介绍了近年来国内外已成熟的新结构和新技术。全书共十章,主要介绍了发动机的工作原理、发动机曲柄连杆机构、发动机配气机构、发动机废气涡轮增压系统、汽油机供给系统、柴油机供给系统、发动机有害排放物的控制系统、发动机冷却系统和发动机润滑系统等内容。

本书可作为高等院校汽车工程类各专业专科生或本科生的教材,也可作为高职高专、成教汽车工程类各专业学生的教材,还可供汽车产业工程技术人员、公路运输行业工程技术人员参考和汽车爱好者阅读。

图书在版编目(CIP)数据

汽车发动机构造与原理/朱礼贵,王海涛主编. —哈尔滨:哈尔滨工业大学出版社,2019.7
ISBN 978 - 7 - 5603 - 8284 - 5

Ⅰ.①发… Ⅱ.①朱…②王… Ⅲ.①汽车 - 发动机 - 构造 - 高等学校 - 教材②汽车 - 发动机 - 理论 - 高等学校 - 教材 Ⅳ.①U464

中国版本图书馆 CIP 数据核字(2019)第 104823 号

策划编辑	杜 燕
责任编辑	王 玲　庞 雪
封面设计	高永利
出版发行	哈尔滨工业大学出版社
社　　址	哈尔滨市南岗区复华四道街10号　邮编150006
传　　真	0451 - 86414749
网　　址	http://hitpress.hit.edu.cn
印　　刷	黑龙江艺德印刷有限责任公司
开　　本	787mm×1092mm　1/16　印张16.25　字数400千字
版　　次	2019年7月第1版　2019年7月第1次印刷
书　　号	ISBN 978 - 7 - 5603 - 8284 - 5
定　　价	43.80元

(如因印装质量问题影响阅读,我社负责调换)

《应用型本科院校"十三五"规划教材》编委会

主　　任　修朋月　竺培国

副主任　王玉文　吕其诚　线恒录　李敬来

委　　员　丁福庆　于长福　马志民　王庄严　王建华
　　　　　　王德章　刘金祺　刘宝华　刘通学　刘福荣
　　　　　　关晓冬　李云波　杨玉顺　吴知丰　张幸刚
　　　　　　陈江波　林　艳　林文华　周方圆　姜思政
　　　　　　庹　莉　韩毓洁　蔡柏岩　臧玉英　霍　琳
　　　　　　杜　燕

序

哈尔滨工业大学出版社策划的《应用型本科院校"十三五"规划教材》即将付梓,诚可贺也。

该系列教材卷帙浩繁,凡百余种,涉及众多学科门类,定位准确,内容新颖,体系完整,实用性强,突出实践能力培养。不仅便于教师教学和学生学习,而且满足就业市场对应用型人才的迫切需求。

应用型本科院校的人才培养目标是面对现代社会生产、建设、管理、服务等一线岗位,培养能直接从事实际工作、解决具体问题、维持工作有效运行的高等应用型人才。应用型本科与研究型本科和高职高专院校在人才培养上有着明显的区别,其培养的人才特征是:①就业导向与社会需求高度吻合;②扎实的理论基础和过硬的实践能力紧密结合;③具备良好的人文素质和科学技术素质;④富于面对职业应用的创新精神。因此,应用型本科院校只有着力培养"进入角色快、业务水平高、动手能力强、综合素质好"的人才,才能在激烈的就业市场竞争中站稳脚跟。

目前国内应用型本科院校所采用的教材往往只是对理论性较强的本科院校教材的简单删减,针对性、应用性不够突出,因材施教的目的难以达到。因此亟须既有一定的理论深度又注重实践能力培养的系列教材,以满足应用型本科院校教学目标、培养方向和办学特色的需要。

哈尔滨工业大学出版社出版的《应用型本科院校"十三五"规划教材》,在选题设计思路上认真贯彻教育部关于培养适应地方、区域经济和社会发展需要的"本科应用型高级专门人才"精神,根据前黑龙江省委书记吉炳轩同志提出的关于加强应用型本科院校建设的意见,在应用型本科试点院校成功经验总结的基础上,特邀请黑龙江省9所知名的应用型本科院校的专家、学者联合编写。

本系列教材突出与办学定位、教学目标的一致性和适应性,既严格遵照学科体系的知识构成和教材编写的一般规律,又针对应用型本科人才培养目标及与之相适应的教学特点,精心设计写作体例,科学安排知识内容,围绕应用讲授理论,做到"基础知识够用、实践技能实用、专业理论管用"。同时注意适当融入新理论、新技术、新工艺、新成果,并且制作了与本书配套的PPT多媒体教学课件,形成立体化教材,供教师参考使用。

《应用型本科院校"十三五"规划教材》的编辑出版,是适应"科教兴国"战略对复合型、应用型人才的需求,是推动相对滞后的应用型本科院校教材建设的一种有益尝试,在应用型创新人才培养方面是一件具有开创意义的工作,为应用型人才的培养提供了及时、可靠、坚实的保证。

希望本系列教材在使用过程中,通过编者、作者和读者的共同努力,厚积薄发、推陈出新、细上加细、精益求精,不断丰富、不断完善、不断创新,力争成为同类教材中的精品。

前 言

随着我国人民生活水平的逐步提高,汽车保有量迅速增加,这在一定程度上促进了汽车工业的高速发展,使汽车行业对汽车专业人才的需求更为迫切。与此同时,为满足环保、节能、安全性和舒适性等要求,新技术、新工艺和新材料不断应用,汽车结构不断改进和完善。因此,发动机构造教材也必须不断地推陈出新,紧跟时代的步伐。

本书力求将汽车专业领域技能型紧缺人才的后市场需求与应用型本科教育发展的新形势相结合,注重从应用教育教学的特点出发,结合维修企业对汽车专业技术人员职业技能的要求,阐述了汽车发动机的基本结构和工作原理。本书内容以知识够用为度,不追求理论体系完整,尽量加强知识应用,突出以能力为本位的应用教育特色。编者来自哈尔滨剑桥学院汽车专业教学第一线,对教育改革形势、汽车专业建设和发展有着深刻的感受和认知。

本书结合汽车的各总成、部件的典型结构实例,全面系统地阐述了汽车发动机的结构和工作原理。本书注重理论基础知识与实际应用的结合,着重讲解应用型人才所需的技能,突出实用性和可操作性;以基本知识点为纲,结合国内外典型汽车实例介绍汽车发动机的结构与工作原理;以轿车内容为主,介绍了近年来国内外已成熟的新结构和新技术。全书共十章,主要介绍了发动机的工作原理、发动机曲柄连杆机构、发动机配气机构、发动机废气涡轮增压系统、汽油机供给系统、柴油机供给系统、发动机有害排放物的控制系统、发动机冷却系统和发动机润滑系统等内容。

本书由朱礼贵、王海涛任主编,李凡、田俊岩、李海滨任副主编。朱礼贵编写绪论和第六章,王海涛编写第二章和第九章,李凡编写第一章和第四章,田俊岩编写第三章和第八章,李海滨编写第五章和第七章。

本书可作为高等院校汽车工程类各专业专科生或本科生的教材,也可作为高职高专、成教汽车工程类各专业学生的教材,还可供汽车产业工程技术人员、公路运输行业工程技术人员参考和汽车爱好者阅读。

在编写过程中,本书参考并引用了一些相关教材和汽车专著,在此谨向有关作者表示衷心感谢。由于编者水平有限,书中难免存在疏漏和不当之处,恳请各位读者批评指正。

编 者

2019 年 3 月

目 录

绪论 1
   第一节　汽车工业的发展概况 1
   第二节　汽车在现代化社会中的作用 2
   第三节　汽车类型 3
   第四节　国产汽车型号编制规则 8
   第五节　汽车总体构造 9
   第六节　汽车行驶基本原理 11
   思考题 12

第一章　发动机的工作原理 14
   第一节　发动机的分类 14
   第二节　四冲程发动机的工作原理 15
   第三节　二冲程发动机的工作原理 19
   本章小结 21
   思考题 21

第二章　曲柄连杆机构 23
   第一节　概述 23
   第二节　机体组 26
   第三节　曲柄连杆机构的组成及工作原理 33
   第四节　可变气缸控制技术 55
   第五节　曲柄连杆机构的常见故障诊断与排除 56
   本章小结 59
   思考题 59

第三章　配气机构 61
   第一节　配气机构的零件和组件 62
   第二节　气门式配气机构的布置及传动 72
   第三节　配气定时 84
   第四节　配气机构的使用维护及常见故障 89
   本章小结 91
   思考题 91

第四章　发动机废气涡轮增压系统 …… 92
第一节　概述 …… 92
第二节　废气涡轮增压系统 …… 95
第三节　废气涡轮增压系统的使用维护与常见故障 …… 104
本章小结 …… 106
思考题 …… 107

第五章　汽油机供给系统 …… 108
第一节　汽油机燃料 …… 108
第二节　可燃混合气浓度与汽油机性能的关系 …… 112
第三节　汽油机燃烧过程 …… 115
第四节　汽油机供给系统的构造与原理 …… 118
第五节　电子控制系统 …… 129
第六节　电控汽油喷射系统的日常维护与常见故障 …… 133
本章小结 …… 138
思考题 …… 138

第六章　柴油机供给系统 …… 139
第一节　柴油及其使用性能 …… 139
第二节　柴油机混合气的形成与燃烧 …… 143
第三节　柴油机供给系统的组成 …… 147
第四节　柱塞式喷油泵 …… 152
第五节　分配式喷油泵 …… 164
第六节　调速器 …… 169
第七节　喷油器 …… 173
第八节　共轨式电控喷射系统 …… 178
第九节　柴油机的燃烧过程 …… 183
第十节　发动机的进排气系统 …… 185
第十一节　柴油机燃料供给系统的使用维护与常见故障 …… 191
本章小结 …… 199
思考题 …… 199

第七章　发动机有害排放物的控制系统 …… 201
第一节　汽车发动机的有害排放物 …… 201
第二节　发动机的排放控制装置 …… 204
本章小结 …… 210

思考题……211

第八章　发动机冷却系统……212
　　第一节　冷却系统的作用及类型……212
　　第二节　冷却系统的基本组成……216
　　第三节　冷却系统的工作原理……223
　　第四节　变速器机油冷却液……224
　　第五节　冷却系统的使用维护与常见故障……225
　　本章小结……227
　　思考题……227

第九章　发动机润滑系统……229
　　第一节　润滑系统的作用及组成……229
　　第二节　润滑剂……236
　　第三节　润滑系统的使用维护与常见故障……239
　　本章小结……246
　　思考题……246

参考文献……247

绪　　论

汽车自诞生以来,以惊人的速度发展,被称为"改变世界的机器"。汽车是数量最多、普及最广、活动范围最广泛、运输量最大的重要的现代化陆地交通工具,由于汽车关联度很高,汽车保有量也被视为一个国家经济发展水平的重要标志。目前,全世界有十几亿辆汽车在陆地上行驶,并且汽车数量以每年几千万辆的速度增长。可以断言,没有哪种机械产品像汽车那样对人类社会产生如此广泛而深远的影响。

第一节　汽车工业的发展概况

一、国外汽车工业的发展

19世纪末20世纪初,欧美一些主要资本主义国家相继完成了工业革命。随着生产力的大幅度提高,交通运输工具也需要有相应的发展。石油工业和机械工业的发展已能提供足够的燃料和先进的加工设备。因此,继德国卡尔·本茨和戈特利布·戴姆勒分别于1886年先后成功地发明了世界上第一辆三轮内燃机汽车和第一辆四轮内燃机汽车之后,法国于1890年、美国于1893年、英国于1896年、日本于1907年、苏联于1910年相继制造出了汽车,世界汽车工业发生了日新月异的变化。

汽车虽然诞生在欧洲,但美国依靠优越的资源、自然条件及宽松的政策,又利用欧洲遭受第一次世界大战重创的时机,其汽车工业迅速崛起,并超过了欧洲。从20世纪初至70年代的几十年间,美国的汽车产量一直遥遥领先。日本汽车工业在第二次世界大战前规模较小,但在20世纪60～70年代,依靠引进国外的先进技术和科学的经营管理方法,其汽车工业迅猛发展,后来者居上,先后超过了意大利、英国、法国、德国等一些老牌的汽车工业国家。汽车工业发展的初期,曾有过百家争艳的局面,然而经过激烈的竞争、优胜劣汰和兼并改组,汽车工业逐渐趋于集中垄断。美国、日本等发达国家发展汽车工业的特点是资本集中垄断,利用高科技优势进行自主开发,采取大批量和规模经济的生产方式。例如,美国的通用、福特、克莱斯勒3家汽车公司垄断了美国90%以上的汽车生产;世界上20家主要的汽车公司垄断了全球80%以上的汽车生产。近10余年来,许多发达国家的汽车保有量和需求量已渐趋饱和,汽车工业在20世纪50～60年代迅速发展的势头已减缓,企业之间竞争激烈,有些企业生产不景气、严重亏损,甚至发生股权转让和兼并改组。各大汽车公司为了在激烈的竞争中生存,一方面采取频繁换型的手段以增强竞争力,利用"动态报废"刺激购买力;另一方面采取将产品输出变为资本输出的对策,寻求多样化的合作方式,实现跨国经营,进行合资入股、渗透兼并,使汽车生产渐趋国际化。

二、国内汽车工业的发展

国内汽车工业发展大致可以分成3个阶段:①1953年我国汽车工业诞生到1978年改革开放前。这个阶段我国汽车产品从无到有,初步奠定了汽车工业发展的基础。②1978年到20世纪末。我国汽车工业获得了长足的发展,形成了完整的汽车工业体系。从载重汽车到轿车,开始全面发展。这一阶段是我国汽车工业由计划经济体制向市场经济体制转变的转型期。这一时期的特点是:商用汽车发展迅速,其产品系列逐步完整,生产能力逐步提高,我国已具有一定的自主开发能力。重型汽车、轻型汽车的不足等情况得到改善,轿车生产已有基本格局和基础,我国汽车工业生产体系进一步得到完善。随着市场经济体制的建立和政府经济管理体制的改革,企业自主发展、自主经营,大企业集团对汽车工业发展的影响越来越大。汽车工业企业逐步摆脱了计划经济体制下严重的行政管理束缚。政府通过产业政策对汽车工业进行宏观管理,引进技术、合资经营,使我国汽车工业产品水平有了较大提高,同时摸索了对外合作、合资的经验。③21世纪以后。在我国加入WTO后,我国汽车工业的市场规模、生产规模迅速扩大,全面融入了世界汽车工业体系。

第二节 汽车在现代化社会中的作用

汽车问世百余年来,特别是从汽车产品的大批量生产及汽车工业的迅速发展以来,汽车不仅为世界经济的发展和人类进入现代化的生活带来了巨大影响,而且也为人类社会的进步做出了不可磨灭的巨大贡献。

社会对汽车不断增长的需求促使汽车工业日益繁荣。一辆汽车由上万个零件组成,由钢铁、有色金属、工程塑料、橡胶、玻璃、纺织品、木材、涂料等众多材料制成,采用冶炼、铸造、锻造、焊接、装配、涂装等诸多工艺和技术,涉及冶金、机械制造、化工、电子、电力、石油、轻工等工业部门,汽车的销售和营运还涉及金融、商业、运输、旅游、服务等第三产业。可以断言,没有哪个行业与汽车完全无关。汽车工业的发展无疑会促进各行各业的繁荣兴旺,带动整个国民经济快速发展。

汽车也是科学技术发展水平的标志。近20多年来,计算机技术、现代设计理论、现代测试手段、新材料、新工艺、新技术等诸多方面的成就,不但改变了汽车工业的面貌,而且也使汽车产品的结构和性能焕然一新。汽车产品的现代化首先体现在应用现代化的微电子技术对汽车实行控制操纵,大大地提高了汽车的性能。在20世纪80年代初,电子设备成本只占汽车成本的2%,而目前在一些先进的汽车上,这个指标已超过20%。汽车上几乎每个系统都可采用电子控制装置来改善性能和实现自动化。例如,电子控制的发动机点火系统和供油系统、变速器的电子控制系统、电子驱动力调节系统(ETS)、防抱死制动系统(ABS)、智能悬架系统、速度感应式转向系统(SSS)、电子车厢温度调节系统、电控防撞安全系统、电子防盗系统、卫星导航系统(GPS)等。汽车产品的现代化还表现在汽车结构的变革上。汽车发动机结构变革的主要目的是提高工作效率、降低燃油消耗和减少污染,如双顶置凸轮轴(DOHC)、多气门、涡轮增压、提高压缩比、分层进气等新结构。汽车底盘趋于采用多挡位或无级变速器以利于按照汽车各种工况选择合适的传动比,从而提高汽车的性能和进一步降低燃油消耗。先进的轮胎结构主要表现在子午化、扁平化及无内胎化等方面。先进的车身结构轻巧并具有优良的防撞安全性，其造型已从20世纪70年代那种大曲面与急剧的转折所构成方基调的格局转化为空气动力性能优异的浑圆而光顺的平滑化形体。汽车产品的现代化还体现在汽车整车的轻量化上。整车轻量化除了运用先进的设计方法使汽车尺寸更紧凑且合理外，更重要的是采用了新型材料。目前汽车所采用的新材料主要是工程塑料、轻质铝合金、高强度合金钢等。近年来，工程塑料在汽车上的用量迅速增加，大多数轿车的工程塑料用量已超过100 kg。轻质铝合金不但已广泛应用于铸造发动机、底盘各种壳体和车轮，而且越来越多地用于车身制造，全铝车身也已投入批量生产。高强度合金钢不但是用于发动机和底盘的重要零件，也用于车身板件以减小其厚度，从而使车身实现大幅度轻量化。此外，一些新型化学材料，如防锈剂、胶黏剂（如乐泰胶等）及密封剂等，对汽车的防腐、防松、防渗漏也具有重要的作用。

现代化的汽车产品依托于现代化的设计手段和生产手段。目前，在汽车工业上已广泛应用全球信息网络、计算机辅助造型（CAS）、计算机辅助设计（CAD）、计算机辅助工程分析（CAE）、计算机辅助制造（CAM）、计算机辅助实验（CAT）、计算机集成制造系统（CIMS）及虚拟现实系统（VR）等一大批先进技术，促成了并行工程（SE）的实施，真正做到技术数据和信息在网络中准确的传输与管理，实现无图样化生产和制造柔性化，不但大大提高了工作效率，缩短了开发周期，而且提高了产品的精度和质量，降低了生产成本。毫无疑问，汽车是一种高科技产品，足以体现一个社会的科学技术水平。汽车工业的发展必将促进科学技术的繁荣昌盛。

与此同时，汽车也给社会带来一些不易解决的难题：汽车数量增多导致交通堵塞和停车场短缺，汽车碰撞事故频发造成全世界每年40多万人死亡和1 200万人受伤。6亿多辆汽车每年需要消耗10多亿吨燃油，超过全世界石油年产量的1/3。这些燃油燃烧后约生成0.6亿吨有害气体，严重污染环境。由此可见，行车安全、能源节约和环境保护已成为当前汽车技术亟待解决的三大重要课题。近几年，经过科技人员不懈的研究和努力，治理这些问题的工作已取得明显的成效。

第三节 汽车类型

汽车是由自身的动力装置驱动，具有4个或4个以上车轮的非轨道承载车辆，其主要用途是载运（或牵引）人员和（或）货物。

汽车的类型较多，分类方法也很多，通常可按其用途、动力装置类型、行驶道路条件、行驶机构的特征、发动机位置及驱动形式、乘客座位数及汽车总质量等进行分类。

一、按用途分类

按用途不同，汽车可分为普通运输汽车、专用汽车及特殊用途汽车等类型。

1. 普通运输汽车

普通运输汽车可分为轿车、客车和货车，并按照各自的主要特征参数分级，即轿车按照发动机工作容积（排量）、客车按照车辆总长度、货车按照汽车总质量分级。

（1）轿车。轿车是供个人使用的、载运少量乘员（2~9人）的汽车，其分级见表0-1。

表0-1 轿车的分级

轿车分级	发动机工作容积(排量)/L
微型轿车	≤1.0
普及型轿车	1.0~1.6
中级轿车	1.6~2.5
中高级轿车	2.5~4.0
高级轿车	>4.0

(2)客车。客车是供公共服务用的、载运较多乘员(9人以上)的汽车,其分级见表0-2。

表0-2 客车的分级

客车分级	车辆总长度/m
微型客车	≤3.5
轻型客车	3.5~7.0
中型客车	7.0~10
大型客车	10~12

(3)货车。货车是载运货物的运输汽车,其分级见表0-3。

表0-3 货车的分级

货车分级	汽车总质量/t
微型货车	≤1.8
轻型货车	1.8~6.0
中型货车	6.0~14
重型货车	>14

2.专用汽车

专用汽车是用基本车型改装,装上专用设备或装置,完成某种或某些专门作业任务的汽车。

(1)作业型专用汽车。作业型专用汽车是指在汽车上安装各种特殊设备进行特定作业的汽车。例如,商业售货车、医疗救护车、公安消防车、环卫环保作业车、市政建设工程作业车、电视广播车、农牧副渔作业车、石油地质作业车和机场作业车等。

(2)运输型专用汽车。运输型专用汽车是车身经过改装,用来运输专门货物的汽车。例如,运输易污货物的闭式车厢货车、运输易腐食品的冷藏车厢货车、运输砂土矿石的自卸汽车、运输流体或粉状固体的罐车,此外还有挂车、半挂车、集装箱货车等。

3.特殊用途汽车

(1)竞赛汽车。竞赛汽车是按照特定的竞赛规范而设计或改装的汽车。在进行竞赛时,竞赛汽车各种零部件的性能都将经受极其严峻的考验,因此竞赛汽车都是经过精心的设计的,并集中使用了大量高新科技成果。举办汽车竞赛对促进汽车科技发展具有重要的作用,也是各个制造厂商及赞助商进行广告宣传的好时机。著名的汽车比赛有一级方程式汽车竞赛、汽车拉力赛和汽车冲刺赛等。

(2)娱乐汽车。随着人民生活水平的提高,人们对汽车的需求已不仅满足于运输需要,而且还希望汽车满足精神生活的需要,这种娱乐汽车包括装备卧具和炊具的旅游汽车(流动住房)、高尔夫球场专用汽车、海滩游玩汽车等。

现行国家标准《汽车和挂车类型的术语和定义》(GB/T 3730.1 - 2001)将汽车分为乘用车和商用车。

1. 乘用车

乘用车是指在设计和技术特性上主要用于载运乘客及其随身行李和临时物品的汽车,包括驾驶员座位在内最多不超过 9 个座位,它也可以牵引一辆挂车。乘用车包括普通乘用车、活顶乘用车、高级乘用车、小型乘用车、敞篷车、舱背乘用车(这 6 种俗称轿车)、旅行车、多用途乘用车、短头乘用车、越野乘用车及专用乘用车(旅居车、防弹车、救护车和殡仪车)等。

2. 商用车

商用车是指在设计和技术特性上用于运送人员和货物的汽车,并且可以牵引挂车。商用车包括客车(小型客车、城市客车、长途客车、旅游客车、铰接客车、无轨电车、越野客车、专用客车)、半挂牵引车、货车(普通货车、多用途货车、全挂牵引车、越野货车、专用作业车、专用货车)等。

二、按动力装置类型分类

1. 内燃机汽车

(1)活塞式内燃机汽车。活塞式内燃机可按活塞的运动方式分为往复活塞式和旋转活塞式等类型。目前,汽车几乎都采用往复活塞式内燃机作为动力装置。按照燃料的不同,内燃机汽车又可分为汽油机汽车、柴油机汽车和代用燃料汽车。目前,代用燃料主要有合成液体石油、液化石油气(LPG)、压缩天然气(CNG)和醇类等。

(2)燃气轮机汽车。燃气轮机汽车是一种涡轮式内燃机汽车。与活塞式内燃机相比,燃气轮机功率大、质量小、转矩特性好,对燃油没有严格限制;但其耗油量较多,噪声较大,制造成本较高。

2. 电动汽车

电动汽车(Electric Vehicle,EV),是指以车载电源为动力,用电机驱动车轮行驶,符合道路交通安全法规各项要求的汽车。

(1)蓄电池式电动汽车(Battery Electric Vehicle,BEV)。传统的铅酸蓄电池具有质量大、比能量低、充电时间长、寿命短等缺点,其在车速和续驶里程等性能方面还无法与技术成熟的内燃机汽车相媲美。但是,这种汽车却具有许多优点:不需要石油燃料、零排放、操作简便、噪声小,以及可在特殊的环境(如太空、海洋、真空)下工作。研制出轻巧、高效、价廉的蓄电池是蓄电池式电动汽车进一步发展的关键。

(2)燃料电池式电动汽车(Fuel Cell Electric Vehicle,FCEV)。燃料电池式电动汽车是使燃料在转化器中发生反应而释放出氢气,再将氢气输入燃料电池中与氧气结合而转化成电力,推动电动机工作。该项技术问题已基本得到解决,但其性能仍不及内燃机汽车,而且价格较昂贵。

（3）混合动力汽车（Hybrid Electric Vehicle,HEV）。混合动力汽车是指车上装有两个以上动力源,如蓄电池、燃料电池、太阳能电池、内燃机车的发电机组等。目前混合动力汽车一般是指内燃机车发电机再加上蓄电池的汽车。汽车低负荷时,发电机组除向驱动汽车的电动机供电外,多余的电能存入蓄电池;汽车高负荷时,蓄电池也参与供能。这种车辆的优点是发电机组内燃机的排量小(小型柴油机工作容积仅 1.0 L),而且可调节至恒定的最佳工作状态(效率高达 43%),其油耗和排放仅为同级别内燃机汽车的 1/3,而且克服了蓄电池式电动汽车动力性差、续驶里程短的缺点。混合动力汽车是电动汽车和内燃机汽车两者间的过渡车型。虽然混合动力汽车结构复杂,但如能大批量生产以降低成本,则会有较好的发展前景。

3. 喷气式汽车

喷气式汽车是依靠航空发动机或火箭发动机及特殊燃料,并以喷气反作用力驱动的轮式汽车。普通汽车和竞赛汽车都不允许采用这种结构,这种汽车只能用于创造速度纪录。1997 年 10 月,英国的安迪·格林在美国内华达州黑岩沙漠驾驶"推力 SSC"喷气式汽车,以 1 227.73 km/h(超过声速)的速度创造了陆上车辆行驶速度的最高世界纪录。

4. 其他动力装置汽车

其他动力装置汽车包括早期的蒸汽机汽车和新研制的太阳能汽车等。

三、按行驶道路条件分类

1. 公路用汽车

公路用汽车是指适于公路和城市道路上行驶的汽车。这种汽车的外廓尺寸(总长、总宽、总高)和单轴负荷等均受交通法规的限制。

根据交通量及其使用任务、性质,我国的公路划分为高速公路和一、二、三、四级公路。在公路网中起骨架作用的公路称为干线公路,起连接作用的公路称为支线公路。经国家确定的具有全国性政治、经济、国防意义的公路称为国家干线公路(国道)。国道采用 3 位数字编号,首位数字为 1 的,是指以北京为中心的国道;首位数字为 2 的,是指南北方向(纵向)的国道;首位数字为 3 的,是指东西方向(横向)的国道。

2. 非公路用汽车

非公路用汽车分为两类：一类是其外廓尺寸和单轴负荷等参数超过公路用汽车法规的限制,只能在矿山、机场、工地、专用道路等非公路地区使用;另一类是能在无路地面上行驶,为高通过性汽车,称为越野汽车。越野汽车可以是轿车、客车、货车或其他用途的汽车。根强国家标准《汽车和挂车类型的术语和定义》(GB/T 3730.1—2001)的规定,越野汽车按总质量分级,见表 0-4。

表 0-4 越野汽车的分级

越野汽车分级	汽车总质量/t
轻型越野汽车	≤5.0
中型越野汽车	5.0～13.0
重型越野汽车	≥13.0

四、按行驶机构的特征分类

1. 轮式汽车

通常按驱动情况，轮式汽车可分为非全轮驱动和全轮驱动两种类型。汽车的驱动情况常用符号"$n \times m$"表示，其中 n 是车轮总数（装在同一个轮毂上的双轮胎仍算作 1 个车轮），m 是驱动轮数。例如，普通轿车和大多数汽车通常属于 4×2（非全轮驱动）类型，而越野汽车属于全轮驱动类型，有 4×4（BJ2020 型轻型越野汽车）、6×6（EQ2080 型中型越野汽车）、8×8（JN2182 型重型越野汽车）等。

2. 其他类型行驶机构的车辆

其他类型行驶机构的车辆包括履带式车辆和雪橇式车辆，从广义上讲还包括气垫式、步行式等无车轮的车辆。

五、按发动机位置及驱动形式分类

按发动机位置及驱动形式，轿车可分为前置发动机前轮驱动轿车、前置发动机后轮驱动轿车、后置发动机后轮驱动轿车及四轮驱动轿车；客车可分为前置发动机后轮驱动客车、中置发动机后轮驱动客车和后置发动机后轮驱动客车；货车基本上都采用前置发动机后轮驱动形式。

六、按乘客座位数及汽车总质量分类

国家标准《机动车辆及挂车分类》(GB/T 15089—2001) 按乘客座位数及汽车总质量对汽车进行了分类，见表 0-5。

表 0-5 机动车辆及挂车分类

汽车类型		乘客座位数	厂定汽车最大总质量/t	说明
M 类 至少有 4 个车轮并且用于载客的机动车辆	M_1 类	≤9		包括驾驶员座位在内，座位数不超过 9 座的载客车辆
	M_2 类	≤9	≤5.0	包括驾驶员座位在内，座位数不超过 9 个，且最大设计总质量不超过 5.0 t 的载客车辆
	M_3 类	>9	>5.0	包括驾驶员座位在内，座位数超过 9 个，且最大设计总质量超过 5.0 t 的载客车辆
N 类 至少有 4 个车轮并且用于载货的机动车辆	N_1 类		≤3.5	最大设计总质量不超过 3.5 t 的载货车辆
	N_2 类		3.5~12	最大设计总质量超过 3.5 t，但不超过 12 t 的载货车辆
	N_3 类		>12	最大设计总质量超过 12 t 的载货车辆

续表 0-5

汽车类型		乘客座位数	厂定汽车最大总质量/t	说明
O 类	挂车（包括半挂车）	O_1类		≤ 0.75	最大设计总质量不超过 0.75 t 的挂车
		O_2类		0.75~3.5	最大设计总质量超过 0.75 t，但不超过 3.5 t 的挂车
		O_3类		3.5~10	最大设计总质量超过 3.5 t，但不超过 10 t 的挂车
		O_4类		>10	最大设计总质量超过 10 t 的挂车

第四节 国产汽车型号编制规则

国产汽车型号应能表明其厂牌、类型和主要特征参数等。该型号由拼音字母和阿拉伯数字组成，包括首部、中部和尾部 3 部分。

（1）首部。首部由 2 个或 3 个拼音字母组成，是识别企业的代号。例如，CA 代表"一汽"、EQ 代表"二汽"、BJ 代表"北京"、NJ 代表"南京"等。

（2）中部。中部由 4 位阿拉伯数字组成，分为首位、中间两位和末位数字 3 部分，其含义见表 0-6。

表 0-6 汽车型号中部 4 位阿拉伯数字的含义

首位数字（1~9）		中间两位数字	末位数字
1	载货汽车		
2	越野汽车		
3	自卸汽车	数字表示汽车的总质量(t)[①]	
4	牵引汽车		企业自定序号
5	专用汽车		
6	客车	数字×0.1 m 表示车辆的总长度[②]	
7	轿车	数字×0.1 L 表示汽车发动机工作容积	
8	半挂车或专用半挂车	数字表示汽车的总质量(t)	

注：①汽车总质量大于 100 t 时，允许用 3 位数字。
②汽车总长度大于 10 m 时，数字×1 m。

（3）尾部。尾部由拼音字母或加上阿拉伯数字组成，可以表示专用汽车的分类或变型车与基本型的区别。

例如，型号 CA1092 表示一汽集团生产的载货汽车，总质量 9 t，末位数字 2 表示该车是在原车型 CA1091 的基础上改进的新车型；型号 CA7226L 表示一汽集团生产的轿车，发动机工作容积为 2.2 L，序号 6 表示该车是安装 5 缸发动机的车型，尾部字母 L 表示加长型(即小红旗加长型中级轿车)。

第五节 汽车总体构造

一、汽车总体构造的组成部分

汽车是由成千上万个零件所组成的结构复杂的交通工具。根据其动力装置、使用条件等不同,汽车的具体构造可以有很大的差别,但总体构造通常由发动机、底盘、车身及电器与电子设备四大部分组成。轿车的总体构造如图 0-1 所示。

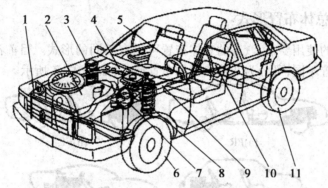

图 0-1 轿车的总体构造
1—散热片;2—发动机;3—悬架;4—蓄电池;5—转向盘;6—转向轮;
7—离合器;8—变速箱;9—传动轴;10—后桥;11—驱动轮

1. 发动机

发动机是使输送进来的燃料燃烧而产生动力的部件,是汽车的动力装置。目前在汽车上广泛应用的发动机是往复活塞式汽油内燃机和柴油内燃机,它一般是由曲柄连杆机构、配气机构、供给系统、冷却系统、润滑冷却系统、点火系统(仅用于汽油内燃机)和启动系统组成的。

2. 底盘

底盘是接受发动机的动力,使汽车运动并按驾驶员的操作而正常行驶的部件。它是汽车的基体,发动机、车身、电器与电子设备及各种附属设备都直接或间接地安装在底盘上。它主要由传动系统、行驶系统、转向系统和制动系统四大部分组成。

(1)传动系统。将发动机 2 的动力传给驱动轮 11。传动系统包括离合器 7、变速箱 8、传动轴 9 和后桥 10 等部分。

(2)行驶系统。行驶系统支承整车的质量,传递和承受路面作用于车轮上的各种力和力矩,缓和冲击,吸收振动,保证汽车在各种条件下都能正常行驶。行驶系统包括悬架 3 和驱动轮 11 等。

(3)转向系统。转向系统使汽车按驾驶员选定的方向行驶。转向系统通常由带转向盘 5 的转向操纵机构、转向器和转向传动机构组成,有的汽车还装有动力转向装置、碰撞防护装置、转向减振器等。

(4)制动系统。制动系统使汽车减速或停车,并保证汽车可靠地长时间停驻。制动系统包括前后轮制动器、控制装置、供能装置和传动装置等。

3. 车身

车身是驾驶员操作汽车的场所,也是装载乘客和货物的部件。它有承载式车身和非承载式车身之分。车身主要包括发动机罩和车身本体,还包括货车的驾驶室、货箱及某些汽车上的特种作业设备。

4. 电器与电子设备

电器设备包括电源组(蓄电池、发电机)、发动机点火设备、发动机启动设备、照明和信号装置、仪表、空调、刮水器、音像设备、门窗玻璃电动升降设备等。电子设备包括导航系统、电控燃油喷射及电控点火设备、电控自动变速设备、电子防抱死制动设备(ABS)、电子驱动防滑设备(ETS)、车门锁的遥控及自动防盗报警设备等人工智能装置。

二、汽车的总体布置形式

为满足不同的使用要求,汽车的总体布置可以有不同的形式。目前汽车按发动机相对于各总成的位置不同,可分为几种典型的布置形式,如图 0-2 所示。

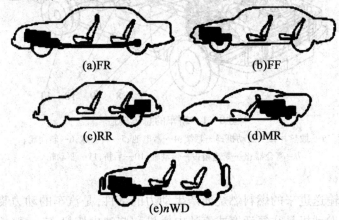

图 0-2 汽车的布置形式

1. 发动机前置后轮驱动(FR)

发动机前置后轮驱动是传统的布置形式。大多数货车、部分轿车和部分客车采用这种形式。这种形式布局合理,动力分配均匀,但其在冰雪路面爬坡能力弱。

2. 发动机前置前轮驱动(FF)

发动机前置前轮驱动是在目前大多数轿车中流行的布置形式,具有结构紧凑、整车质量小、地板高度低、高速行驶时操纵稳定性好等优点,但其维修不方便,通过性差,容易造成"刹车点头,起步扬头"的现象。

3. 发动机后置后轮驱动(RR)

发动机后置后轮驱动是在目前大、中型客车中流行的布置形式,具有车内噪声小、空间利用率高等优点,但故障不易发现,散热性较差。也有少数轿车采用这种布置形式。

4. 发动机中置后轮驱动(MR)

发动机中置后轮驱动是方程式赛车和大多数跑车采用的布置形式。将功率和尺寸很大的发动机布置在驾驶员座椅与后轴之间,有利于获得最佳的轴荷分配,可提高汽车性能。少数大、中型客车也采用这种布置形式,把卧式发动机安装在地板下面。

5. 全轮驱动(nWD)

全轮驱动是越野汽车常采用的布置形式。通常发动机前置,通过变速器之后的分动器将动力分别输送给全部驱动轮。目前,部分轿车也采用四轮驱动形式,以提高整车的性能。

第六节　汽车行驶基本原理

汽车行驶必须具备两个基本的行驶条件:驱动条件和附着条件。

一、驱动条件

汽车必须具有足够的驱动力,以克服各种行驶阻力,才能正常行驶。行驶阻力包括滚动阻力、空气阻力、坡度阻力和加速阻力。

1. 驱动力

汽车的驱动力来自发动机。驱动力产生原理图如图 0-3 所示。发动机发出的转矩经过汽车传动系统施加给驱动轮,此时转矩为 M_t,它力图使驱动轮旋转。在 M_t 的作用下,驱动轮与路面接触处对地面施加一个作用力 F_0,其方向与汽车行驶方向相反,其数值为 M_t 与车轮滚动半径 r_r 之比。

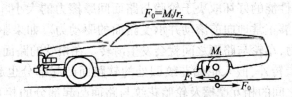

图 0-3　驱动力产生原理图

由于车轮与路面的附着作用,在驱动车轮对路面施加力 F_0 的同时,路面对车轮施加一个大小相等、方向相反的反作用力 F_t,这就是使汽车行驶的驱动力 F,即

$$F = \frac{M_t}{r_r} \tag{0-1}$$

为便于理解,图中把 F_t 与 F_0 绘在不同的物体上,其实它们应在同一条直线上。

2. 滚动阻力

滚动阻力是由于车轮滚动时轮胎与路面在其接触区域发生变形而产生的。车轮在硬路面上滚动时,驱动汽车的一部分动力消耗在轮胎变形的内摩擦上,而路面变形很小;车轮在软路面(松软的土路、沙地、雪地等)上滚动时,路面变形较大,所产生的阻力是滚动阻力的主要部分。滚动阻力以 F_f 表示,其数值与汽车的总质量、轮胎的结构和气压及路面的性质有关,它等于车轮负荷与滚动阻力系数之积。

3. 空气阻力

汽车在空气中向前行驶时,前部承受气流的压力而后部抽空,产生压力差。此外,空气与车身表面及各层空气之间存在摩擦,再加上引入车内冷却发动机和室内通风及外伸零件引起的气流干扰,就形成了空气阻力。空气阻力以 F_w 表示,它与汽车的形状、汽车的正面投影面积、汽车和空气相对速度的平方成正比。可见,汽车速度很高时,空气阻力相当大,并将成为总阻力的主要部分。

4. 坡度阻力

汽车在坡道上行驶时,其总重力沿坡道方向的分力称为坡度阻力,以 F_i 表示。汽车只有在上坡时才存在坡度阻力,但汽车上坡所做的功并没有被消耗掉,而是转化为重力势能。

5. 加速阻力

汽车加速行驶时,需要克服其自身质量加速运动的惯性力,即加速阻力,以 F_j 表示。

6. 驱动力与总阻力的关系

汽车驱动力与上述各项阻力之和(总阻力)存在如下关系:

$$F_t = F_f + F_w + F_i + F_j \tag{0-2}$$

当 $F_j = 0$ 时,汽车在坡道上匀速行驶;当 $F_j > 0$ 时,汽车在坡道上加速行驶,但随着速度的增加,空气阻力也随之增加,在某个较高的车速处达到新的平衡,然后匀速行驶;当 $F_j < 0$ 时,汽车将减速行驶或停驶。当汽车在平直的路面上以最高车速行驶时,只需克服滚动阻力和空气阻力。

二、附着条件

汽车能否充分发挥其驱动力,还受到车轮与路面之间附着作用的限制。在平整的干硬路面上,汽车附着性能的好坏取决于轮胎与路面间摩擦力的大小。这个摩擦力阻碍车轮的滑动,使车轮能够正常地向前滚动并承受路面的驱动力。如果驱动力大于轮胎与路面间的最大静摩擦力,车轮与路面之间就会发生滑转。在松软的路面上,除了轮胎与路面间的摩擦阻碍车轮滑转外,嵌入轮胎花纹凹处的软路面凸起部分也起一定的抗滑作用。通常把车轮与路面之间的相互摩擦及轮胎花纹与路面凸起部分的相互作用综合在一起,称为附着作用。由附着作用所决定的阻碍车轮滑转的最大力称为附着力,用 F_φ 表示。附着力与车轮锁承受垂直于路面的法向力 G(称为附着重力)成正比,即 $F_\varphi = \mu G$。式中,μ 称为附着系数,其值与轮胎的类型及路面的性质有关;附着重力 G 是指汽车总重力分配到驱动轮上的分力。

由此可知,汽车所能获得的驱动力受附着力的限制,一般可表示为

$$F_t \leq F_\varphi \tag{0-3}$$

式(0-3)即为汽车行驶的附着条件。

在冰雪或泥泞路面上,由于附着力很小,汽车的驱动力受附着力的限制而不能克服较大的阻力,导致汽车减速甚至不能前进。即使加大节气门开度,或变速器调换为低挡,车轮也只会滑转而驱动力仍不能增大。为了增加车轮在冰雪路面的附着力,可采用特殊花纹轮胎或在普通轮胎上绕装防滑链,以提高其对冰雪路面的附着力。非全轮驱动汽车的附着重力只是分配到驱动轮上汽车总重力的分力;而全轮驱动汽车的附着重力则是全车的总重力,因此其附着力较前者显著增大。

思 考 题

0-1 某汽车的型号为 CA6350,试解释这个型号的全部含义。

0-2 为什么绝大多数货车都采取发动机前置后轮驱动的布置形式?

0-3 对于在良好的硬质坡道上进行上坡行驶的汽车,其驱动力、各种阻力、附着力与在水平路面上行驶有何异同?

0-4 为什么汽车依靠车轮驱动行驶时,其速度不能无限制地提高?

第一章 发动机的工作原理

教学目标与要求

1. 掌握四冲程发动机的基本结构与工作原理。
2. 了解二冲程内燃机的基本结构与工作原理。
3. 掌握发动机的分类及发动机的专业术语。

教学重点

1. 四冲程发动机的基本结构与工作原理。
2. 发动机的分类。
3. 发动机的专业术语。

教学难点

发动机的专业术语。

第一节 发动机的分类

发动机是将自然界某种能量直接转换为机械能并带动某些机械进行工作的机器。将热能转化为机械能的发动机，称为热力发动机（简称热机），热能是燃料燃烧产生的。内燃机是热力发动机的一种，其特点是液体或气体燃料和空气混合后直接输入机器内部燃烧而产生热能，然后热能再转变成机械能。另一种热机是外燃机，如蒸汽机、汽轮机等，其特点是燃料在机器外部燃烧以加热水，产生高温、高压的水蒸气，并输送至机器内部，将所含的热能转变为机械能。

内燃机与外燃机相比，具有热效率高、体积小、质量轻、便于移动、启动性能好等优点，广泛应用于飞机、船舶、汽车、拖拉机及坦克等。但是内燃机一般要求使用石油燃料，且排出的废气中有害气体成分较高。为解决能源与大气污染的问题，目前国内外正致力于排气净化和其他新能源发动机的研究开发工作。

根据将热能转化为机械能的主要构件形式的不同，车用内燃机可分为活塞式内燃机和燃气轮机两大类。前者又可按活塞运动方式不同分为往复活塞式和旋转活塞式两种。往复活塞式内燃机在汽车上应用得最广泛，是本书主要的讨论对象。汽车发动机（指汽车用活塞式内燃机）可以根据不同的特征分类：

(1)按着火方式分类。汽车发动机可分为压燃式发动机和点燃式发动机。压燃式发动机是压缩气缸内的空气或可燃混合气产生高温,引起燃料自燃的内燃机;点燃式发动机是将压缩气缸内的可燃混合气,用点火器点燃的内燃机。

(2)按使用燃料种类分类。汽车发动机可分为汽油机、柴油机、气体燃料发动机、煤气机、液化石油气发动机及多种燃料发动机等。

(3)按冷却方式分类。汽车发动机可分为水冷式发动机和风冷式发动机。以水或冷却液为冷却介质的称为水冷式发动机;以空气为冷却介质的称为风冷式发动机。

(4)按进气状态分类。汽车发动机可分为非增压(或自然吸气)发动机和增压发动机。非增压发动机是指进入气缸前的空气或可燃混合气未经压气机压缩的发动机,仅带扫气泵而不带增压器的二冲程发动机也属于此类;增压发动机是指进入气缸前的空气或可燃混合气已经在压气机内压缩,从而增大进气充量密度的发动机。

(5)按冲程数分类。汽车发动机可分为二冲程发动机和四冲程发动机。在发动机内,每一次将热能转变为机械能,都必须经过吸入新鲜充量(空气或可燃混合气)、压缩(当新鲜充量为空气时还要输入燃料),使之燃烧而膨胀做功,然后将生成的废气(已燃气体)排出气缸,这样一系列的连续过程称为一个工作循环。对于往复活塞式发动机,可以根据每个工作循环所需活塞行程数来分类。凡活塞往复4个单程(或曲轴旋转两圈)完成一个工作循环的称为四冲程发动机;活塞往复两个单程(或曲轴旋转一圈)完成一个工作循环的称为二冲程发动机。

(6)按气缸数及布置分类。仅有一个气缸的称为单缸发动机;有两个以上气缸的称为多缸发动机;根据气缸中心线与水平面垂直、成一定角度和平行几种情况,又分为立式发动机、斜置式发动机与卧式发动机;多缸发动机根据气缸间的排列方式可分为直列式发动机(气缸呈一列布置)、对置式发动机(气缸呈两列布置,且两列气缸之间的中心线互成180°)和V型发动机(气缸呈两列布置,且两列气缸之间夹角为V型)等。

第二节　四冲程发动机的工作原理

一、专业术语

1. 上止点

活塞顶面离曲轴中心线最远时的止点,称为上止点(Top Dead Center,TDC)。

2. 下止点

活塞顶面离曲轴中心线最近时的止点,称为下止点(Bottom Dead Center,BDC)。

3. 活塞行程

活塞运动的上、下两个止点之间的距离称为活塞行程,一般用 S 表示。

4. 曲柄半径

曲轴与连杆下端的连接中心至曲轴中心的垂直距离称为曲柄半径,一般用 R 表示。活塞每走一个行程相应于曲轴旋转 180°,对于气缸中心线与曲轴中心线相交的发动机,活塞行程等于曲柄半径 R 的两倍。

5. 气缸工作容积

活塞从一个止点运动到另一个止点(上止点和下止点)间所扫过的容积称为气缸工

作容积,又称为单缸排量。它取决于缸径与活塞行程,一般用 V_h 表示,且有

$$V_h = \frac{\pi D^2 S}{4} \times 10^{-6} \tag{1-1}$$

式中　V_h——气缸工作容积,L;
　　　D——气缸直径,mm;
　　　S——活塞行程,mm。

6. 发动机排量

发动机排量是发动机各缸工作容积的总和。排量是较为重要的结构参数。发动机的性能指标和排量密切相关,一般来说,汽车的排量越大,功率也就越高。通常用单位排量作为评价不同发动机大小的依据。发动机排量一般用 V_L 表示:

$$V_L = V_h \times i \tag{1-2}$$

式中　i——气缸数目。

7. 压缩比

压缩前气缸中气体的最大容积与压缩后的最小容积的比值,一般用 ε 表示。也就是说,压缩比 ε 等于气缸总容积 V_a(活塞在下止点时,活塞顶部以上的气缸容积)与燃烧室容积 V_c(活塞在上止点时,活塞顶部以上的气缸容积)之比,即

$$\varepsilon = \frac{V_a}{V_c} \tag{1-3}$$

目前,汽油发动机的压缩比一般为 8~11;柴油发动机的压缩比一般为 17~22。

8. 升功率

升功率是指单位气缸工作容积的利用率,通常用 N 表示。升功率越大表示单位气缸工作容积所发出的功率越大。当发动机功率一定时,升功率越大,发动机的质量利用率就越高,相对而言发动机越小,材料也就越省。升功率的高低反映出发动机设计与制造的质量。升功率 N 的大小主要取决于气缸平均有效压力 p 和转速 n 的乘积,即

$$N = pn$$

图 1-1 所示为发动机示意图。

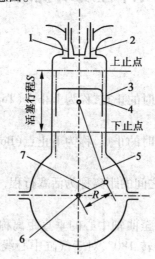

图 1-1　发动机示意图
1—进气门;2—排气门;3—气缸;4—活塞;5—连杆;6—曲轴中心;7—曲柄

克莱斯勒2.2 L汽油发动机的构造如图1-2所示。气缸内装有活塞10,活塞通过活塞销、连杆11与曲轴12相连接。活塞在气缸内做往复运动,通过连杆推动曲轴转动。为了吸入新鲜充量和排出废气,设有进、排气系统等。

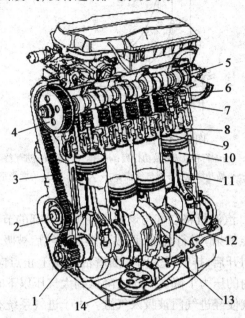

图1-2 汽油发动机的构造(克莱斯勒2.2 L发动机)
1—曲轴同步齿形带轮;2—定时同步齿形带张紧轮;3—定时同步齿形带;4—凸轮轴同步齿形带轮;5—凸轮轴;6—摇臂;7—液压挺柱;8—进气门;9—排气门;10—活塞;11—连杆;12—曲轴;13—机油泵;14—机油集滤器

二、四冲程发动机的工作原理

四冲程发动机的工作循环包括4个活塞行程,即进气行程、压缩行程、做功行程和排气行程,如图1-3所示。由于在此期间气缸中气体的压力随气缸容积的改变而不断地变化,因此采用气体压力 p 随气缸容积 V 变化的示功图来表示,如图1-4所示。

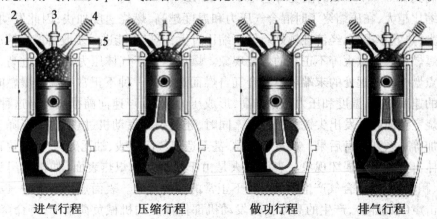

图1-3 四冲程发动机工作原理示意图
1—排气歧管;2—排气门;3—火花塞;4—进气门;5—进气歧管

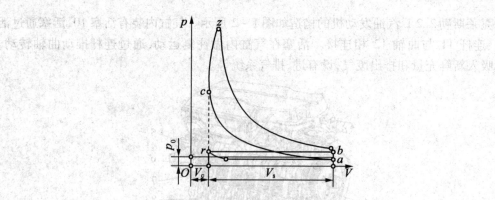

图1-4 四冲程汽油机的示功图

ra—进气行程;ac—压缩行程;czb—做功行程;br—排气行程;a—进气终点;c—压缩终点;
z—最高燃烧压力点;b—做功终点;r—排气终点;p_0—大气压力;V_c—燃烧室容积;V_s—工作容积

(1) 进气行程（ra）。汽油机将空气与燃料先在气缸外部的节气门处（单点喷射）或进气歧管内（进气歧管多点喷射）进行混合，形成可燃混合气后被吸入气缸。

进气行程中，进气门开启，排气门关闭。随着活塞从上止点向下止点移动，活塞上方的气缸容积增大，气缸内的压力下降。当压力降低到大气压以下时，即在气缸内形成真空吸力。这样，可燃混合气便经进气门被吸入气缸。由于进气系统有阻力，进气终了时气缸内的气体压力为 0.075~0.09 MPa。

流经气缸内的可燃混合气，因为与气缸壁、活塞顶等高温部件表面接触并与前一循环留下的高温残余废气混合，所以温度可升高到 370~400 K。

(2) 压缩行程（ac）。为使吸入气缸的可燃混合气迅速燃烧，以产生较大的压力，从而增加发动机输出功率，必须在燃烧前将可燃混合气压缩，使其容积缩小，密度加大，温度升高，故需要有压缩过程。在这个过程中，进、排气门全部关闭，曲轴推动活塞由下止点向上止点移动一个行程，称为压缩行程。在示功图上，压缩行程用曲线 ac 表示。活塞到达上止点时压缩终了，此时，混合气被压缩到活塞上方很小的空间，即燃烧室中。可燃混合气压力升高到 0.6~1.2 MPa，温度可达 600~700 K。

压缩比越大，在压缩终了时混合气压力和温度越高，燃烧速度加快，因此发动机输出功率增大，热效率提高，经济性越好。但压缩比过大，不仅不能进一步改善燃烧情况，反而会出现爆燃和表面点火等不正常的燃烧现象。爆燃是由于气体压力和温度过高，在燃烧室内离点燃中心较远处的末端可燃混合气自燃而造成的一种不正常燃烧。爆燃时，火焰以极高的速率传播，温度和压力急剧升高，形成压力波，以声速向前推进。当这种压力波撞击燃烧室壁面时就发出尖锐的敲缸声。同时，还会引起发动机过热、功率下降、燃油消耗量增加等一系列不良后果。严重爆燃时，甚至造成气门烧毁、轴瓦破裂、活塞烧顶、火花塞绝缘体击穿等部件损坏现象。表面点火是由于燃烧室内炽热表面（如排气门头、火花塞电极、积炭）点燃混合气产生的另一种不正常的燃烧现象。表面点火发生时，也伴有强烈的敲击声（较沉闷），产生的高压会使发动机部件承受的机械负荷增加，寿命降低。因此，在提高发动机压缩比的同时，必须注意防止爆燃和表面点火的发生。

(3) 做功行程（czb）。在这个行程中，进、排气门仍旧关闭。当活塞接近上止点时，装在气缸体（或气缸盖）上的火花塞发出电火花，点燃被压缩的可燃混合气。可燃混合气燃烧后,放出大量的热能,其压力和温度迅速升高,所能达到的最高压力为 3~5 MPa,相应温度为 2 200~2 800 K。高温、高压燃气推动活塞从上止点向下止点运动,通过连杆使曲轴旋转并输出机械能。它除了用于维持发动机本身继续运转之外,其余用于对外做功。示功图上曲线表示活塞向下移动时,气缸内容积增加,气体压力和温度都降低,在做功行程终了的 b 点,压力降至 0.3~0.5 MPa,温度则降为 1 300~1 600 K。

(4)排气行程(br)。可燃混合气燃烧后生成的废气必须从气缸中排除,以便进行下一个工作循环。

当膨胀接近终了时,排气门开启,靠废气的压力进行自由排气,活塞到达下止点后再向上止点移动时,继续将废气强制排到大气中。活塞运动到上止点附近时,排气行程结束。这一行程在示功图上用曲线表示。在排气行程中,气缸内压力稍高于大气压力,为 0.105~0.115 MPa。排气终了时,废气温度为 900~1 200 K。

由于燃烧室占有一定的容积,因此在排气终了时,不可能将废气排尽,这一部分留下的废气称为残余废气。

综上所述,四冲程汽油机经过进气、压缩、做功、排气 4 个行程,完成一个工作循环。这期间活塞在上、下止点间往复移动了 4 个行程,曲轴旋转了两周。

第三节 二冲程发动机的工作原理

二冲程发动机是指活塞在上、下止点间往复移动两个行程(相当于曲轴旋转 360°),完成进气、压缩、做功、排气一个工作循环的发动机。

1. 二冲程发动机的结构特点

二冲程发动机的基本结构如图 1-5 所示。二冲程发动机与四冲程发动机不同的是没有进、排气门,分别以进气孔 7 和排气孔 8 代替,由活塞圆柱面控制其开闭。另外,还有扫气孔 2,扫气时曲轴箱与气缸连通。

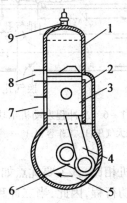

图 1-5 二冲程发动机的基本结构
1—气缸;2—扫气孔;3—活塞;4—连杆;5—曲轴箱;6—曲轴;7—进气孔;8—排气孔;9—火花塞

2. 二冲程发动机的工作原理

(1)第一行程(换气-压缩行程)。活塞自下止点向上止点移动,当活塞圆柱面将排气孔 8 和扫气孔 2 都关闭时,开始压缩上个循环吸入气缸内的汽油与空气混合气,同时在活塞下面的曲轴箱内形成真空度(曲轴箱是密封的);当活塞继续上行时,进气孔7打开,新的汽油与空气在形成可燃混合气后经进气孔7被吸入活塞下方的曲轴箱内。

(2)第二行程(做功-换气行程)。活塞接近上止点时,火花塞点火,点燃被压缩的混合气,高温、高压气体急剧膨胀,推动活塞向下运动,对外做功。当活塞下行至关闭进气孔7、露出排气孔8时,气缸开始排气,同时压缩活塞下方的可燃混合气;活塞继续下行到露出扫气孔2时,受到预压的新鲜混合气自扫气孔2流入缸内,并扫除废气。

为了防止新鲜混合气大量与废气混合并排出气缸而造成浪费,活塞顶做成特殊形状,使新鲜混合气的气流被引向上部,还可以利用新鲜混合气来扫除废气,使排气更干净。但在二冲程发动机中,要完全避免可燃混合气的损失是很困难的。

图1-6所示为二冲程发动机示功图。它的工作循环如下:活塞由下止点向上止点运动,当将排气孔(a点)关闭时,压缩过程开始。到上止点前开始点火燃烧,缸内压力迅速升高,cf段即燃烧过程。接着活塞下行膨胀做功,一直到b点,排气孔被打开,开始排气。此时,缸内压力较高,一般为$0.3 \sim 0.6$ MPa,故废气以声速从缸内排出,压力迅速下降。当活塞继续下移将换气孔打开,曲轴箱内的新鲜可燃混合气进入气缸。这段时间里的排气称为自由排气。排气一直延续到活塞下行到下止点后再向上将排气孔关闭为止。图1-6中adb段曲线为二冲程发动机的换气过程,曲轴转角为$130° \sim 150°$。然后活塞继续向上,重复压缩过程,进行新的循环。

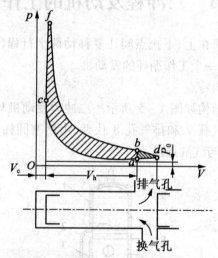

图1-6 二冲程发动机示功图
P_0—标准大气压;V_s—工作容积;V_c—燃烧室容积

二冲程发动机与四冲程发动机相比,其主要优点如下:

①曲轴每转一周就有一个做功行程,因此,当二冲程发动机的工作容积和转速与四冲程发动机相同时,在理论上它的功率应等于四冲程发动机功率的两倍。

②由于发生做功过程的频率较高,因此二冲程发动机的运转比较均匀平稳。

③因为没有专门的换气机构,所以其构造较简单,质量也比较小。

④使用方便。因为附属机构少,所以易受磨损和经常需要修理的运动部件数量也比较少。

由于构造上的原因,二冲程发动机的最大缺点是不易将废气自气缸内排除干净,并且在换气时减少了有效工作行程,因此在同样的工作容积和曲轴转速下,二冲程发动机的功率并不等于四冲程发动机功率的两倍,而只有 1.5～1.6 倍;而且在换气时有一部分新鲜可燃混合气随废气排出,因此二冲程发动机的经济性不如四冲程发动机。

由于上述缺点,二冲程发动机在汽车上使用得较少,但这种发动机的制造费用低、构造简单、质量小,因此在摩托车上广泛应用。二冲程发动机可以通过减少扫气损失来改善燃油经济性差的缺点,因而电控喷射的二冲程发动机在汽车上得到了发展。

本章小结

(1) 目前汽车发动机基本都采用内燃机。内燃机是将燃料在气缸内燃烧所产生的热能转化为机械能的机器,它具有热效率高、体积小、质量轻、便于移动和启动性好等优点。

(2) 四冲程发动机是活塞在气缸内上、下止点间往复移动 4 个行程,完成进气、压缩、做功、排气一个工作循环的发动机。其按着火方式可分为点燃式和压燃式。汽油机采用点燃式,柴油机采用压燃式。

(3) 专业术语。

①上止点:活塞顶面离曲轴中心线最远时的止点,称为上止点(TDC)。

②下止点:活塞顶面离曲轴中心线最近时的止点,称为下止点(BDC)。

③活塞行程:活塞运动的上、下两个止点之间的距离,称为活塞行程,一般用 S 表示。

④曲柄半径:曲轴与连杆下端的连接中心至曲轴中心的垂直距离,称为曲柄半径,一般用 R 表示。活塞每走一个行程相应于曲轴旋转 180°,对于气缸中心线与曲轴中心线相交的发动机,活塞行程 S 等于曲柄半径 R 的两倍。

⑤气缸工作容积:活塞从一个止点运动到另一个止点(上止点和下止点)间所扫过的容积称为气缸工作容积,又称为单缸排量,它取决于缸径与活塞行程。

⑥发动机排量:发动机各缸工作容积的总和称为排量。排量是较为重要的结构参数,它能全面衡量发动机的大小。发动机的性能指标和排量密切相关,一般来说,汽车的排量越大,功率也就越高。通常以单位排量作为评价不同发动机大小的依据。

⑦压缩比:压缩前气缸中气体的最大容积与压缩后气缸中气体的最小容积的比值,一般用 ε 表示。也就是说,压缩比 ε 等于气缸总容积 V_a(活塞在下止点时,活塞顶部以上的气缸容积)与燃烧室容积 V_c(活塞在上止点时,活塞顶部以上的容积)之比。

⑧升功率:指单位气缸工作容积的利用率,通常用 N 表示。升功率越大表示单位气缸工作容积所发出的功率越大。当发动机功率一定时,升功率越大,发动机的质量利用率就越高,相对而言发动机就越小,材料也就越省。升功率的高低反映出发动机设计与制造的质量。升功率 N 大小主要取决于气缸平均有效压力 p 和转速 n。

思 考 题

1-1 名词解释:上止点、下止点、活塞行程、曲柄半径、气缸工作容积、发动机排量、压缩比和升功率。

1-2 柴油机与汽油机在可燃混合气形成方式与着火方式上有何不同?它们所用的压缩比为何不一样?

1-3 发动机按进气状态分类可分为哪两类发动机？

1-4 某汽油机有4个气缸,气缸直径为87.5 mm,活塞行程为92 mm,压缩比为8.1,试计算其气缸工作容积、燃烧室容积及发动机排量(容积以L为单位)。

第二章 曲柄连杆机构

教学目标与要求

1. 了解曲柄连杆机构的运动和受力。
2. 掌握机体组件的组成和结构特点。
3. 掌握曲柄连杆机构的组成及各部件的作用和工作原理。
4. 掌握曲柄连杆机构的拆装。

教学重点

1. 曲柄连杆机构的组成及各部件的作用和工作原理。
2. 曲柄连杆机构的拆装。

教学难点

曲柄连杆机构的运动、受力与平衡。

第一节 概 述

一、功用与组成

曲柄连杆机构是发动机进行热功转换的主要机构。其主要作用是将燃气作用在活塞顶上的力转变为曲轴旋转运动而向工作机械输出的机械能。曲柄连杆机构包括机体组、活塞连杆组和曲轴飞轮组。

1. 机体组

机体组主要包括气缸体、曲轴箱、气缸盖、气缸套及气缸垫等不动件。

2. 活塞连杆组

活塞连杆组主要包括活塞、活塞环、活塞销及连杆等运动件。

3. 曲轴飞轮组

曲轴飞轮组主要包括曲轴、飞轮等。

二、工作条件及受力简析

在发动机做功时,气缸内最高温度可达 2 500 K 以上,最高压力可达 5~9 MPa,目前汽车发动机最高转速可达 6 000 r/min 以上,活塞每秒要行经 100~200 个行程,其线速度是很高的。此外,与可燃混合气和燃烧废气接触的部件(如气缸、气缸盖、活塞组等)还将受到化学腐蚀。因此,曲柄连杆机构是在高温、高压、高速及有化学腐蚀的条件下工作的。

由于曲柄连杆机构是在高压下做变速运动的,因此它在工作中的受力情况很复杂。例如,在气缸中做往复运动的机件(如活塞组等)受到气体作用力、往复惯性力的作用;旋转机件(如曲轴飞轮等)受到离心力的作用;相对运动的机件受到摩擦力的作用等。

1. 气体作用力

在每个工作循环的 4 个行程中,气体压力始终存在。但由于进气、排气两个行程中气体压力较小,对部件影响不大,可忽略不计。故这里主要分析做功和压缩两个行程中的气体的作用力。

在做功行程中,气体压力是推动活塞向下运动的力(图 2-1(a))。这时,燃烧气体产生的高压直接作用在活塞的顶部。设活塞所受总压力为 F_p,其传到活塞销上,可分解 F_{p_1} 和 F_{p_2},分力 F_{p_1} 通过活塞销传给连杆,并沿连杆方向作用在连杆轴颈上,F_{p_1} 还可进一步分解为两个分力 F_R 和 F_S。分力 F_R 沿曲柄方向使曲轴主轴颈与主轴承间产生压紧力;分力 F_S 垂直于曲柄,其除了使主轴颈和主轴承之间产生压紧力外,还对曲轴形成转矩 T,推动曲轴旋转。分力 F_{p_2} 把活塞压向气缸壁,形成活塞与缸壁间的侧压力,有使机体翻倒的趋势,故机体下部的两侧应支承在车架上。

在压缩行程中,气体压力是阻碍活塞向上运动的阻力。这时作用在活塞顶的气体总压力 F'_p 也可以分解为两个分力 F'_{p_1} 和 F'_{p_2}(图 2-1(b)),F'_{p_1} 又可分解为 F'_R 和 F'_S。F'_R 使曲轴主轴颈与主轴承间产生压紧力;F'_S 对曲轴产生一个旋转阻力矩 T',企图阻止曲轴旋转。分力 F'_{p_2} 则将活塞压向气缸的另一侧壁。

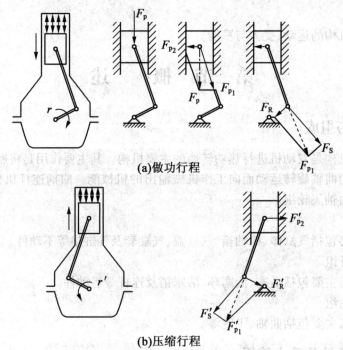

图 2-1 气体压力的作用情况

由上述分析可知，做功行程中气体压力越大，发动机动力也越大。但气体压力又是造成机件磨损和损坏的主要因素。如活塞与活塞销、活塞销与铜套、连杆轴承与连杆轴颈、主轴承与主轴颈等在气体压力作用下互相压紧，在运动中产生磨损；另外，气体压力还会使活塞紧压在气缸壁上，从而加剧活塞、活塞环和气缸壁的磨损。

2. 往复惯性力与离心力

往复运动的物体，当运动速度变化时，就要产生往复惯性力。物体绕某一中心做旋转运动时，就会产生离心力。曲柄连杆机的运动中这两种力都存在。当活塞从上止点向下止点运动时，其速度变化规律是：从0开始，逐渐增大，临近中间达到最大值，然后又逐渐减小至0。也就是说，当活塞向下运动时，前半行程是加速运动，惯性力向上，以F_j表示（图2-2(a)）；后半行程是减速运动，惯性力向下，以F_j'表示（图2-2(b)）。同理，当活塞向上时，前半行程惯性力向下，后半行程惯性力向上。

由于往复惯性力与气体压力都可以认为作用于气缸中心，只是上下方向有时不同，因此惯性力分解后引起各传动机件的受力情况与气体压力大致相同。但惯性力不作用于气缸盖，它在单缸发动机内部是不平衡的，会引起发动机上下振动，多缸发动机的惯性力可能在各缸之间相互平衡，引起振动的倾向大为减小。

偏离曲轴轴线的曲柄、连杆轴颈和连杆大头在绕曲轴轴线旋转时，产生旋转惯性力，即离心力（图2-2），其方向沿曲柄半径向外，其大小与曲柄半径、旋转部分的质量及曲轴转速有关。曲柄半径长，旋转部分质量大，曲轴转速高，则离心力大。离心力$F_c(F_c')$在垂直方向的分力$F_{cy}(F_{cy}')$与往复惯性力$F_j(F_j')$方向总是一致的，因而加剧了发动机的上下振动；而水平方向的分力$F_{cx}(F_{cx}')$则使发动机产生水平方向的振动。另外，离心力使连杆大头的轴瓦和轴颈、曲轴主轴颈及其轴承受另一种附加载荷，增加了它们的变形和磨损。

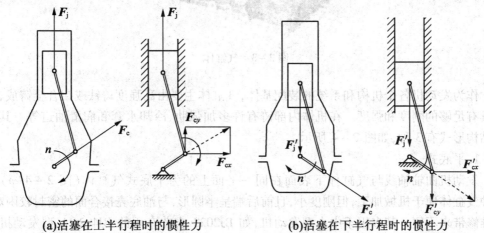

(a)活塞在上半行程时的惯性力　　　　(b)活塞在下半行程时的惯性力

图2-2　往复惯性力和离心力的作用情况

3. 摩擦力

曲柄连杆机构中互相接触的表面做相对运动时都存在摩擦力，其大小与正压力和摩擦系数成正比，其方向总是与相对运动的方向相反。

上述各种力作用在曲柄连杆机构上，会使各传动机构受到压缩、拉伸、弯曲和扭转等不同形式的载荷。为了保证工作可靠、减少磨损，在结构上必须采取相应的措施。例如，为了减小曲轴离心力的影响，在曲轴上增设平衡块；为抵抗连杆的拉伸、压缩及弯曲等变形,将连杆制成"工"字形;为减小惯性力的影响,活塞采用密度小的铝合金材料;为减少机件磨损,可提高加工精度、材料硬度及加强润滑等。

第二节 机 体 组

现在的汽车发动机机体组主要由气缸体、气缸盖、气缸盖衬垫、油底壳及发动机支承部件等组成。机体组是发动机的支架,是曲柄连杆机构、配气机构和发动机各系统主要零件的装配基体。各运动件的润滑和受热部件的冷却也都要通过机体组来实现。因此,可以说机体组把发动机的各种机构和系统组成了一个整体,保持了它们之间必要的相互关系。

一、气缸体

发动机的气缸体和曲轴箱通常铸为一体,称为气缸体-曲轴箱,简称为气缸体。气缸体上半部有一个或数个为活塞在其中运动做导向的圆柱形空腔,称为气缸;下半部为支承曲轴的曲轴箱,其内腔为曲轴运动的空间,如图2-3所示。

图2-3 气缸体

作为发动机各个机构和系统的装配基体,气缸体主要由高强度铸铁或铝合金铸成,使其具有足够的刚度和强度。在机体内部铸有许多加强肋、冷却水套和润滑油道等。其具体结构形式有3种,如图2-4所示。

1. 平底式

发动机曲轴轴线与气缸体下表面在同一平面上的为平底式气缸体(图2-4(a))。这种气缸体便于机械加工,但刚度小,且前后端呈半圆形,与油底壳接合面的密封较困难,给维修带来不便。其多用于中小型发动机,如BJ2023吉普车用的BJ492QA型发动机即属于这种结构。

2. 龙门式

发动机将气缸体下表面移至曲轴轴线以下(图2-4(b)),称为龙门式气缸体。这种气缸体刚度较高,且下曲轴箱前后端为一个平面,其密封简单可靠、维修方便,但工艺性较差。其多用于大中型发动机,如解放CA1091型汽车用的CA6102型发动机等。

3. 隧道式

发动机为了安装用滚动主轴承支承的组合式曲轴,采用图2-4(c)所示的隧道式气缸体,其结构刚度最大,主轴承同轴度易保证,但拆装较困难。其多用于机械负荷较大的发动机，如黄河 JN1181C13 型汽车用的 6135Q 型发动机等。

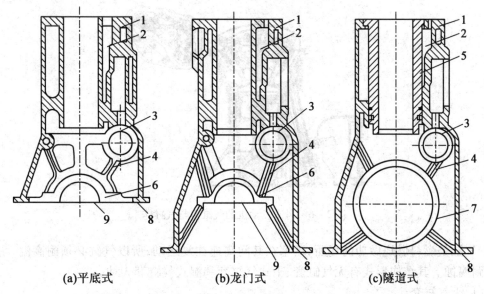

图 2-4 气缸体的结构形式
(a)平底式；(b)龙门式；(c)隧道式
1—气缸体；2—水套；3—凸轮轴孔座；4—加强肋；5—湿式气缸套；6—主轴承座；7—主轴承座孔；
8—安装油底壳的加工面；9—安装主轴承的加工面

为了保证气缸表面能在高温下正常工作，必须对气缸和气缸盖随时加以冷却。冷却方式有两种：一种用冷却液来冷却（水冷）；另一种用空气来冷却（风冷）。汽车发动机上采用较多的是水冷。发动机采用水冷时，气缸周围和气缸盖中均有充入冷却液的空腔，称为水套，如图 2-5 所示。气缸体和气缸盖上的水套是相互连通的。

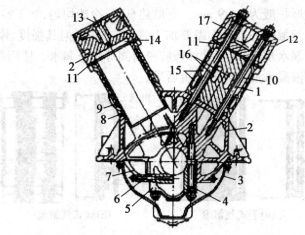

图 2-5 V 型发动机的气缸体与气缸盖
1—气缸螺柱；2—上曲轴箱；3—下曲轴箱；4—主轴承盖螺栓；5—主轴承盖；6—横拉力螺柱；
7—侧支承板；8—密封圈；9—气缸套；10—气缸水套；11—气缸衬垫；12—气缸盖；13—装喷油器的孔；
14—燃烧室；15、16、17—气缸盖与气缸体上的水腔

发动机采用风冷时，在气缸体和气缸盖外表面铸有许多散热片，以增加散热面积，保

证散热充分,如图2-6所示。一般风冷发动机的缸体与曲轴箱是分开铸造的。

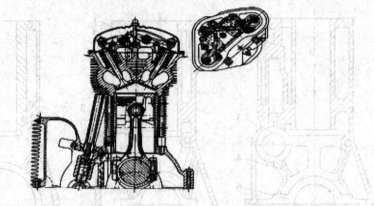

图2-6 风冷发动机的气缸盖与气缸体

气缸是燃料燃烧做功的场所,活塞在其间高速往复运动,所以气缸必须耐高温、耐磨损、耐腐蚀。其结构形式有无气缸套、干式气缸套和湿式气缸套3种。

1. 无气缸套

在机体上直接加工出气缸的即为无气缸套,它结构紧凑,加工简单,但耗费了大量耐磨合金铸铁材料。

2. 干式气缸套

干式气缸套外壁不直接与冷却水接触(图2-7(a)),而和气缸体的壁面直接接触,壁厚较薄,一般为1~3 mm。它具有整体式气缸体的优点,强度和刚度都较好,但加工比较复杂,内、外表面都需要进行精加工,拆装不方便,散热不好。

3. 湿式气缸套

湿式气缸套外壁直接与冷却水接触(图2-7(b)),气缸套仅在上、下各有一个圆环地带与气缸体接触,壁厚一般为5~9 mm。它散热良好,冷却均匀,加工容易,通常只需要精加工内表面,而与水接触的外表面不需要加工,拆装方便。但其强度、刚度不如干式气缸套好,而且容易产生漏水现象,所以常加橡胶密封圈等防止漏水。使用和维修时应特别注意,否则将产生冷却液漏入油底壳的严重后果。

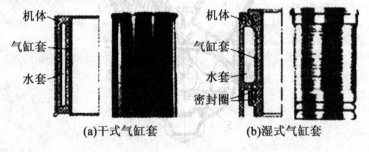

(a)干式气缸套　　(b)湿式气缸套

图2-7 气缸套

对于多缸发动机,气缸的排列形式决定了发动机的外形结构,其对发动机气缸体的刚度和强度也有影响,并关系到汽车的总体布置情况。汽车发动机气缸排列基本上有3种形式:①单列式(直列式)发动机的各个气缸排成一列,一般是垂直布置的(图2-8(a))。但为了降低发动机的高度,有时也把气缸布置成倾斜的甚至水平的。②双列式发动机左右两列气缸中心线的夹角 γ 小于 180°，称为 V 型发动机(图 2-8(b))。③γ=180°时发动机则称为对置式发动机(图 2-8(c))。

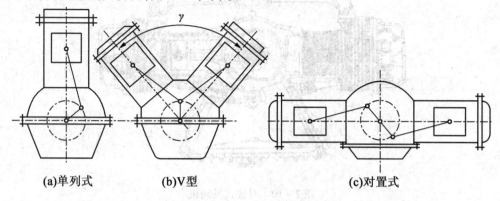

(a)单列式　　(b)V型　　(c)对置式

图 2-8　多缸发动机的排列形式

单列式多缸发动机气缸体(图 2-9)结构简单，加工容易，但长度和高度较大。一般 6 缸以下的发动机多采用单列式，如解放 CA1091 型和 CA1040 型、红旗 CA7220 型和北京 BJ2023 型等汽车的发动机。

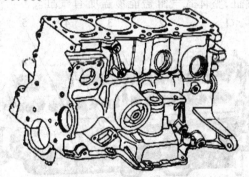

图 2-9　奥迪 100 型轿车发动机的气缸体

与单列式发动机相比，V 型发动机缩短了发动机的长度和高度，增加了气缸体的刚度，发动机质量也有所减轻；但加大了发动机的宽度，且形状复杂，加工困难，一般多用于缸数多的大功率发动机上。

对置式发动机(图 2-10)的高度比其他形式的发动机小得多，在某些情况下使得汽车(特别是轿车和大型客车)的总布置更方便。气缸对置对于风冷发动机也是有利的。

二、气缸盖

气缸盖(图 2-11)安装在气缸体上面，从上部密封气缸。气缸盖下端面与活塞顶部和气缸壁一起构成燃烧室。它经常与高温高压燃气接触，因此承受很大的热负荷和机械负荷。水冷发动机的气缸盖内部铸有冷却水套，缸盖下端面的冷却水孔和缸体的冷却水孔相通，利用循环水来冷却燃烧室等高温部分。

气缸盖上还装有进、排气门座和气门导管孔，用于安装进、排气门和进、排气道等。汽油机的气缸盖上加工有安装火花塞的孔，柴油机的气缸盖上加工有安装喷油器的孔。顶置凸轮轴式发动机的气缸盖上还加工有凸轮轴轴承孔。

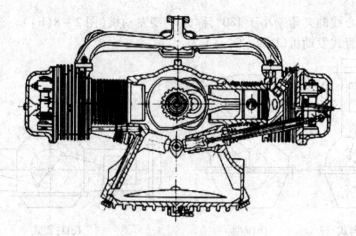

图 2-10 对置式发动机

气缸盖由于形状复杂,一般采用灰铸铁或合金铸铁铸成。铝合金的导热性好,有利于提高压缩比,所以,近年来铝合金气缸盖越来越多。

气缸盖分单体式、块状和整体式 3 种。单体式气缸盖只覆盖一个气缸,块状气缸盖能覆盖部分(两个以上)气缸,整体式气缸盖能覆盖所有气缸。

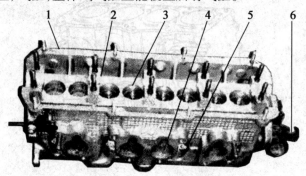

图 2-11 桑塔纳 2000GSi 汽车发动机的气缸盖
1—气缸盖;2—凸轮轴轴承孔;3—气门及挺柱安装孔;4—进气道;5—火花塞;6—水管接头

气缸盖是燃烧室的组成部分,燃烧室的形状对发动机的工作影响很大,由于汽油发动机和柴油发动机的燃烧方式不同,燃烧室差别较大。柴油发动机的燃烧室将在后面章节中介绍,这里只介绍汽油发动机的燃烧室,目前常见的有以下 5 种形式。

1. 半球形燃烧室

半球形燃烧室(图 2-12(a))是横剖面呈半球形的一种燃烧室。其结构紧凑、复杂,火花塞布置在燃烧室中央,火焰行程短,燃烧速率高,散热少,热效率高。半球形燃烧室可采用 4 气门结构,充气效率高,排气净化好,在轿车发动机上广泛应用。

2. 楔形燃烧室

楔形燃烧室(图 2-12(b))是横剖面呈楔形的燃烧室。其结构简单、紧凑,散热面积小,热损失小;能保证混合气在压缩行程中形成良好的涡流运动,有利于提高混合气的混合质量;进气阻力小,提高了充气效率。但火花塞置于楔形燃烧室高处,火焰传播距离长,爆燃倾向变大;而且存在较大的激冷面,容易形成有害碳氢化合物(HC)排放。

3. 浴盆形燃烧室

浴盆形燃烧室(图2-12(c))是横剖面呈倒浴盆形的燃烧室。其结构简单,制造成本低;但不够紧凑,散热面积大,热损失大,火焰传播距离长,爆燃倾向大。

4. 多球形燃烧室

多球形燃烧室(图2-12(d))由两个以上半球形凹坑组成,其结构紧凑,火焰行程短,气门直径较大,充气效率高。

5. 篷形燃烧室

篷形燃烧室(图2-12(e))的断面像篷形,由半球形发展而成,结构紧凑,适于装置多气门,是近年来在高性能多气门轿车发动机上广泛应用的燃烧室。特别是小气门夹角的浅篷形燃烧室得到了较大的发展。欧宝V6、奔驰320D、三菱3G81等汽车的汽油机均为篷形燃烧室。

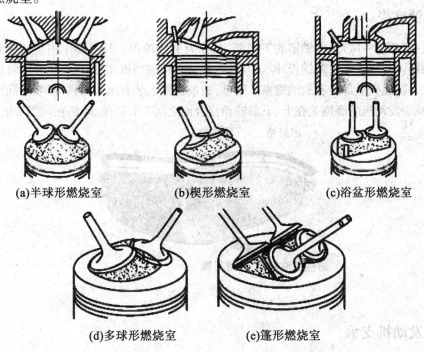

图2-12 汽油机燃烧室

三、气缸盖衬垫

气缸盖衬垫(图2-13)安装在气缸盖和气缸体之间,其功用是保证气缸盖与气缸体接触面的密封,防止漏气、漏水和漏油。目前,应用较多的是铜皮-石棉结构的气缸垫,其翻边处有3层铜皮,压紧时不易变形。有的气缸盖衬垫还采用在石棉中心用编织的钢丝网或有孔钢板为骨架,两面用石棉及橡胶黏结剂压成。有的气缸采用实心有弹性的金属片作为气缸盖衬垫,以适应发动机的强化要求。

安装气缸盖衬垫时,应注意将光滑的一面朝向气缸体,否则气缸盖衬垫容易被高压气体冲坏。所有气缸盖衬垫上的孔都要和气缸体上的孔对齐。要严格按照说明书上的要求安装气缸盖螺栓。拧紧气缸盖螺栓时,必须按由中央对称地向四周扩展的顺序分2~3次进行,最后一次拧紧到规定的力矩。

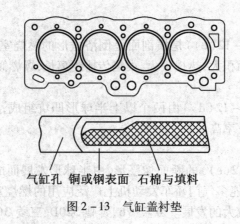

图 2 – 13　气缸盖衬垫

四、油底壳

油底壳(图 2 – 14)是曲轴箱的下半部,又称为下曲轴箱。其主要作用是储存润滑油和封闭曲轴箱。油底壳多由薄钢板冲压而成,内部装有稳油挡板,以避免汽车颠簸时造成油面波动过大。油底壳底部装有放油螺塞。通常,放油螺塞上装有永久磁铁,以吸附润滑油中的金属屑,减少发动机的磨损。在上、下曲轴箱接合面之间装有衬垫,以防止润滑油泄漏。

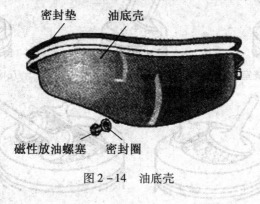

图 2 – 14　油底壳

五、发动机支承

发动机一般通过机体和飞轮壳支承在车架上。

发动机的支承方法一般有三点支承和四点支承两种,如图 2 – 15 所示。三点支承可布置成前一后二或前二后一,四点支承一般是前、后端各两点。

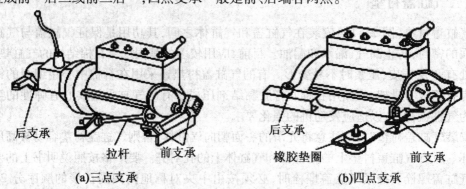

(a)三点支承　　　　　　　　　　　(b)四点支承

图 2 – 15　发动机支承

发动机在车架上的支承是弹性的(如橡胶等),以消除汽车行驶中车架的扭转变形对发动机的影响,减少传给底盘和乘员的振动和噪声。

第三节　曲柄连杆机构的组成及工作原理

曲柄连杆机构包括活塞连杆组件及曲轴飞轮组件两部分,如图 2-16 所示。

一、活塞连杆组件

活塞连杆组件(图 2-17)由活塞、活塞环、活塞销及连杆等组成。

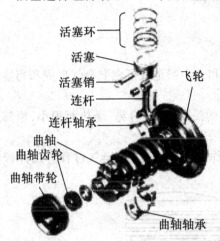

图 2-16　曲柄连杆机构

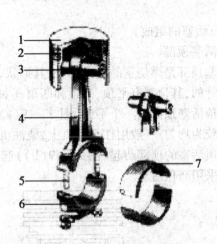

图 2-17　活塞连杆组件
1—活塞;2—活塞环;3—活塞销;4—连杆;
5—连杆螺栓;6—连杆盖;7—连杆轴瓦

1. 活塞

活塞的功用是承受气缸中的气体压力,并通过活塞销将此力传给连杆,驱动曲轴旋转。活塞顶部还与气缸盖、气缸壁一起组成燃烧室。

活塞直接与高温气体接触,散热条件差,工作时顶部温度高达 600~700 K,且温度分布很不均匀,容易破坏活塞与其相关零件的配合。温度过高,间隙过小,容易造成活塞拉缸;间隙过大,又会导致压缩不良,功率下降,油耗上升。

活塞顶部承受气体压力很大,在做功行程中汽油机的活塞瞬时承受的最大压力值达 3~5 MPa,柴油机高达 6~9 MPa,增压发动机可达 14~16 MPa,并承受侧压力的作用,加速活塞表面的磨损,也容易引起活塞变形。

活塞在气缸内以很高的速度(10~14 m/s)做往复变速运动,产生很大的惯性力,使活塞受到周期性交变的拉伸、压缩和弯曲载荷。

鉴于活塞上述工作特点,要求活塞要有足够的刚度和强度,传力可靠,导热性能好,耐高压,耐高温,耐磨损,质量小,尽可能地减小往复惯性力。因此,汽车发动机的活塞一般都采用高强度铝合金,只在一些低速柴油机上采用高级铸铁或耐热钢。活塞结构也做了精巧设计。

活塞由顶部、头部、槽部（指活塞环槽部分）和裙部 4 部分组成，如图 2-18 所示。

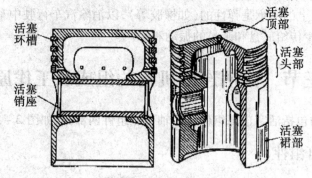

图 2-18　活塞的结构

(1) 活塞的组成。
①活塞顶部。

活塞顶部是燃烧室的组成部分，其形状、位置和大小都是按可燃混合气形成和燃烧的要求设计的，其顶部有平顶、凸顶和凹顶 3 种。

平顶活塞顶部是一个平面（图 2-19(a)），结构简单，制造容易，受热面积小，顶部应力分布较为均匀，一般用在汽油机上，柴油机很少采用。

凸顶活塞的顶部凸起（图 2-19(b)）起导向作用，有利于改善换气过程。二冲程汽油机常采用凸顶活塞。

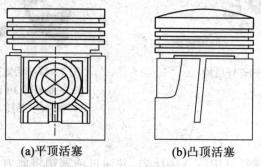

(a) 平顶活塞　　　　(b) 凸顶活塞

图 2-19　活塞顶部形状

凹顶活塞顶部呈凹坑形，有各种形状（图 2-20），凹坑的形状和位置必须有利于可燃混合气的形成和燃烧。凹顶的大小还可以用来调节发动机的压缩比。

有些活塞顶部有各种标志（图 2-21），用于显示活塞及活塞销的安装和选配要求。

活塞顶常进行硬模阳极氧化处理，以形成高硬度的耐热层，增大热阻，减少活塞顶部的吸热量。

图 2-20　凹顶活塞凹坑形状

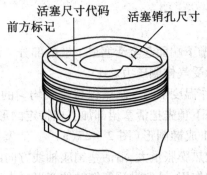

图 2-21 活塞顶标志

② 活塞头部。

活塞头部是指活塞第一道气环槽以上的部分,用来承受气体压力和传递热量。有的活塞在头部还加工有隔热槽(图 2-22),起隔热作用,并将活塞顶的热量分流,把原来由第一活塞环承担的热量传给第二、第三活塞环。

为了加强活塞头部的强度,有的铝合金活塞头部铸入了纤维增强合金环,如图 2-23 所示。

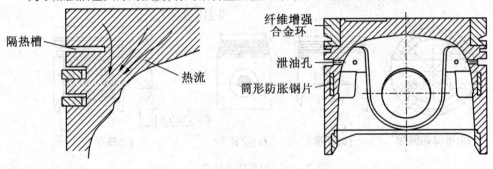

图 2-22 活塞隔热槽   图 2-23 活塞头部合金环和槽部泄油孔

③ 活塞槽部。

活塞槽部也称防漏部,用于安装活塞环,起密封、传热等作用。活塞上一般有 2~3 道气环槽和 1 道油环槽。在油环槽底面上钻有许多径向小孔,使被油环从气缸壁上刮下的机油经过这些小孔流回油底壳。

为了增强环槽的强度和耐磨性,通常在第一道、第二道环槽处镶嵌保护圈,如图 2-24 所示。

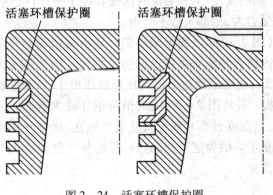

图 2-24 活塞环槽保护圈

④活塞裙部。

活塞裙部是指从油环槽下端面起至活塞最下端的部分。活塞裙部对活塞在气缸内的往复运动起导向作用,并承受气体侧压力。

为了使活塞在正常工作温度下与气缸壁保持比较均匀的间隙,以免在气缸内卡死或加大局部磨损,必须在冷态下预先把活塞裙部加工成特定的形状。

a. 预先将活塞裙部加工成椭圆形(图2-25(a))。活塞裙部的厚度很不均匀,活塞销座孔部分的金属较厚,受热膨胀量大,沿活塞销座轴线方向的变形量大于其他方向。另外,裙部承受气体侧压力的作用,导致沿活塞销轴的变形量大于其他方向。为了使裙部在工作时具有正确的圆柱形,在加工时预先把活塞裙部做成椭圆形状,椭圆的长轴方向与销座垂直,短轴方向沿销座方向。

b. 预先将活塞裙部做成锥形、阶梯形或桶形。活塞的温度是上部高、下部低,造成膨胀量上部大、下部小。为了使工作时活塞上下直径趋于相等,即为圆柱形,就必须预先把活塞制成上小下大的锥形(图2-25(b))、阶梯形(图2-25(c))或桶形(图2-25(d))。桶形活塞在任何工作状态下都能得到良好润滑,但加工难度大。

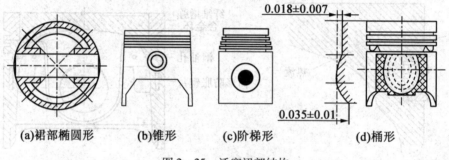

图2-25 活塞裙部结构

c. 拖鞋式活塞(图2-26)。在现在的高速汽车发动机上,广泛采用半拖鞋式或拖鞋式裙部。把裙部不受侧压力的两边部分地去掉,即为半拖鞋式裙部,若全部去掉则为拖鞋式裙部。裙部质量小,可以减小惯性力,减小销座附近的热变形量;裙部弹性好,活塞与气缸的配合间隙较小,能够避免与曲轴平衡重发生运动干涉。

d. 预先在活塞裙部开槽。在裙部开横向的隔热槽,可以减小活塞裙部的受热量;在裙部开纵向膨胀槽,可以补偿裙部受热后的变形量。槽的形状是T形或Ⅱ形。裙部开竖槽后,会使其开槽的一侧刚度变小,在装配时应使其位于做功行程中承受侧压力较小的一侧。通常柴油机活塞受力大,裙部一般不开槽。

e. 裙部铸恒范钢(图2-27)。为了减小铝合金活塞裙部的热膨胀量,有些汽油机活塞在活塞裙部或销座内铸入热膨胀系数低的恒范钢片。恒范钢为低碳铁镍合金,其膨胀系数仅为铝合金的1/10,而销座通过恒范钢片与裙部相连,牵制了裙部的热膨胀变形量。

f. 自动热补偿活塞。若将图2-27中的恒范钢片改为普通碳素钢片,则由于两种金属的热膨胀系数不同,当温度升高时双金属壁发生弯曲,而钢片两端的距离基本不变,从而限制了裙部的热膨胀量。因为这种控制热膨胀的作用随温度的升高而增大,所以称这种活塞为自动热补偿活塞。

图 2-26　拖鞋式活塞

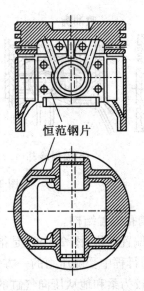

图 2-27　裙部铸恒范钢活塞

g. 镶筒形钢片的活塞（图 2-28）。在浇铸这种活塞时,钢筒夹在铝合金中间,在铝合金冷凝时,由于铝合金的收缩比钢大得多,在钢筒与内侧铝合金层之间形成收缩缝隙,而钢筒外侧的铝合金层包紧在钢筒上,使钢筒产生压应力。当发动机工作时,随着活塞温度的升高,首先要消除钢筒与内侧铝合金层间的收缩缝隙和钢筒与外侧铝合金层的残余应力,然后才向外侧膨胀,结果使整个活塞裙部的热膨胀量相应减小。

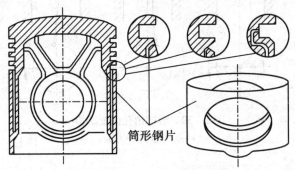

图 2-28　镶筒形钢片的活塞

为了提高裙部的摩擦和磨合性能,有的活塞还在裙部表面喷镀石墨、锡或二氧化钼。

(2)活塞的冷却。

活塞的冷却是为了减轻活塞顶部和头部的热负荷,常采取润滑油冷却。常见的方法有:

①喷射冷却。从连杆小头上的喷油孔或从安装在机体上的喷油器喷射润滑油到活塞内表面,如图 2-29(a)、(b)所示。

②振荡冷却。从连杆小头上的喷油孔将润滑油喷入活塞内壁的环形油槽中,由于活塞的运动使润滑油在油槽中产生振荡而冷却活塞,如图 2-29(c)所示。

③强制冷却。在活塞头部铸出冷却油道或铸入冷却油管,使润滑油在其中强制流动以冷却活塞,如图 2-29(d)、(e)所示。强制冷却在增压发动机中被广泛采用。

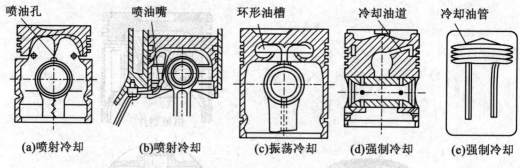

图 2-29 活塞冷却

(3) 活塞销孔偏置结构。

活塞销孔偏置结构(图 2-30)是指有些高速汽油机的活塞销孔中心线偏离活塞中心线平面,向做功行程中受侧压力的一方偏移了 1~2 mm。这种结构可使活塞在压缩行程到做功行程中较为柔和地从压向气缸的一面过渡到压向气缸的另一面,以减小敲缸的声音。在安装时要注意,活塞销偏置的方向不能装反,否则换向敲击力会增大,使裙部受损。

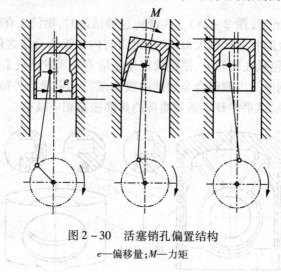

图 2-30 活塞销孔偏置结构

e—偏移量;M—力矩

2. 活塞环

活塞环是具有弹性的开口环,有气环和油环之分。一般一个活塞有 2~3 道气环,一道油环,如图 2-31 所示。

(1) 气环。

① 气环的作用。气环的作用是保证气缸与活塞间的密封性,防止漏气,并且把活塞顶部吸收的大部分热量传给气缸壁,由冷却液带走。

② 气环的基本结构。气环的基本结构如图 2-32 所示。

③ 气环的工作原理。气环开有切口,具有弹性,在自由状态下外径大于气缸直径,它与活塞一起装入气缸后,外表面紧贴在气缸壁上,形成第一密封面,如图 2-33 所示。被封闭的气体不能通过环周与气缸之间,便进入了环与环槽的空隙,一方面把环压到环槽端面形成第二密封面;另一方面,作用在环背的气体压力又大大加强了第一密封面的密封作

用。气环密封效果一般与气环数量有关,汽油机一般采用 2 道气环,柴油机一般采用 3 道气环。

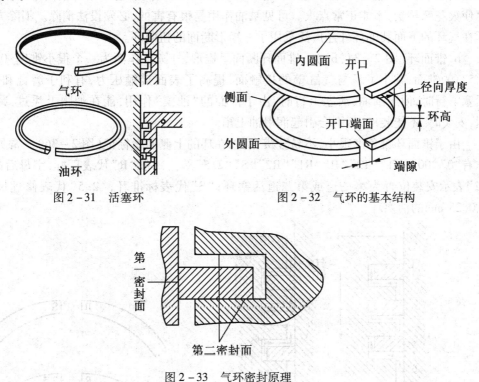

图 2-31 活塞环　　　　图 2-32 气环的基本结构

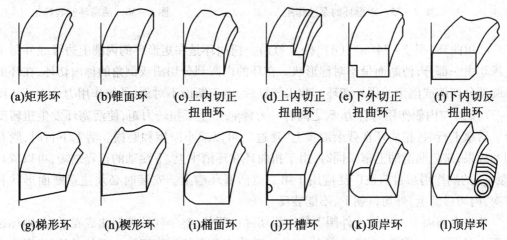

图 2-33 气环密封原理

④气环的种类。按气环的截面形状分,常见的有矩形环、锥面环、扭曲环、梯形环、桶面环、开槽环和顶岸环等,如图 2-34 所示。

图 2-34 活塞环按气环截面形状分类

a.矩形环(图 2-34(a))。矩形环断面为矩形,结构简单,制造方便,易于生产,应用最广。但矩形环随活塞做往复运动时,会把气缸壁面上的润滑油不断送入气缸中(图 2-35),这种现象称为气环的泵油作用。活塞下行时,由于环与气缸壁的摩擦阻力及环的惯性,环被压靠在环槽上端面;活塞上行时,环又被压靠在环槽的下端面,结果第一道环背隙里的机油就进入燃烧室,燃烧后形成蓝烟冒出,造成润滑油消耗量增加;还会在燃烧室内形成积炭,造成气缸、活塞、活塞环磨损加剧,甚至使活塞环在环槽内卡死失效;甚至使火花塞积炭,不能正常点火。可见泵油作用是很有害的,必须设法消除。消除方法除了在气环的下面装油环外还广泛采用了非矩形断面的扭曲环。

b. 锥面环(图2-34(b))。锥面环断面呈锥形,外圆工作面为一个很小锥度(0.5°~1.5°)的锥面,减小了环与气缸壁的接触面,提高了表面接触压力,有利于磨合和密封。活塞下行时,便于刮油;活塞上行时,由于锥面的"油楔"作用,能在油膜上浮过,减小磨损,安装时,不能装反,否则会引起润滑油上窜。

由于锥面环锥角度很小,不易分辨,所以在环的上侧面做标记(图2-36)。常见的标志有"0""00""T1""T2""R""R1""R2""S""2.5"等。一般"R"代表厂标,字母后的"1""2"表示安装位置为第一道或第二道活塞环;"S"代表标准环,"2.5"代表修理尺寸为+0.25 mm的活塞环。

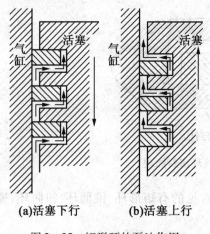

(a)活塞下行　(b)活塞上行

图2-35　矩形环的泵油作用

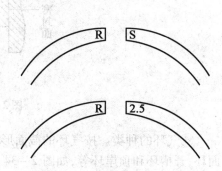

图2-36　活塞环安装标记

c. 扭曲环(图2-34(c)、(d)、(e)、(f))。扭曲环是在矩形环的内圆上边缘或外圆下边缘切去一部分,使断面呈不对称形状。在环的内圆部分切槽或倒角的称内切环,在环的外圆部分切槽或倒角的称外切环。装入气缸后,由于断面不对称,外侧作用力合力 F_1(图2-37(b))与内侧作用力合力 F_2 之间有一力臂 e,产生了扭转力矩,使活塞环发生扭转变形。活塞上行时,扭曲环在残余油膜上"浮过",可以减小摩擦和磨损。活塞下行时,则有刮油效果,避免润滑油上窜。同时,由于扭曲环在环槽中上、下跳动的行程缩短,可以减轻"泵油"的副作用。目前被广泛应用于第二道活塞环槽上。安装时必须注意断面形状和方向,内切口朝上,外切口朝下,不能装反。

若将内圆面上的边缘或外圆下的边缘切除一部分,整个气环将扭曲成碟子形,则称这种环为正扭曲环(图2-34(c)、(d)、(e));若将内圆面的下边切除一部分,气环将扭曲成盖子形,则称其为反扭曲环(图2-34(f))。在环面上切去部分金属称为切台。

d. 梯形环(图2-34(g))。梯形环断面呈梯形,工作时,梯形环在压缩行程和做功行程随着活塞受侧压力的方向不同而不断地改变位置,这样会把沉积在环槽中的积炭挤出,避免了环被粘在环槽中而折断。它可以延长环的使用寿命,缺点是加工困难,精度要求高。

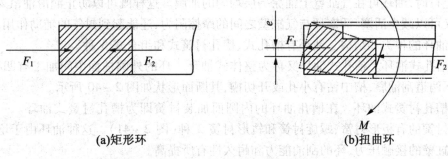

图 2-37 扭曲环作用原理

e. 桶面环(图 2-34(i))。桶面环的外圆为凸圆弧形。当桶面环上下运动时,均能与气缸壁形成楔形空间,使润滑油容易进入摩擦面,减小磨损。由于其与气缸呈圆弧接触,故对气缸表面的适应性和对活塞偏摆的适应性均较好,有利于密封,但凸圆弧表面加工较困难。

f. 开槽环(图 2-34(j))。在外圆面上加工出环形槽,在槽内填充能吸附润滑油的多孔性氧化铁,有利于润滑、磨合和密封。

g. 顶岸环(图 2-34(k)、(l))。顶岸环的断面为 L 形。因为顶岸环距活塞顶面较近(图 2-38),做功行程时,燃气压力能迅速作用于环的上侧面和内侧面,使环的下面与环槽的下面、外侧面与气缸壁面贴紧,有利于密封,还可减少汽车尾气中 HC 的排放量。

气环的开口按形状分,主要有直开口、阶梯开口和斜开口等(图 2-39)。直开口加工容易,但密封性差;阶梯形开口密封性好,工艺性差;斜开口的密封性和工艺性介于前两种开口之间,斜角一般为 30°或 45°。

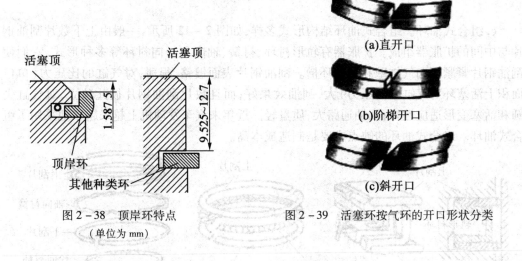

图 2-38 顶岸环特点
(单位为 mm)

图 2-39 活塞环按气环的开口形状分类

活塞环在高温、高压、高速和润滑极其困难的条件下工作,一直是发动机上使用寿命最短的零件,目前广泛采用合金铸铁铸造。第一道气环外圆面镀铬以提高耐磨性,其余环一般镀锡或磷化。

(2)油环。

①油环的作用。油环起布油和刮油的作用。下行时,油环可刮除气缸壁上多余的润

滑油；上行时，油环可在气缸壁上铺涂一层均匀的油膜。这样既可以防止润滑油窜入气缸燃烧，又可以减少活塞、活塞环与气缸壁之间的摩擦阻力，还能起到封气的辅助作用。

②油环的种类和结构。油环有槽孔式、槽孔衬簧式和组合式3种。

a. 槽孔式油环。槽孔式油环又称为整体式油环。环的外圆柱面中间加工有凹槽，形成上、下两道刮油唇，槽中钻有小孔或开切槽，其断面形状如图2-40所示。

b. 槽孔衬簧式油环。在槽孔油环的内圆面加装衬簧即为槽孔衬簧式油环。一般作为油环衬簧的有板形衬簧、螺旋衬簧和轨形衬簧3种（图2-41）。这种油环由于增大了环与气缸壁的接触压力，环的刮油能力和耐久性有所提高。

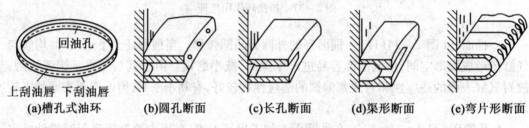

图2-40 槽孔式油环的断面形状

图2-41 槽孔衬簧式油环

c. 组合式油环。组合式油环结构形式多样，如图2-42所示，一般由上下数片刮油钢片与中间的扩胀器组成。扩胀器有轨形衬环、衬簧、轴向和径向衬环等多种形式，它们使刮油钢片紧紧压向气缸壁和活塞环槽。刮油钢片表面镀铬，很薄，对气缸的比压力（单位面积上活塞环对气缸壁的压力）大，刮油效果好；而且数片刮油钢片彼此独立，对气缸失圆和活塞变形适应性好；回油通路大，质量轻。近年来汽车发动机上越来越多地采用了组合式油环。组合式油环的缺点主要是制造成本高。

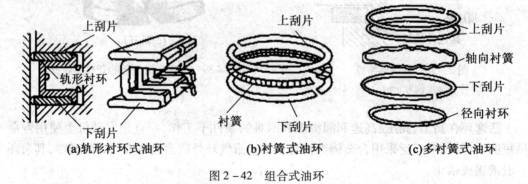

图2-42 组合式油环

3. 活塞销

活塞销的作用是连接活塞和连杆小头,将活塞承受的气体作用力传给连杆。活塞销的内孔有 3 种形状:圆柱形、组合形(两段截锥与一段圆柱组合)和两段截锥形,如图 2-43 所示。

活塞销与活塞销座孔及连杆小头衬套孔的连接配合有全浮式和半浮式两种方式,如图 2-44 所示。

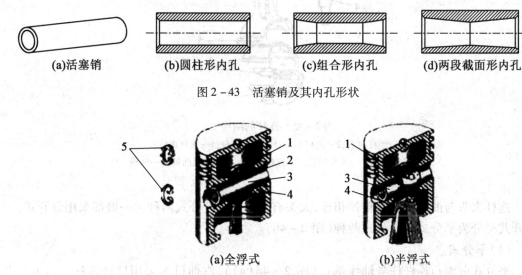

(a)活塞销　　(b)圆柱形内孔　　(c)组合形内孔　　(d)两段截面形内孔

图 2-43　活塞销及其内孔形状

(a)全浮式　　(b)半浮式

图 2-44　活塞销的连接方式

1—连杆小头;2—连杆衬套;3—活塞销;4—活塞销座;5—卡环

全浮式活塞销是指当发动机工作时,活塞销、连杆小头和活塞销座都有相对运动,使磨损均匀。为了防止活塞销轴向窜动刮伤气缸壁,在活塞销两端装有卡环 5,进行轴向定位。由于铝活塞热胀系数比钢大,为了保证活塞销与活塞销座孔在高温工作时有正常间隙(0.01~0.02 mm)、在冷态时为过渡配合,装配时,应先把铝活塞加热到一定程度,再把活塞销装入。

半浮式活塞销的特点是活塞销中部与连杆小头采用紧固螺栓连接,活塞销只能在两端销座内自由摆动,而与连杆小头没有相对运动,所以不需要连杆衬套。活塞销不会轴向窜动,不需要卡环,其在小轿车上应用得较多。

4. 连杆

连杆的功用是连接活塞与曲轴,将活塞的往复运动转变成曲轴的旋转运动。连杆由连杆小头 2、连杆杆身 3 和连杆大头 5 等部分组成(图 2-45)。

连杆小头与活塞销相连。对于全浮式活塞销,由于工作时小头孔与活塞销之间有相对运动,故在连杆小头孔中压入连杆衬套 1。为了润滑活塞销与衬套,在小头和衬套上铣有油槽或钻有油孔,以收集发动机运转时飞溅上来的润滑油并将其用于润滑。有的发动机连杆小头采用压力润滑,在连杆杆身内钻有纵向压力油通道。对于半浮式活塞销,其与连杆小头是紧配合,所以小头孔内不需要衬套,也不需要润滑。

连杆杆身通常做成工字形断面,其抗弯强度好、质量小,且为大圆弧过渡,上小下大。采用压力法润滑的连杆,杆身中部制有连通大、小头的油道。

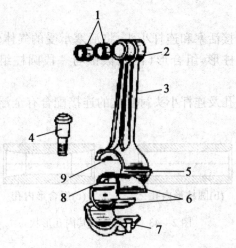

图2-45 连杆的结构
1—连杆衬套;2—连杆小头;3—连杆杆身;4—连杆螺钉;
5—连杆大头;6—连杆轴瓦;7—连杆盖;8—连杆轴瓦凸键;9—凹槽

连杆大头与曲轴的连杆轴颈相连,大头有整体式和分开式两种。一般都采用分开式,分开式又分为平分式和斜分式两种(图2-46)。

(1)平分式。

平分式分面与连杆杆身轴线垂直(图2-46(a)),汽油机多采用这种连杆。因为一般汽油机连杆大头的横向尺寸都小于气缸直径,可以方便地通过气缸进行拆装。

(2)斜分式。

斜分式分面与连杆杆身轴线的夹角成30°~60°(图2-46(b))。柴油机多采用这种连杆。因为柴油机压缩比大,受力较大,曲轴的连杆轴颈较粗,相应的连杆大头尺寸往往超过了气缸直径,为了使连杆大头能通过气缸,便于拆装,一般都采用斜切口。斜切口的连杆盖在安装时应注意方向。

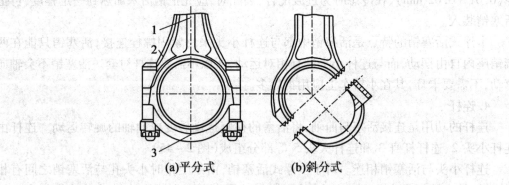

图2-46 连杆大头
1—连杆装配标志;2—润滑油喷孔;3—连杆盖装配标志

将连杆大头分开可取下的部分称为连杆盖,连杆与连杆盖配对加工,加工后,在它们同一侧打上装配标志,安装时不得互相调换或变更方向。为确保连杆盖的准确位置,在结构上采取了定位措施。平切口连杆盖与连杆的定位多使用连杆螺栓,利用连杆螺栓中部精加工的圆柱凸台或光圆柱部分与经过精加工的螺栓孔来保证定位。斜切口连杆常用的定位方法有锯齿定位、圆销定位、套筒定位和止口定位,如图 2-47 所示。

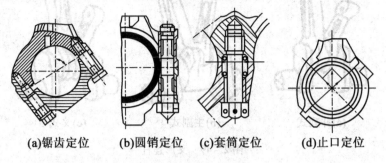

(a)锯齿定位　(b)圆销定位　(c)套筒定位　(d)止口定位

图 2-47　分开式连杆大头定位方法

连杆盖和连杆大头用连杆螺栓连在一起,连杆螺栓在工作中承受很大的冲击力,若折断或松脱,将造成严重事故。为此,连杆螺栓都采用优质合金钢,并经精加工和热处理特制而成,损坏后绝不能用其他螺栓来代替。安装连杆盖拧紧连杆螺栓螺母时,要分 2~3 次交替均匀地拧紧,最后用力矩扳手拧到规定的力矩,拧紧后还应锁紧。

连杆大头孔内装有瓦片式滑动轴承(图 2-48),简称连杆轴瓦。

图 2-48　连杆轴瓦
1—钢背;2—油槽;3—定位凸键;4—耐磨合金层

轴瓦分上、下两个半片。半个轴瓦在自由状态下不是半圆形,当它们装入连杆大头孔内时,又有过盈,故能均匀地紧贴在大头孔壁上,具有很好的承受载荷和导热的能力。

连杆轴瓦上制有定位凸键,安装时嵌入连杆大头和连杆盖的定位槽中,以防轴瓦前后移动或转动。有的轴瓦上还制有油孔,安装时应与连杆上相应油孔对齐。

轴瓦材料目前多采用 1~3 mm 薄壁钢背轴瓦,在其内表面浇铸有减磨合金层。减磨合金层具有质软,容易保持油膜,磨合性好,摩擦阻力小及不易磨损等特点。减磨合金常采用的是白合金(巴氏合金)、铜基合金和铝基合金。

V 型发动机左右两侧对应两个气缸的连杆是装在曲轴的一个连杆轴颈上的,称为叉形连杆,它有如下 3 种形式:

(1)并列式(图 2-49(a))。相对应的左右两缸连杆并列安装在同一连杆轴颈上。

(2)主副式(图 2-49(b))。一列气缸的连杆为主连杆,直接安装在连杆轴颈上;另一列连杆为副连杆,铰接在主连杆大头(或连杆盖)上的两个凸耳之间。

(3)叉式(图 2-49(c))。在左右对应的两列气缸连杆中,一个连杆大头做成叉形,跨于另一个连杆厚度较小的大头两端。

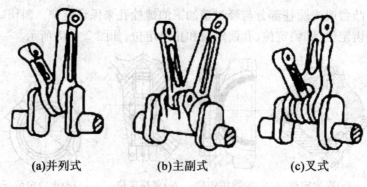

(a)并列式　　　　(b)主副式　　　　(c)叉式

图 2-49　叉形连杆

二、曲轴飞轮组件

曲轴飞轮组件主要由曲轴、飞轮和一些附件组成,如图 2-50 所示。

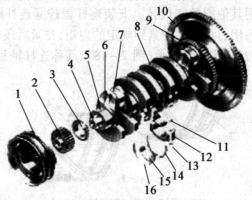

图 2-50　曲轴飞轮组件

1—曲轴带轮;2—曲轴正时齿轮带轮;3—曲轴链轮;4—曲轴前端;5—曲轴主轴颈;
6—曲柄臂;7—曲柄销;8—平衡重块;9—信号盘;10—飞轮;11、15—主轴瓦;
12—主轴承盖;13—螺母;14、16—止推垫片

1. 曲轴

曲轴是发动机最重要的机件之一。它与连杆配合将作用在活塞上的气体压力变为旋转的动力,传给底盘的传动机构。同时,驱动配气机构和其他辅助装置,如风扇、水泵、发电机等。

曲轴一般用中碳钢或中碳合金钢模锻而成。为提高耐磨性和耐疲劳强度,轴颈表面经高频淬火或氮化处理,并经精磨加工,以达到较高的表面硬度和表面粗糙度的要求。曲轴表面发生磨损或失圆时,应进行磨修或更换。

(1)曲轴的组成。

曲轴一般由主轴颈 5、曲柄销(连杆轴颈)7、曲柄臂 6、平衡重块 8 及主轴瓦 11 等组成。一个主轴颈、一个连杆轴颈和一个曲柄臂组成了一个曲柄,单列式发动机曲轴的曲柄数目等于气缸数;V 型发动机曲轴的曲柄数等于气缸数的一半。

①主轴颈。

主轴颈是曲轴的支承部分,通过主轴承和主轴瓦支承在曲轴箱的主轴承座中。主轴瓦的材料、结构与连杆轴瓦类似。主轴承的数目不仅与发动机气缸数目有关,还取决于曲轴的支承方式。曲轴的支承方式一般有两种,一种是全支承曲轴,另一种是非全支承曲轴,如图 2-51 所示。

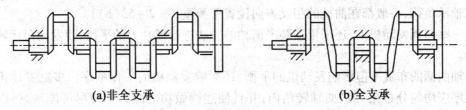

(a)非全支承　　　　　　　　　(b)全支承

图 2-51　曲轴的支承方式

a. 全支承曲轴。全支承曲轴的主轴颈数比气缸数目多一个,即每个连杆轴颈两边都有一个主轴颈。对于这种支承,曲轴的强度和刚度都比较好,并且减轻了主轴承载荷,减小了磨损。

b. 非全支承曲轴。非全支承曲轴的主轴颈数比气缸数目少或与气缸数目相等,主轴承载荷较大,但缩短了曲轴的总长度,使发动机的总体长度有所减小。

有的大型发动机曲轴采用组合式,由若干段组合在一起,再由滚动轴承支承在机体上。

②曲柄销。

曲柄销(连杆轴颈)是曲轴与连杆的连接部分,单列发动机的连杆轴颈数目和气缸数相等,V 型发动机的连杆轴颈数等于气缸数的一半。

③曲柄臂。

曲柄臂是主轴颈和连杆轴颈的连接部分。为了平衡惯性力,曲柄臂处铸有(或紧固有)平衡重块。它用来平衡发动机不平衡的离心力矩,有时还用来平衡一部分往复惯性力,使曲轴旋转平稳。

曲柄连杆机构的运动惯性力如图 2-52 所示。当活塞上下做变速运动时,会产生往复惯性力 F_j(方向与大小随运动位置而变化);同时,由于曲柄、曲柄销和连杆大头绕曲轴轴线旋转,产生旋转惯性力(即离心力 F_c),其方向沿曲柄半径向外,其大小与曲柄半径、旋转部分的质量及曲轴转速有关。往复惯性力和旋转惯性力的作用导致了发动机的振动及零部件的变形和磨损,必须采取平衡措施。

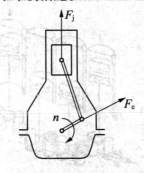

图 2-52　曲柄连杆机构的运动惯性力

对于多缸发动机,如图 2-53(a)所示的 4 缸发动机,第一和第四连杆轴颈的离心力

F_1 和 F_4 与第二和第三连杆轴颈的离心力 F_2 和 F_3 因大小相等、方向相反而互相平衡;F_1 和 F_2 形成的力偶矩 M_{1-2} 与 F_3 和 F_4 形成的力偶矩 M_{3-4} 也能互相平衡。但两个力偶矩都给曲轴造成了弯曲载荷,曲轴若刚度不够就会产生弯曲变形,引起主轴颈和轴承偏磨。为了减轻主轴承负荷,一般都在曲柄的相反方向设置平衡重(图 2-53(b))。

在一些高档发动机上,还采用加装平衡轴的方法进行惯性力的平衡,使发动机运转更加平稳。

曲轴曲柄的布置不但影响发动机的平衡,还影响发动机的工作顺序。多缸发动机的点火顺序应均匀分布在 720°曲轴转角内,并且使连续做功的两缸相距尽可能地远,以减轻主轴承的载荷,避免可能发生的进气重叠现象。

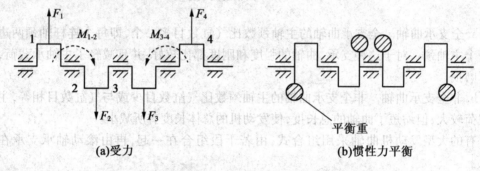

图 2-53 曲轴受力与平衡

4 缸四冲程发动机的点火间隔角为 720°÷4=180°,4 个曲柄布置在同一平面内(图 2-54)。1、4 缸与 2、3 缸互相错开 180°,其发火顺序的排列有两种可能,即 1—3—4—2 或 1—2—4—3,其工作循环分别见表 2-1 和表 2-2。

表 2-1 4 缸四冲程发动机工作循环(点火顺序 1—3—4—2)

曲柄转角/(°)	第 1 缸	第 2 缸	第 3 缸	第 4 缸
0~180	做功	排气	压缩	进气
180~360	排气	进气	做功	压缩
360~540	进气	压缩	排气	做功
540~720	压缩	做功	进气	排气

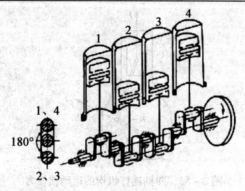

图 2-54 4 缸四冲程发动机曲柄布置

表2-2 4缸四冲程发动机工作循环(点火顺序 1—2—4—3)

曲柄转角/(°)	第1缸	第2缸	第3缸	第4缸
0~180	做功	压缩	排气	进气
180~360	排气	做功	进气	压缩
360~540	进气	排气	压缩	做功
540~720	压缩	进气	做功	排气

6缸四冲程单列发动机的点火间隔角为720°÷6=120°,6个曲柄分别布置在3个平面内(图2-55),有两种点火顺序:1—5—3—6—2—4 和 1—4—2—6—3—5,国产汽车都采用前一种,其工作循环见表2-3。

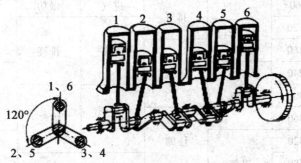

图2-55 6缸四冲程单列发动机曲柄布置

表2-3 6缸四冲程单列发动机工作循环(点火顺序 1—5—3—6—2—4)

曲柄转角/(°)		第1缸	第2缸	第3缸	第4缸	第5缸	第6缸
0~180	60	做功	排气	进气	做功	压缩	进气
	120						
	180			压缩	排气		
180~360	240	排气	进气			做功	压缩
	300						
	360			做功	进气		
360~540	420	进气	压缩			排气	做功
	480						
	540			排气	压缩		
540~720	600	压缩	做功			进气	排气
	660						
	720		排气	进气	做功	压缩	

6缸四冲程V型发动机的点火间隔角仍为120°,3个曲柄互成120°(图2-56),点火顺序为 R1—L3—R3—L2—R2—L1(R1代表面向发动机前端右侧第一缸,向后依次为R2、R3;L1代表面向发动机前端左侧第一缸,向后依次为L2、L3)。其工作循环见表2-4。

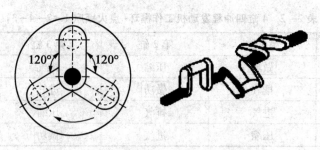

图 2-56　6 缸四冲程 V 型发动机曲柄布置

表 2-4　6 缸四冲程 V 型发动机工作循环（点火顺序 R1—L3—R3—L2—R2—L1）

曲柄转角/(°)		R1	R2	R3	L1	L2	L3
0～180	60	做功	排气	进气	做功	进气	压缩
	120						
	180			压缩	排气		
180～360	240	排气	进气			压缩	做功
	300						
	360			做功	进气		
360～540	420	进气	压缩			做功	排气
	480						
	540			排气	压缩		
540～720	600	压缩	做功			排气	进气
	660						
	720		排气	进气	做功		压缩

　　8 缸四冲程 V 型发动机的点火间隔角为 720°÷8＝90°，发动机左右两列对应的一对连杆共用一个曲柄，所以 V 型 8 缸发动机只有 4 个曲柄（图 2-57）。曲柄布置可以与 4 缸发动机相同，4 个曲柄互相错开 90°。点火顺序有两种：R1—L1—R4—L4—L2—R3—L3—R2 和 L1—R4—L4—L2—R3—R2—L3—R1，前者的工作循环见表 2-5。

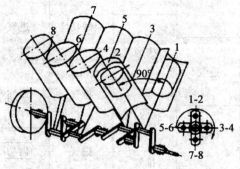

图 2-57　8 缸四冲程 V 型发动机曲柄布置

表 2-5 8 缸四冲程 V 型发动机工作循环（点火顺序 R1—L1—R4—L4—L2—R3—L3—R2）

曲柄转角/(°)		R1	R2	R3	R4	L1	L2	L3	L4
0~180	90	做功	做功	排气	压缩	压缩	进气	排气	进气
	180								
180~360	270	排气	排气	进气	做功	做功	压缩	进气	压缩
	360								
360~540	450	进气	进气	压缩	排气	排气	做功	压缩	做功
	540								
540~720	630	压缩	压缩	做功	进气	进气	排气	做功	排气
	720		做功	排气		压缩			进气

④曲轴前端。

曲轴前端装有定时齿轮 4、驱动风扇和水泵的带轮 7 及启动爪 8 等，如图 2-58 所示。为了防止润滑油沿曲轴轴颈外漏，在曲轴前端装有一个甩油盘 5，它随曲轴转动，将漏出的机油甩回油底壳。甩油盘外斜面向后，安装时应注意方向，否则会产生相反的效果。在齿轮室盖上装有油封 6，防止润滑油外漏。

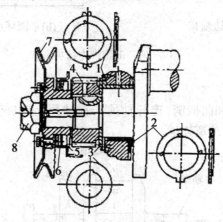

图 2-58 曲轴前端结构
1、2—滑动推力轴承；3—止推片；4—定时齿轮；5—甩油盘；6—油封；7—带轮；8—启动爪

⑤曲轴后端。

曲轴后端用来安装飞轮，在后轴颈与飞轮凸缘之间制成挡油凸缘与回油螺纹，并安装有油封或密封填料等，以阻止润滑油向后窜漏，如图 2-59 所示。

⑥曲轴轴向定位。

由于曲轴经常受到离合器施加于飞轮的轴向力作用，有的曲轴前端采用斜齿传动，曲轴产生前后窜动，影响了曲柄连杆机构各零件的正确位置，增大了发动机磨损、异响和振动，故必须进行曲轴轴向定位。另外，曲轴工作时会受热膨胀，还必须留有膨胀的余地。

曲轴定位一般采用滑动推力轴承，安装在曲轴前端或中后部主轴承上。推力轴承有翻边主轴瓦或具有减磨合金层的半圆环止推片两种形式，如图 2-60 所示，磨损后可更换。

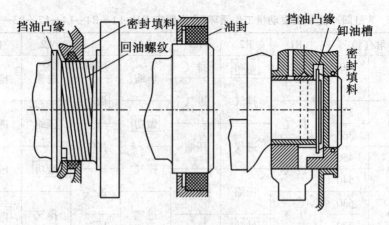

图 2-59 曲轴后端

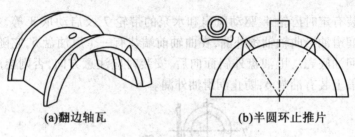

(a)翻边轴瓦　　　　(b)半圆环止推片

图 2-60 曲轴推力轴承

⑦曲轴润滑。

为了润滑曲轴主轴颈和曲柄销(连杆轴颈),在轴颈上钻有油孔,并有相通的斜油道(图 2-61),其再与机体主油道连通。

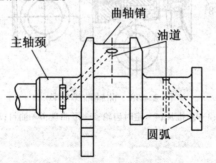

图 2-61 曲轴润滑

(2)曲轴扭转减振器。

在发动机工作过程中,经连杆传给连杆轴颈的作用力的大小和方向都是周期性变化的,所以曲轴各个曲柄的旋转速度也是忽快忽慢,呈现周期性变化。各曲柄之间产生周期性相对扭振的现象称为曲轴的扭转振动。当振动强烈时甚至会扭断曲轴。扭转减振器的功用就是吸收曲轴扭转振动的能量,消减扭转振动,避免发生强烈的共振及其引起的严重后果。

汽车发动机多采用橡胶扭转减振器、硅油扭转减振器和硅油-橡胶扭转减振器。

①橡胶扭转减振器。

橡胶扭转减振器如图 2-62(a) 所示,减振器壳体与曲轴连接,并通过橡胶层与减振质量连接在一起。

发动机工作时,减振器壳体与曲轴一起振动,由于减振质量惯性滞后于减振器壳体,因此在两者之间产生相对运动,使橡胶层来回揉搓,振动能量被橡胶的内摩擦阻尼吸收,从而使曲轴的扭振得以消减。

图 2-62(b) 所示为带轮-橡胶扭转减振器。其基本原理与橡胶扭转减振器相似,常应用于东风 EQ6100-1 和 YC6105QC 等汽车的发动机上。

橡胶扭转减振器结构简单、工作可靠、制造容易,在汽车上被广泛应用;但其阻尼作用小、橡胶容易老化,故在大功率发动机上应用较少。

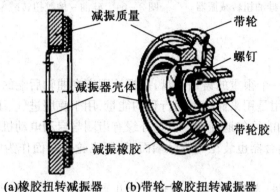

(a)橡胶扭转减振器　(b)带轮-橡胶扭转减振器

图 2-62　橡胶扭转减振器

②硅油扭转减振器。

硅油扭转减振器如图 2-63 所示,减振器壳体与曲轴连接。侧盖与减振器壳体组成封闭腔,其中滑套连着减振质量。减振质量与封闭腔之间留有一定的间隙,里面充满了高黏度硅油。

当发动机工作时,减振器壳体与曲轴一起旋转,减振质量则被硅油的黏性摩擦阻尼和衬套的摩擦力所带动。由于减振质量相当大,因此它近似做匀速运动,于是在减振质量与减振器壳体间产生相对运动。曲轴的振动能量被硅油的内摩擦阻尼吸收,使扭振消除或减轻。

硅油扭转减振器减振效果好、性能稳定、工作可靠、结构简单、维修方便,但它需要良好的密封和较大的减振质量,致使减振器尺寸较大。

③硅油-橡胶扭转减振器。

硅油-橡胶扭转减振器如图 2-64 所示,扭转减振器中的橡胶环主要作为弹性体,并用来密封硅油和支承减振质量。在封闭腔内注满了高黏度硅油。硅油-橡胶扭转减振器集中了硅油减振器和橡胶减振器的优点,即体积小、质量轻和减振性能稳定等。

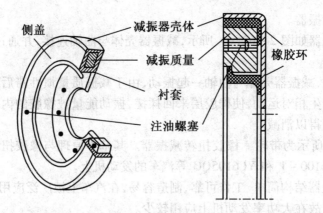

图 2-63 硅油扭转减振器　　图 2-64 硅油-橡胶扭转减振器

2. 飞轮

飞轮(图 2-65)是一个很重的铸铁圆盘,用螺栓固定在曲轴后端的接盘上,具有很大的转动惯量。其主要功用是用来储存做功行程的能量,用于克服进气、压缩和排气行程的阻力和其他阻力,使曲轴能均匀地旋转。飞轮外缘有齿圈与启动电动机的驱动齿轮啮合,供启动发动机用;汽车离合器也装在飞轮后端面,利用飞轮后端面作为驱动件的摩擦面,以对外传递动力。

在飞轮轮缘上做记号(刻线或销孔)以供找上止点使用。当飞轮上的记号与外壳上的记号对正时(图 2-65),正好是活塞上止点。有的还有进排气相位记号、供油(柴油机)或点火(汽油机)记号,供安装和修理用。

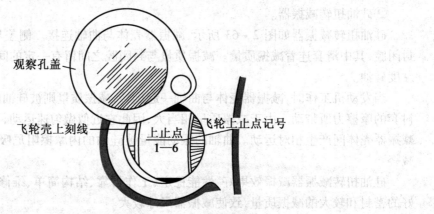

图 2-65 飞轮

飞轮与曲轴在制造时一起进行过动平衡实验,在拆装时应严格按相对位置安装。飞轮紧固螺钉承受作用力大,应按规定力矩和正确方法拧紧。

第四节 可变气缸控制技术

一、可变气缸控制的意义

从多缸发动机工作分析可知,发动机各气缸是按照工作顺序全部参加做功,这是不合理的,往往导致"大马拉小车"现象。例如,6缸发动机在怠速或小负荷时,6个气缸全部点火做功,会造成发动机功率浪费、燃油消耗上升。

为此,美国通用公司、克莱斯勒公司、德国奔驰公司、日本本田公司都先后开发出随汽车负荷变化、让部分气缸停止工作的控制技术,美国通用公司称其为可变排量(Displacement on Demand,DOD)技术,日本本田公司称其为可变气缸控制(Vacuum Control Moudulator,VCM)技术。

目前,最成功的是本田公司的VCM技术,已经应用于本田第八代雅阁发动机上,广州本田第八代雅阁3.5 L发动机也同步采用VCM发动机,功率可达206 kW(6 200 r/min)。它能根据需要,控制发动机既可以作为V6发动机工作,也可以"变身"为单列3缸发动机或者V型4缸发动机。实践表明,该VCM发动机相对于上一代雅阁所配备的3.0 L发动机,燃油消耗降低了7%,90 km/h等速油耗仅为6.8 L,排放达国家第五阶段机动车污染物排放标准。

二、可变气缸控制发动机的基本结构与工作原理

1. 基本结构

以广州本田第八代雅阁VCM发动机(图2-66)为例,其控制机构i-VTEC(Variable Valve Timing and Valve Life Electronic Control System)是一套可变气门配气相位和气门升程电子控制系统(图2-67),它由车用电脑控制,能根据需要控制某缸的进气门、排气门的开闭,当进气门和排气门关闭时,该气缸便停止工作。

图2-66 VCM发动机

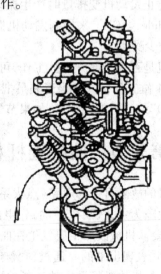
图2-67 i-VTEC系统

2. 工作原理

广州本田第八代雅阁 VCM 发动机有以下 3 种工作模式：

(1) 全负荷工作模式。

全负荷工作模式在发动机启动、加速或者低挡位爬坡时，发动机会启动 6 个气缸工作，以满足发动机对动力输出的需求。

(2) 怠速及低负荷工作模式。

当发动机怠速或汽车处于中低速运行时，VCM 系统会通过控制 i－VTEC 系统，关闭发动机一侧 3 个气缸的进、排气，并且切断供油，完成从 V6 发动机到单列 3 缸发动机工作模式的切换。此时，这台 3.5 L 发动机的实际工作排量只有 1.75 L。

(3) 中负荷工作模式。

在中等速度、高速巡航和缓坡行驶时，发动机将会用 4 个气缸来运转。此时，VCM 系统会保持发动机每列 3 个气缸中靠远端的两个气缸正常工作，另外一个气缸则会被关闭。

VCM 系统对发动机进行变缸操作前，会根据节气门开度传感器、发动机转速传感器、车速传感器、冷却液温度传感器等信号进行数据测算，以便判断是否应当根据当前的工作负荷来启用相应的 3 缸或 4 缸工作方案。此外，该系统还会确定发动机润滑油压力是否支持 VCM 系统进行工作模式的切换，以及在发动机进行变排量操作后，催化转化器的温度是否仍保持在适当范围内。

如果 VCM 系统判断发动机变缸，那么系统会被命令率先调整点火正时和节气门的开度，以方便气缸开、闭能够平稳过渡。但是停止做功的这些气缸的火花塞依然在点火，以保证火花塞的温度会在气缸重新投入工作时可以达到工作要求，防止气缸内残余的油气混合物造成火花塞油污，而导致点火效率下降。而且这些气缸的活塞依然处于正常运转状态，以使发动机各个气缸内的零件磨损状况一致。摇臂和气缸零件在不同温度下磨损程度的不同则是非常微小，是可以忽略的。

为了防止发动机变排量时产生振动和噪声，通过主动控制发动机支承系统(Auxiliary Control Module，ACM)来控制发动机振动，通过主动噪声控制系统(Active Noise Control，ANC) 以减少噪声。

发动机是否处于部分气缸工作，可以从仪表板上的 ECO 灯判断，灯亮说明发动机处于 3 缸或 4 缸工作模式。当驾驶员把节气门踏板向下踩深一些，想要获得较大的动力输出时，"ECO"灯马上就会熄灭；如果节气门踏板松开持续 1～3 s 后，ECO 灯又会亮起。

第五节 曲柄连杆机构的常见故障诊断与排除

发动机的故障可分为电路(点火系)故障、油路(燃油系)故障和机械故障 3 类。柴油机以油路故障为主，汽油机中油路、电路故障均常见。机械故障在两种发动机中均不多见，但很重要。机械故障主要发生在曲柄连杆机构和配气机构，大多数是以异响(不正常响声)的形式表现出来的。通过对异响的诊断，可以判断出故障发生的部位。本节主要介绍曲柄连杆机构常见异响的诊断与排除方法。

一、主轴瓦响

1. 故障现象

(1)当发动机转速突然变化时,有明显而沉重的连续"嗵嗵"声,并伴随气缸体发生抖动。

(2)发动机的转速升高,响声增大。

(3)发动机负荷变化时,响声明显。

2. 故障诊断与排除方法

(1)拆下机油加注口盖,耳朵贴近机油加注口倾听,同时反复改变发动机的转速进行实验,突然加速或减速时,发动机出现明显钝哑沉重的"嗵嗵"响声,当用听诊器或简易听诊杆在气缸体曲轴位置察听,响声明显。

(2)利用单缸断火法实验,响声没有变化,然后对相邻两缸进行断火实验,如在某两缸断火后,响声明显减弱,说明这两缸之间的主轴瓦发响。

(3)使发动机高速运转,机体会产生较大的振动,机油压力偏低,说明主轴瓦间隙过大或轴承合金层脱落。

(4)放尽机油,拆下油底壳后检查。

①如发现机油中和油底壳壁上有轴承合金屑粒,则说明轴承合金脱落,应更换新的主轴瓦,并检查主轴颈有无损伤。

②检查主轴承盖螺栓是否松动,如有松动,应按规定力矩拧紧。

③检测主轴瓦径向和轴向间隙,若间隙过大,应更换新主轴瓦。

二、连杆轴瓦响

1. 故障现象

(1)发动机运转中,产生一种连续而短促的"嗒嗒"声,中速运转时,响声比较明显;突然加速时,响声随着增大。

(2)发动机负荷增加时,响声随着增大。

(3)发动机温度变化时,响声不随着变化。

2. 故障诊断与排除方法

(1)发动机怠速运转,可听到短促的"嗒嗒"声,随着转速的升高,响声会更凸出,拆下机油加注口盖倾听,响声为清脆的"嗒嗒"声,说明是连杆轴瓦响。

(2)利用单缸断火法实验。若某缸断火时响声减弱或消失,在复火的瞬间响声又立即出现,则可断定该缸连杆轴瓦响。

(3)放尽机油,拆下油底壳检查。

①发现机油中或油底壳壁上有轴承合金屑粒,说明连杆轴瓦合金层脱落,应更换新的连杆瓦,并检查连杆轴颈有无损伤。

②检查连杆螺栓有无松动,如有松动,应按规定力矩拧紧。

③若连杆螺栓不松动,用手上、下推拉连杆盖检查,如感觉间隙较大,说明连杆轴瓦磨损过甚,应更换新的连杆轴瓦。

(4)检查机油压力是否过低,若该声音属于机油压力过低造成的响声,应调整油压;若其属机油黏度过小造成的响声,应更换机油。

三、活塞敲缸响

1. 故障现象

（1）发动机在怠速或低、中速运转时，在气缸上部发出清晰、明显、有规律的"嗒嗒"声，中速以上一般声音减弱或消失。

（2）发动机温度低时响声明显，正常工作温度下，响声减弱或消失。

（3）发动机在高温、高速运转时，发出连续不断且有节奏的"嘎嘎"声。

2. 故障诊断与排除方法

（1）发动机冷车启动，即发出有节奏的"嗒嗒"声，此时应将发动机转速控制在响声最明显的范围内，在气缸体上部用听诊器或简易听诊杆听诊，若响声在怠速、冷车时明显，在高速、温度升高后减弱或消失，同时伴有从机油加注口冒烟、排气管冒蓝烟的现象，这说明是活塞敲缸。

（2）将发动机置于响声最明显的转速上运转，逐缸进行断火实验。若某缸断火后响声减弱或消失，说明该缸活塞敲缸；若在断火后出现敲缸响声，并由间断响变成连续响，则说明活塞裙部锥度过大，是活塞头部撞击气缸壁所致，应检查并更换活塞。

（3）发动机熄火，拆下有响声气缸的火花塞（或喷油器），向气缸内注入少量机油，并用手摇柄或启动机带动曲轴转动数圈，然后装上火花塞（或喷油器），启动发动机。如响声在短时间内减弱或消失，过一会儿又重新出现，说明该缸活塞裙部与气缸壁的间隙过大，应检测气缸间隙，选配活塞或镗缸。

（4）发动机温度低时响声不明显，在温度升高后，当发动机以中、高速运转时，出现有节奏的"嘎嘎"声，温度越高，响声越大，进行单缸断火实验，若响声没有变化，则说明连杆有变形，应检查并校正连杆。

（5）发动机温度低时响声不明显，当温度升高后，发动机处于怠速运转时，出现"嗒嗒"声，机体抖动，温度越高，响声越大，说明活塞变形或活塞环开口间隙过小，造成活塞与气缸壁的配合间隙过小，致使润滑不良，应检查、更换活塞及活塞环。

四、活塞销响

1. 故障现象

（1）发动机在怠速或低速时，在气缸上部可听到尖锐、清脆的"嗒嗒"声。

（2）发动机的转速升高，响声也随着增大。

（3）一般情况下，发动机温度升高，响声不减弱；在低速下急加速，响声非常明显。

2. 故障诊断与排除方法

（1）发动机置于怠速下运转，然后由怠速向低速急踩油门踏板，响声随着转速变化。若踩动油门踏板时，出现清脆而连贯的"嗒嗒"声，说明活塞销响。

（2）将发动机稳定在响声比较明显的转速上，逐缸进行断火实验。若某气缸断火后响声明显减弱或消失，且在复火的瞬间能立即出现或连续出现两个响声，说明该缸活塞销响。若响声严重，并且转速越高响声越大，断火后响声不消失且变得杂乱，说明活塞销与连杆小头衬套的配合间隙过大，应检查并更换连杆小头衬套或活塞销。

（3）发动机怠速运转时，出现有节奏而较为沉重的"吭吭"声，转速升高，响声并不消失，而又出现机体抖动。若采用单缸断火实验，响声反而加重，说明活塞销窜动响，可能是活塞销卡环脱落,应立即拆检,如确定卡环脱落,活塞销已将气缸壁划伤,则应更换气缸套。

本 章 小 结

(1) 机体组件包括气缸体、气缸套、气缸垫和油底壳等。气缸体分平底式、龙门式和隧道式 3 种;气缸套有干式和湿式两种;汽油机燃烧室常见的有半球形燃烧室、楔形燃烧室和浴盆形燃烧室。不同结构的燃烧室,具有不同的功能特点。

(2) 曲柄连杆机构包括活塞连杆组(活塞、活塞环、活塞销、连杆和连杆轴瓦等) 及曲轴飞轮组件(曲轴、飞轮等)。曲柄连杆机构组装时应注意各零部件的相互配合位置关系及各重要螺钉的拧紧力矩和拧紧方法。

(3) 活塞一般都采用高强度铝合金制成。其顶部有各种凹坑,组成各种燃烧室;头部有活塞环槽;裙部起导向作用,并承受侧压力。整个活塞呈上小下大,裙部为椭圆形;有的开有膨胀槽等防止活塞卡死。

(4) 活塞环有气环和油环两类。气环起密封、传热作用,有矩形环、扭曲环、锥面环、梯形环、桶面环、开槽环、顶岸环等各种截面形状;油环起布油、刮油、传热作用,有槽孔式、槽孔衬簧式和组合式 3 种。活塞环安装时应注意安装位置和方向。

(5) 曲轴的轴柄布置应该使各缸点火顺序均匀分布在 720°曲轴转角内。4 缸四冲程发动机的点火顺序只有 1—2—4—3 和 1—3—4—2 两种。根据曲轴的轴柄布置和发火顺序,可分析多缸发动机各缸的工作状况。

(6) 发动机可变气缸控制技术是指发动机能够根据汽车负荷变化,让部分气缸停止工作的控制技术。它可有效地降低发动机燃料消耗和排气污染。

思 考 题

2-1 名词解释:平底式气缸体、龙门式气缸体、隧道式气缸体、干式气缸套、湿式气缸套、半球形燃烧室、楔形燃烧室、浴盆形燃烧室、气环、油环、矩形环、扭曲环、锥面环、梯形环、桶面环、槽孔油环、槽孔衬簧油环、点火顺序、平分连杆、斜分连杆、活塞销的全浮式安装、半浮式安装、全支承曲轴、非全支承曲轴、可变气缸控制技术。

2-2 机体组件包括哪些零部件?拆装时应注意哪些问题?

2-3 曲柄连杆机构包括哪些组件?拆装时应注意哪些问题?

2-4 气缸套有哪两种形式?各有什么特点?安装时应注意哪些问题?

2-5 常见汽油机燃烧室有几种?各有什么特点?

2-6 活塞结构有什么特点?

2-7 活塞环分哪两大类?各起什么作用?其结构各有什么特点?安装时应注意哪些问题?

2-8 曲轴为什么要进行轴向定位?如何定位?

2-9 飞轮的主要功用是什么?飞轮上的一些刻度有何作用?

2-10 已知某 4 缸四冲程汽油机工作顺序为 1—2—4—3,当第 4 缸处于排气下止点时,请分析其余各缸的工作状态。

2-11 已知某6缸四冲程发动机的工作顺序为1—5—3—6—2—4,当第1缸处于进气下止点时,请分析其余各缸的工作状态。

2-12 广州本田第八代雅阁可变气缸控制技术发动机有哪3种工作模式?

2-13 曲轴连杆机构的常见故障有哪些?如何诊断?

第三章

配气机构

教学目标与要求

1. 了解可变气门控制系统的结构与工作原理。
2. 掌握配气机构的类型、组成、结构和工作原理。
3. 掌握配气相位的概念及作用。
4. 掌握配气结构的拆装。

教学重点

1. 配气机构的类型、组成、结构和工作原理。
2. 配气相位的概念及配气机构安装。
3. 气门间隙的调整。

教学难点

1. 配气相位概念及配气机构安装。
2. 气门间隙的调整。

配气机构的功用是按照发动机每个气缸内进行的工作循环和发火次序的要求,定时开启和关闭进、排气门,使新鲜充量(汽油机为可燃混合气、柴油机为空气)及时进入气缸,而废气及时从气缸排出。

新鲜充量被吸进气缸越多,则发动机可能发出的功率越大。新鲜充量充满气缸的程度,用充量系数(充气效率、容积效率)表示。所谓充量系数就是发动机每个工作循环进入气缸的实际充量(新鲜可燃混合气或空气)与进气状态下充满气缸工作容积的理论充量的比值,即

$$\Phi_c = \frac{M}{M_0} \tag{3-1}$$

式中 M——进气过程中,实际充入气缸的充量;
M_0——进气状态下,充满气缸工作容积的理论充量。

充量系数越高,表明进入气缸内的新鲜空气或可燃混合气的质量越多,可燃混合气燃烧时放出的热量越多,所以发动机发出的功率越大。对于一定工作容积的发动机而言,充

量系数与进气终了时气缸内的压力和温度有关。此时压力越高,温度越低,则一定容积的气体质量越大,因此充量系数越大。进气系统对气流的阻力造成进气终了时气缸内气体压力降低,又由于上个循环中残留在气缸内的高温废气,以及燃烧室、活塞顶、气门等高温零件对进入气缸内新鲜气体的加热,使进气终了时气体的温度升高,实际充入气缸的新鲜气体质量总是小于进气状态下充满气缸工作容积的新鲜气体质量。也就是说,充量系数总是小于1,一般为0.80~0.90。影响发动机充量系数的因素很多,故提高充量系数可以从多方面入手。就配气机构而言,主要是要求其结构有利于减小进气和排气的阻力,而且进、排气门的开启时刻和持续开启时间适当,使进气和排气都尽可能充分。

第一节 配气机构的零件和组件

一、气门组

气门组包括气门、气门导管、气门座及气门弹簧等零件,如图3-1所示。有的进气门还设有气门旋转机构。气门组应保证气门能够实现气缸的密封,因此要求:①气门头部与气门座贴合严密;②气门导管与气门杆的上下运动有良好的导向;③气门弹簧的两端面与气门杆的中心线相垂直,以保证气门头在气门座上不偏斜;④气门弹簧的弹力足以克服气门及其传动件的运动惯性力,使气门能及时关闭,并保证气门紧压在气门座上。

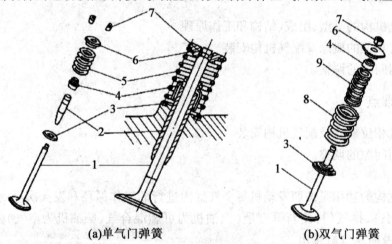

(a)单气门弹簧　　　　(b)双气门弹簧

图3-1 气门组
1—气门;2—气门导管;3—下气门弹簧座;4—气门油封;5—气门弹簧;
6—上气门弹簧座;7—气门锁夹;8—外气门弹簧;9—内气门弹簧

1. 气门

气门由头部和杆部两部分组成。头部的工作温度很高(进气门可高达300~400℃,排气门更高,可达700~900℃),而且还要承受气体压力、气门弹簧力及传动组零件惯性力的作用,其冷却和润滑条件又较差,因此,要求气门必须具有足够的强度、刚度、耐热和耐磨能力。进气门的材料采用合金钢(如铬钢或镍铬钢等),排气门则采用耐热合金钢(硅铬钢等)。为了节省耐热合金钢,有的发动机排气门头部用耐热合金钢制造,而杆部用铬钢制造,然后将两者焊在一起。

气门头顶部的形状有平顶、球面顶和喇叭顶等,如图 3-2 所示。目前使用最多的是平顶气门头(图 3-2(a))。平顶气门头结构简单,制造方便,吸热面积小,质量也小,进、排气门都可以采用。球面顶气门头(图 3-2(c))适用于排气门,因为其强度高,排气阻力小,废气的清除效果好;但球形的受热面积大,质量和惯性力大,加工较复杂。喇叭顶气门头部(图 3-2(b))与杆部的过渡部分具有一定的流线形,可以减少进气阻力;但其顶部受热面积大,故适用于进气门,而不宜用于排气门。气门头部的热负荷是相当高的,而且散热条件很差,仅靠与气门座圈的接触来间歇传热,因此一些热负荷非常严重的柴油机,气门采用充钠气门(图 3-2(d)),即气门做成空心,空腔的一半充以熔点为 97.8 ℃的金属钠,在气门工作温度下钠为液态,当气门往复运动时钠剧烈晃动,将气门头部的热量迅速传给杆部,再经气门导管传给冷却介质。实验表明,充钠冷却可使排气门头部温度下降 150~200 ℃;但是气门杆温度下降不多。

气门密封锥面的锥角,称为气门锥角,一般做成 30°~45°。气门头的边缘应保持一定的厚度,一般为 1~3 mm,以防止工作中由于气门与气门座之间的冲击而损坏或被高温气体烧蚀。为了减小进气阻力,提高气缸的充量系数,多数发动机进气门的头部直径比排气门的大。

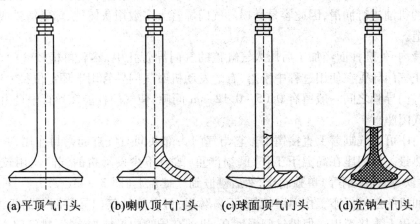

(a)平顶气门头　　(b)喇叭顶气门头　　(c)球面顶气门头　　(d)充钠气门头

图 3-2　气门头部的结构形式

为保证气门头与气门座之间的良好配合,装配前应将气门头与气门座二者的密封锥面互相研磨,研磨好的零件不能互换。为了改善气门头部的耐磨性和耐腐蚀性,有的发动机在排气门密封锥面上,焊一层含有镍、铬、钴等金属元素的特种合金,以提高硬度。

气门头部的热量是直接通过气门座和气门杆,经气门导管而传到气缸盖的。为了提高气门头部的散热性能,气门座孔区域应加强冷却,气门头向气门杆过渡部分的几何形状应尽量做到圆滑,以增加强度并减少热流阻力。此外,还应使气门杆与气门导管之间的间隙尽可能小。

气门杆呈圆柱形,在气门导管中不断进行往复运动。其表面须经过热处理和磨光,以保证与气门导管的配合精度和耐磨性。气门弹簧座的固定方式取决于气门杆端的形状(图 3-3)。常用的结构是用剖分成两半的锥形锁片 4 来固定弹簧座 3(图 3-3(a))。这时,气门杆 1 的端部可车出环槽来安装锁片。解放 CA1091 型汽车 6102 型发动机的气门弹簧座用锁销 5 来固定(图 3-3(b)),故其气门杆端部有一个用来安装锁销的径向孔。

2. 气门导管

气门导管的功用是起导向作用,保证气门做直线往复运动,使气门与气门座能正确贴合。此外,气门导管还在气门杆与气缸盖之间起导热作用,其结构如图 3-4 所示。

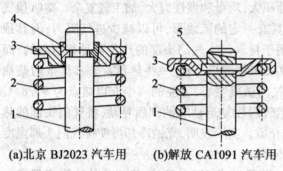

(a)北京 BJ2023 汽车用　　(b)解放 CA1091 汽车用

图 3-3　弹簧座的固定方式

1—气门杆;2—气门弹簧;3—弹簧座;4—锁片;5—锁销

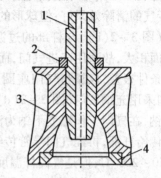

图 3-4　气门导管和气门座的结构

1—气门导管;2—卡环;3—气缸盖;4—气门座

气门导管的工作温度也较高,约 200 ℃。气门杆在导管中运动时,仅靠配气机构飞溅出来的机油进行润滑,因此容易磨损。气门导管大多数用灰铸铁、球墨铸铁或铁基粉末冶金制造。

导管内、外圆柱面经加工后压入气缸盖的气门导管孔中,然后再精铰气门导管内孔。为了防止气门导管在使用过程中松落,有的发动机对气门导管用卡环定位(图 3-4)。气门杆与气门导管之间一般留有 0.05~0.12 mm 间隙,使气门杆能在导管中自由运动。

3. 气门座

气门座可在气缸盖上直接镗出。它与气门头部共同对气缸起密封作用,并接受气门传来的热量。气门座在高温下工作,磨损严重,故有不少发动机的气门座用较好的材料(合金铸铁、奥氏体钢等)单独制作,然后镶嵌到气缸盖上(图 3-4)。

汽油机的进气门座工作温度较低,不易磨损,可以靠从气门导管漏下的机油润滑,故可以在缸盖上直接镗出。但排气门温度高,机油在导管内可能被烧掉,排气门座实际上得不到润滑,极易磨损,故多采用镶嵌式结构。采用铝合金缸盖的发动机,由于铝合金材质较软,进、排气门座均采用镶嵌式结构。柴油机有的进、排气门座均用镶嵌式,有的只镶进气门座,这是因为柴油机的排气门与气门座常能得到因燃烧不完全而夹杂在废气中的柴油、机油及烟粒等润滑而不致被强烈地磨损;但是柴油机的进气门面临的情况则完全不同,从导管漏入的机油很少,而且柴油机有较高的气体压力,加上进气门的直径大,容易变形,这些因素都将导致进气门座的磨损加剧。

镶嵌式气门座的缺点是导热性差,加工精度要求高。如果座圈的公差配合不当,则工作时镶座易脱落,导致重大事故。因此,当在气缸盖上直接加工出来的气门座能满足工作性能要求时,最好不用镶嵌式气门座。

4. 气门弹簧

气门弹簧的功用是克服在气门关闭过程中气门及传动件的惯性力,防止各传动件之间因惯性力的作用而产生间隙,保证气门及时落座并紧紧贴合,防止气门发生跳动,破坏其密封性。为此,气门弹簧应有足够的刚度和安装预紧力。

气门弹簧多为圆柱形螺旋弹簧(图3-5),其材料为高碳锰钢、铬钒钢等冷拔钢丝,加工后要进行热处理。钢丝表面要光滑,经抛光或用喷丸处理,借以提高疲劳强度,增强弹簧的工作可靠性。此外,为了避免弹簧的锈蚀,弹簧的表面要进行镀锌、镀铜、磷化或发蓝处理。

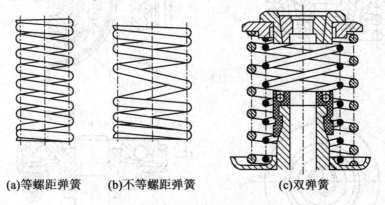

(a)等螺距弹簧　　(b)不等螺距弹簧　　(c)双弹簧

图3-5　气门弹簧

气门弹簧的一端支承在气缸盖上,而另一端则压靠在气门杆端的弹簧座上,弹簧座用锁片固定在气门杆的末端。为了防止弹簧发生共振,可采用变螺距的圆柱弹簧(图3-5(b))。

高速发动机多数是一个气门有同心安装的内外两根气门弹簧(图3-5(c)),这样能提高气门弹簧工作的可靠性,即不但可以防止共振,而且当一根弹簧折断时,另一根还可维持工作。此外,还能使气门弹簧的高度减小。当采用两根气门弹簧时,弹簧圈的螺旋方向应相反,这样可以防止折断的弹簧圈卡入另一个弹簧圈内。为了改善气门和气门座密封面的工作条件,可设法使气门在工作中能相对气门座缓慢旋转。这样可使气门头沿圆周温度分布均匀,减小气门头部的热变形。气门缓慢旋转时,在密封锥面上产生轻微的摩擦力,有阻止沉积物形成的自洁作用。

气门旋转机构如图3-6所示。在图3-6(a)所示的自由旋转机构中,气门锁片并不直接与弹簧座接触,而是装在一个锥形套筒中,后者的下端支承在弹簧座平面上,套筒端部与弹簧座接触面上的摩擦力不大,而且在发动机运转振动力作用下,在某一短时间内可能为零,这就使气门有可能自由地做不规则运动。

有的发动机采用图3-6(b)所示的强制旋转机构,使气门1每开一次便转过一定角度。在旋转机构壳体4中,有6个可变深度的槽,槽中装有带回位弹簧8的钢球5。

当气门关闭时,气门弹簧2的力通过气门弹簧座3与碟形弹簧7直接传到旋转机构壳体上。当气门升起时,不断增大的气门弹簧力将碟形弹簧压平而迫使钢球沿着凹槽的斜面滚动,带着碟形弹簧、气门弹簧和气门一起转过一定角度。在气门关闭过程中,碟形弹簧的载荷减小而恢复原状,钢球即在回位弹簧的作用下回到原来的位置。

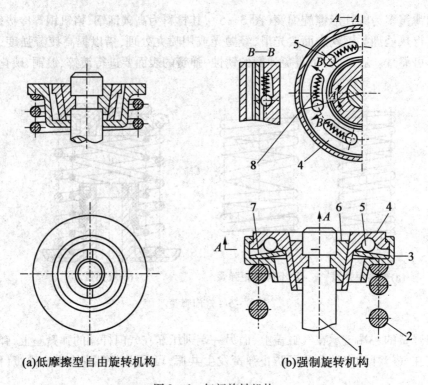

(a)低摩擦型自由旋转机构　　　(b)强制旋转机构

图 3-6　气门旋转机构

1—气门；2—气门弹簧；3—气门弹簧座；4—旋转机构壳体；5—钢球；6—气门锁夹；7—碟形弹簧；8—回位弹簧

二、气门传动组

气门传动组主要包括凸轮轴、定时齿轮、挺柱，此外还有推杆、摇臂和摇臂轴等。气门传动组的作用是使进、排气门能按配气定时规定的时刻开闭，且保证有足够的开度。

1. 凸轮轴

凸轮轴(图 3-7(a))上主要配置有各缸进、排气凸轮 1，使气门按一定的工作次序和配气定时及时开闭，并保证气门有足够的升程。凸轮受到气门间歇性开启的周期性冲击载荷，因此凸轮表面要求耐磨，凸轮轴要求有足够的韧性和刚度。

发动机工作时，凸轮轴的变形会影响配气定时，因此有的发动机凸轮轴采用全支承以减小其变形，如图 3-7(a) 所示的发动机凸轮轴有 5 个轴颈 2。但是，支承数量多，加工工艺较复杂，所以一般发动机的凸轮轴是每隔两个气缸设置一个轴颈 1，如图 3-8 所示。为了安装方便，凸轮轴的各轴颈直径是做成从前向后依次减小的。

凸轮轴的材料一般用优质钢模锻而成，也可采用合金铸铁或球墨铸铁铸造。凸轮轴各轴颈的工作表面一般经热处理后精磨，以改善其耐磨性。

由图 3-7(b) 可以看出，同一气缸的进、排气凸轮的相对转角位置是与既定的配气定时相适应的。发动机各个气缸的进(或排)气凸轮的相对角位置应符合发动机各气缸的发火次序和发火间隔时间的要求。因此，根据凸轮轴的旋转方向及各进(或排)气凸轮的工作次序，就可以判定发动机的发火次序。

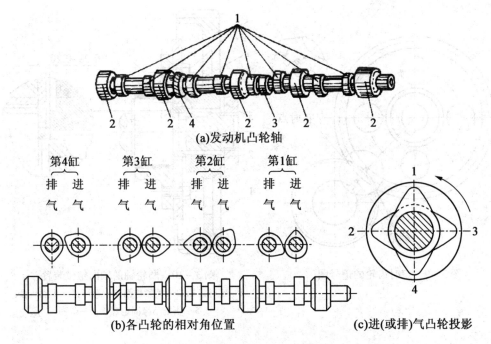

图3-7 4缸四冲程汽油机凸轮轴
1—凸轮；2—轴颈；3—驱动汽油泵的偏心轮；4—驱动分电器的螺旋齿轮

就4缸四冲程发动机而言，每完成一个工作循环，曲轴须旋转两周而凸轮轴只旋转一周，在此期间，每个气缸都要进行一次进（或排）气，且各缸进（或排）气的时间间隔相等，即各缸进（或排）气凸轮彼此间的夹角均为 $360°÷4=90°$。由图3-7(c)可见，该4缸四冲程发动机的点火次序为 1—3—4—2（凸轮轴旋转方向，从前端向后看，如箭头所示）。图3-8所示是点火次序为 1—5—3—6—2—4 的6缸四冲程发动机的凸轮轴，任何两个相继发火的气缸进（或排）气凸轮间的夹角均为 $360°÷6=60°$。

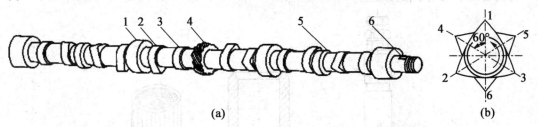

图3-8 6缸四冲程发动机的凸轮轴（点火次序为 1—5—3—6—2—4）
1—轴颈；2—进气凸轮；3—排气凸轮；4—分电器驱动齿轮；5—偏心轮；6—键槽

汽油机的凸轮轴布置在曲轴箱上方时，凸轮轴上还具有驱动分电器的螺旋齿轮4和驱动汽油泵的偏心轮3（图3-7(a)）。

凸轮轴通常由曲轴通过一对定时齿轮驱动，小齿轮和大齿轮分别用键装在曲轴与凸轮轴的前端，其传动比为2:1。在装配曲轴与凸轮轴时，必须将定时齿轮记号对准，以保证正确的配气定时和发火时刻，如图3-9所示。

为防止凸轮轴发生轴向窜动，凸轮轴必须有轴向定位装置，其结构如图3-10所示。

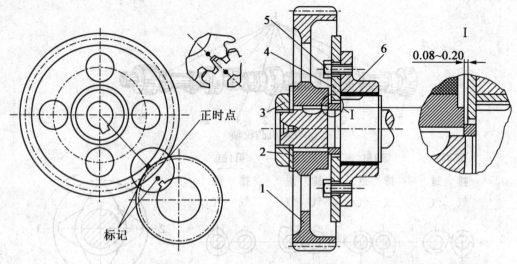

图 3-9 定时齿轮的记号图

图 3-10 凸轮轴的轴向定位装置
1—定时齿轮;2—锁紧垫圈;3—螺母;4—止推凸缘;
5—止推凸缘固定螺栓;6—隔圈

2. 挺柱

挺柱的功用是将凸轮的推力传给推杆(或气门杆),并承受凸轮轴旋转时所施加的侧向力。挺柱在其顶部装有调节螺钉,用来调节气门间隙。气门顶置式配气机构的挺柱一般制成筒式(图3-11(b)),以减轻质量。图3-11(c)所示为滚轮式挺柱,其优点是可以减小摩擦对挺柱造成的侧向力。滚轮式挺柱结构复杂,质量较大,一般多用于大缸径柴油机上。挺柱常用镍铬合金铸铁或冷激合金铸铁制造,其摩擦表面应经热处理后研磨。

上文阐述过,热膨胀造成的气门关闭不严的问题可用预留气门间隙的方法来解决。但由于气门间隙的存在,配气机构在工作时将产生冲击而发出响声。为了解决这一问题,有的发动机上采用了液压挺柱。

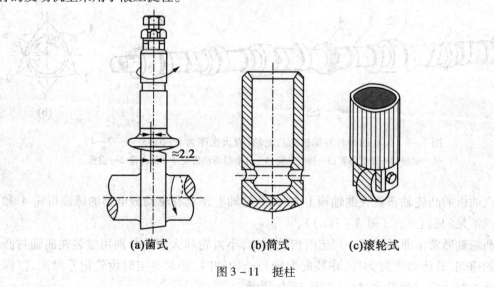

(a)菌式　　(b)筒式　　(c)滚轮式

图 3-11 挺柱

图 3-12 所示为 8V100 型发动机的液压挺柱结构。在挺柱体 6 中装有柱塞 7。在柱塞上端压入支承座 11。柱塞被柱塞弹簧 5 推向上方，其最上位置由卡环 12 限制。柱塞下端的单向阀架 4 内装有单向阀碟形弹簧 14 和单向阀 3。发动机润滑冷却系统中的机油从油道经挺柱体侧面的油孔流入，并充满柱塞内腔 8 及其下面的压力室 2。

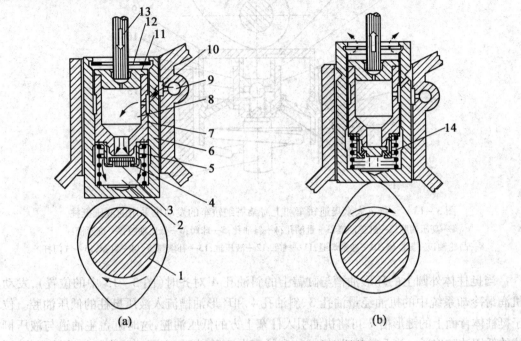

图 3-12 8V100 型发动机的液压挺柱结构
1—凸轮；2—压力室；3—单向阀；4—单向阀架；5—柱塞弹簧；6—挺柱体；7—柱塞；
8—柱塞内腔；9—油道；10—油槽；11—支承座；12—卡环；13—推杆；14—单向阀碟形弹簧

当气门关闭时，柱塞弹簧使柱塞连同压合在柱塞中的支承座紧靠推杆 13，此时整个配气机构中不存在间隙。

当挺柱体被凸轮 1 推举向上时（图 3-12(b)），推杆作用于支承座和柱塞上的反力迫使柱塞克服柱塞弹簧力而相对于挺柱体向下移动，于是柱塞下部压力室内的油压迅速升高，使单向阀关闭。由于液体的不可压缩性，整个挺柱如同一个刚体一样上升，这样便保证了必要的气门升程。当油压很高时，会有少许机油经过柱塞与挺柱体之间的配合间隙泄漏出去，但这不致影响正常的工作。同样，在气门受热膨胀时，柱塞也因受压而与挺柱体做轴向相对运动，并将机油自压力室经上述间隙挤出。因此，使用液压挺柱时可以不留气门间隙，而保证气门受热膨胀仍能与气门座紧密贴合。

当气门开始关闭或冷却收缩时（图 3-12(a)），柱塞所受压力减小，由于柱塞弹簧的作用，柱塞向上运动，始终与推杆保持接触。同时柱塞下部的压力室中产生真空度，单向阀被吸开，机油便流入，而再次充满整个柱塞内腔 8。

一汽-大众奥迪轿车和上海桑塔纳轿车的发动机采用的液压挺柱如图 3-13 所示。圆筒挺柱体 9 是由上盖和圆筒经加工后再用激光焊接成一体的薄壁零件。液压缸 12 的内孔和外圆都要精加工研磨，外圆与挺柱内导向孔相配合，内孔则与柱塞 11 配合，两者都有相对运动。液压缸底部装有一个补偿弹簧 13，把球阀 5 压靠在柱塞的阀座上，补偿弹簧还可以使挺柱顶面和凸轮轮廓线保持紧密接触，以消除气门间隙。当球阀关闭柱塞中间孔时,可将挺柱分成两个油腔,上部的低压油腔 6 和下部的高压油腔 1。当球阀开启后,则成为一个通腔。

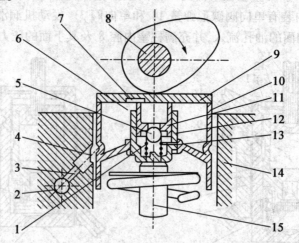

图 3-13　一汽-大众奥迪轿车和上海桑塔纳轿车的发动机采用的液压挺柱
1—高压油腔;2—缸盖油道;3—量油孔;4—斜油孔;5—球阀;6—低压油腔;7—键形槽;
8—凸轮轴;9—挺柱体;10—柱塞焊缝;11—柱塞;12—液压缸;13—补偿弹簧;14—缸盖;15—气门杆

当挺柱体外圆上的环形油槽与缸盖上的斜油孔 4 对齐时(图 3-13 中的位置),发动机润滑冷却系统中的机油经量油孔 3、斜油孔 4 和环形油槽流入液压挺柱的低压油腔。位于挺柱体背面上的键形槽 7 可将机油引入柱塞上方的低压油腔,这时缸盖主油道与液压挺柱的低压油腔连通。当凸轮转动,挺柱体和柱塞向下移动时,高压油腔中的机油被压缩,油压升高,加上补偿弹簧的作用,使球阀紧压在柱塞的下端阀座上,这时高压油腔与低压油腔被分隔开。由于液体具有不可压缩性,整个挺柱如同一个刚体一样下移,推开气门并保证了气门应达到的升程。此时,挺柱体外圆上的环形油槽已离开了进油的位置,停止进油。

当挺柱到达下止点后开始上行时,在气门弹簧上顶和凸轮下压的作用下,高压油腔陆续封闭,球阀也不会打开,液压挺柱仍可认为是一个刚性挺柱,直至上升到凸轮处于基圆,使气门关闭时为止。此时,缸盖油道 2 中的压力油经量油孔、挺柱体环形油槽进入液压挺柱的低压油腔,同时,高压油腔内油压下降,补偿弹簧推动柱塞上行。从低压油腔来的压力油推开球阀而进入高压油腔,使两腔连通充满机油。这时,挺柱体顶面仍和凸轮紧贴。在气门受热膨胀时,柱塞和液压缸做轴向相对运动,高压油腔中的油液可经过液压缸与柱塞间的缝隙挤入低压油腔。因此,使用液压挺柱时,可以不预留气门间隙。

液压挺柱结构复杂,加工精度要求高,而且磨损后无法调整只能更换,所以目前在一般载货车上用得较少,在较高级的轿车上则应用很广。

3. 推杆

推杆的作用是将从凸轮轴经过挺柱传来的推力传给摇臂,它是气门机构中最易弯曲的零件,要求有很高的刚度。在动载荷大的发动机中,推杆应尽量做得短些。对于缸体与缸盖都是铝合金制造的发动机,其推杆最好用硬铝制造。推杆可以是实心或空心的。制造实心推杆(图 3-14(a)),一般是同球形支座锻成一个整体,然后进行热处理。图 3-14(b) 所示为硬铝棒制成的推杆,推杆两端配以钢制的支承。图 3-14(c)、(d) 都是钢管制成的推杆,前者的球头是直接锻成的,然后经过精磨加工;后者的球支承则是压配的,并经淬火和磨光,以保证其耐磨性。

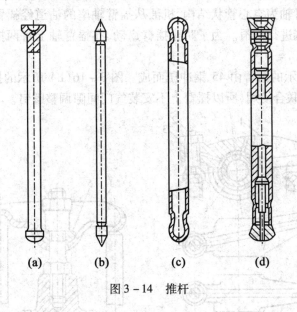

图 3-14 推杆

4. 摇臂

摇臂实际上是一个双臂杠杆,用来将推杆传来的力改变方向,作用到气门杆端以推开气门。在图 3-15 中,摇臂 1 或 9 的两边臂长的比值(称为摇臂比)约为 1.2~1.8,其中长臂一端是推动气门的。摇臂端头的工作表面一般制成圆柱形,当摇臂摆动时可沿气门杆端面滚滑,这样可以使两者之间的力尽可能沿气门轴线作用。摇臂内还钻有润滑油道和油孔。在摇臂的短臂端螺纹孔中,旋入用于调节气门间隙的气门调整螺钉 10,螺钉的球头与推杆顶端的凹球座相接触。

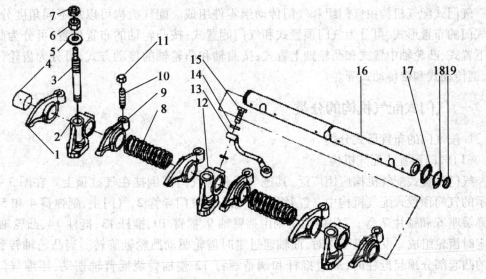

图 3-15 摇臂支架
1—进气门摇臂;2、12—摇臂轴座;3—摇臂轴座固定螺柱;4—气门摇臂衬套;5—垫圈;6、7—螺母;
8—定位弹簧;9—排气门摇臂;10—气门调整螺钉;11—锁紧螺母;13—通油管;14—组合密封垫圈;
15—接头螺栓;16—摇臂轴;17—摇臂轴垫圈;18—挡圈;19—碗形塞片

摇臂通过摇臂衬套4空套在摇臂轴16上,而后者又支承在摇臂轴座2和12上,摇臂上钻有油孔。摇臂轴为空心管状结构,机油从摇臂轴座的油道经摇臂轴内腔和摇臂中的油道流向摇臂两端进行润滑。为了防止摇臂窜动,在摇臂轴上每两摇臂之间都装有定位弹簧8。

图3-16(a)所示的摇臂由45钢冲压而成。图3-16(b)所示的摇臂由薄板冲压而成的,它与液压挺柱联合使用,所以摇臂上不安装气门间隙调整螺钉。

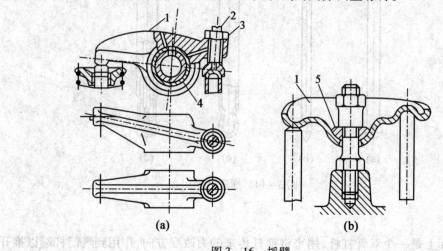

图3-16 摇臂
1—摇臂;2—气门间隙调整螺钉;3—锁紧螺母;4—摇臂衬套;5—摇臂轴支点球座

第二节 气门式配气机构的布置及传动

气门式配气机构由气门组和气门传动组零件组成。配气机构可以从不同角度分类,按气门的布置形式,可分为气门顶置式和气门侧置式;按凸轮轴的布置位置,可分为凸轮轴下置式、凸轮轴中置式和凸轮轴上置式;按曲轴和凸轮轴的传动方式,可分为齿轮传动式、链传动式和带传动式等。

一、气门式配气机构的分类

1. 按气门的布置形式分类

(1)气门顶置式配气机构。

气门顶置式配气机构应用广泛,其进气门和排气门都倒挂在气缸顶上。在图3-17所示的气门顶置式配气机构中,气门组包括气门3,气门导管2,气门主、副弹簧4和5,气门弹簧座6和锁片7等;气门传动组则由摇臂轴9、摇臂10、推杆13、挺柱14、凸轮轴15和定时齿轮组成。发动机工作时,曲轴通过定时齿轮驱动凸轮轴旋转。当凸轮轴转到凸轮的凸起部分顶起挺柱时,通过推杆和调整螺钉12使摇臂绕摇臂轴摆动,压缩气门弹簧,使气门离座,即气门开启。当凸轮凸起部分离开挺柱后,气门便在气门弹簧力的作用下落座,即气门关闭。

四冲程发动机每完成一个工作循环,曲轴旋转两周,各缸的进、排气门各开启一次,此时凸轮轴只旋转一周。因此,曲轴与凸轮轴转速之比(即传动比)应为2:1。

目前,汽车发动机均采用气门顶置式配气机构。

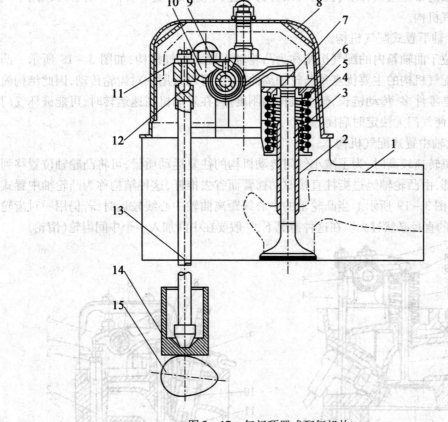

图 3-17 气门顶置式配气机构
1—气缸盖;2—气门导管;3—气门;4—气门主弹簧;5—气门副弹簧;6—气门弹簧座;7—锁片;
8—气门室罩;9—摇臂轴;10—摇臂;11—锁紧螺母;12—调整螺钉;13—推杆;14—挺柱;15—凸轮轴

(2)气门侧置式配气机构。

气门侧置式配气机构的进气门和排气门都装置在气缸体的一侧,目前已被淘汰。气门开启的结构有3种:摇臂驱动、摆臂驱动和凸轮轴直接驱动。

摇臂驱动方式必须在凸轮与气门杆之间布置摇臂,通过选择摇臂两侧的长度比改变气门升程的大小。气门升程较大的发动机可以采用这种驱动方式,其结构优点是气门间隙的调整方便。但是与凸轮轴直接驱动方式相比,摇臂驱动机构比较复杂,使气缸盖总成结构不紧凑,尺寸较大;另外在发动机转速过高时,摇臂还容易产生挠曲变形。

摆臂驱动气门的配气机构比摇臂驱动方式的刚度更好,更有利于高速发动机,因此在轿车发动机上的应用比较广泛。

凸轮轴直接驱动方式不使用摇臂之类的中间机构,由凸轮轴直接驱动气门。由于不用摇臂,减少了零件数量,而且气缸盖上的布置空间比较宽敞,有利于减小气门的夹角布置,没有摇臂传动,也减少了一部分气门机构的摩擦损失。由于提高了气门机构的刚性,对于提高转速十分有利,其不足之处是这种驱动方式的气门升程不能太大,而且气门间隙调整也较困难。

2. 按凸轮轴的布置形式分类

按凸轮轴的布置形式，配气机构可以分为下置、中置和上置3种。三者都可以用于气门顶置式配气机构。

(1) 凸轮轴下置式配气机构。

凸轮轴位于曲轴箱内的配气机构称为凸轮轴下置式配气机构，如图 3-18 所示。凸轮轴下置式配气机构的主要优点是凸轮轴离曲轴近，可以只用一对齿轮传动，因此结构简单。其缺点是零件多，传动链长，整个机构的刚度差；在发动机高速运转时，可能破坏气门的运动规律，使气门无法定时启闭。

(2) 凸轮轴中置式配气机构。

当发动机转速较高时，为了减小气门传动机构的往复运动质量，可将凸轮轴位置移到气缸体的上部，由凸轮轴经过挺柱直接驱动摇臂而省去推杆，这种结构称为凸轮轴中置式配气机构，如图 3-19 所示。当凸轮轴的中心线距离曲轴中心线较远时，若仍用一对齿轮来传动，齿轮的直径必然过大。在这种情况下，一般要在中间加入一个中间齿轮(惰轮)。

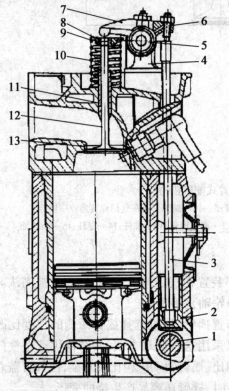
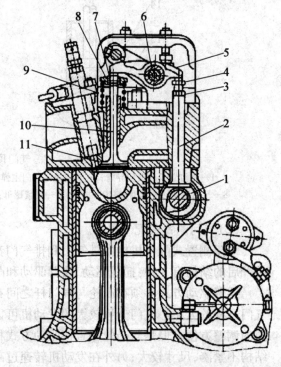

图 3-18　凸轮轴下置式配气机构
1—凸轮轴；2—挺柱；3—推杆；4—摇臂轴座；
5—摇臂轴；6—气门间隙调整螺钉；7—摇臂；
8—气门弹簧座；9—气门锁夹；10—气门弹簧；
11—气门导管；12—气门；13—气门座圈

图 3-19　凸轮轴中置式配气机构
1—凸轮轴；2—挺柱；3—锁紧螺母；
4—气门间隙调整螺钉；5—摇臂；6—摇臂轴；
7—气门锁夹；8—气门弹簧座；9—气门弹簧；
10—气门；11—气门座圈

(3) 凸轮轴上置式配气机构。

凸轮轴上置式配气机构中的凸轮轴布置在气缸盖上，如图 3-20 所示。在这种结构中，凸轮轴通过摇臂、摆臂驱动气门，或直接驱动气门。这种传动机构的往复运动质量小于凸轮轴中置式配气机构,因此适用于高速发动机。但由于凸轮轴离曲轴中心线更远,因此定时传动机构更为复杂,而且拆装气缸盖也比较困难。缸径较小的柴油机的凸轮轴上置时,还会给安装喷油器带来困难。

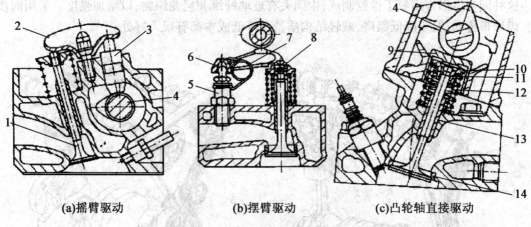

(a)摇臂驱动　　　　(b)摆臂驱动　　　　(c)凸轮轴直接驱动

图 3-20　凸轮轴上置式配气机构

1—气门;2—摇臂;3—液力挺柱;4—凸轮轴;5—摇臂支座;6—摆臂;7—弹簧扣;8—气门间隙调整块;9—吊环形机械挺柱;10—气门弹簧座;11—气门锁夹;12—气门弹簧;13—气门导管;14—气门座圈

3. 按曲轴和凸轮轴的传动方式分类

曲轴与凸轮轴之间的传动方式有齿轮传动、链传动和带传动。

凸轮轴下置、中置的配气机构大多采用圆柱形定时齿轮传动,如图 3-21 所示。一般曲轴与凸轮轴之间的传动只需一对定时齿轮,必要时可加装中间齿轮。为了使齿轮传动平稳,减小噪声,定时齿轮多采用锥齿轮。在中、小功率发动机上,曲轴定时齿轮用钢来制造,而凸轮轴定时齿轮则用铸铁或夹布胶木制造,以减小噪声。

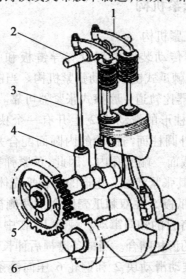

图 3-21　凸轮轴的齿轮传动机构

1—摇臂;2—摇臂轴;3—推杆;4—挺柱;5—凸轮轴定时齿轮;6—曲轴定时齿轮

链条与链轮的传动特别适用于凸轮轴上置的配气机构,如图 3-22 所示。为使链条在工作时具有一定的张力而不致脱链,装有导链板 9 和链条张紧器 3 等。链传动的主要问题是其工作可靠性不如齿轮传动。其传动性能在很大程度上取决于链条的制造质量。

近年来,在高速汽车发动机上还广泛地采用传动带来代替传动链,如图 3-23 所示。这种同步齿形带用氯丁橡胶制成,中间夹有玻璃纤维和尼龙织物,以增加强度。采用同步齿形带传动,对于降低噪声、减轻结构质量及降低成本都有很大好处。

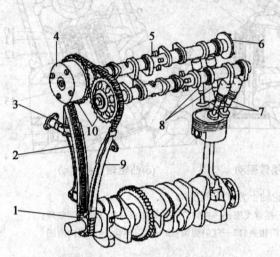
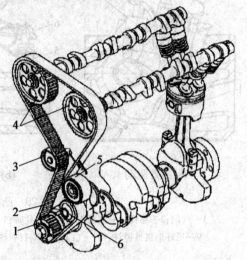

图 3-22 凸轮轴的链传动机构
1—曲轴定时链轮;2—张紧器导板;3—链条张紧器;
4—智能型可变配气定时控制器;5—进气凸轮轴;
6—定时转子;7—排气门;8—进气门;
9—导链板;10—凸轮轴定时链轮

图 3-23 凸轮轴的同步齿形带传动机构
1—曲轴定时同步齿形带轮;2—同步齿形带;
3—张紧轮;4—凸轮轴定时同步齿形带轮;
5—中间轮;6—水泵传动同步带齿形带轮

二、链(带)传动的张紧机构

1. 链传动的机械自动张紧机构

为了防止链条振抖,链传动装置中都设有导链板和张紧装置(链条张紧器)。图 3-24 所示为重型链传动双棘爪式链条自动张紧机构。当链传动机构的相对脉冲负荷较大时,这种形式的链轮张紧器比轨道-摩擦式张紧器可靠。该张紧器包括凸缘安装块 1,其凸出部分为矩形截面;圆柱形的滑动块 2 上开有一个狭长的矩形中心槽与凸缘安装块 1 相配合。滑动块 2 的外圆柱面与链轮的内圆面配合并支承链轮,其中预紧弹簧 12 安装在凸缘安装块 1 矩形截面一端的孔内。因此,预紧弹簧 12 推动滑动块 2 和链轮 6 紧紧地压靠在链条上,保证其张紧状态。矩形的双棘爪壳体 3 与凸缘安装块 1 的末端用螺钉固定,同时一对弓形棘爪板 5 在双棘爪壳体 3 的两侧被紧固到滑动块 2 上。这样它限制了滑动块 2 和链轮 6 各自的轴向窜动。棘爪 10 在中心衬簧 4 的作用下向外移动,直到它们与弓形棘爪板 5 的齿相啮合。当链条磨损后伸长时,位于凸缘安装块 1 和滑动块 2 之间的预紧弹簧 12 推动滑动块 2 和链轮 6 压向链条,以补偿链条增加的松弛量。当滑动块 2 逐渐移动时,棘爪 10 在弓形棘爪板 5 的齿上前移,直至它们在下一个齿上相啮合。张紧器链轮仅允许朝链条方向移动,防止链条反弹时后退。

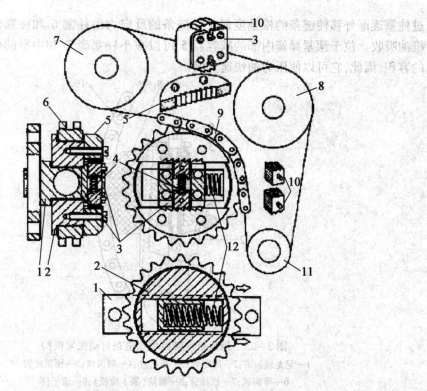

图 3-24 重型链传动双棘爪式链条自动张紧机构
1—凸缘安装块；2—滑动块；3—双棘爪壳体；4—中心衬簧；5—弓形棘爪板；6—链轮；
7—凸轮轴链轮；8—喷油泵链轮；9—滚子链；10—棘爪；11—曲轴链轮；12—预紧弹簧

图 3-25 所示棘齿带-棘齿块式链条自动张紧机构，是由固定臂 2 和铰接臂 7、预紧弹簧 5、导向销 6、尼龙棘齿带 1 和棘齿块 4 等组成。棘齿块楔在固定臂 2 和铰接臂 7 之间，预紧弹簧 5 压在棘齿块 4 上。当链条松弛时，预紧弹簧的推力迫使滑块 8 摆动靠向链条，以消除链条的松弛。棘齿块弧线的一侧紧靠着倾斜的固定臂，而另一侧通过棘齿块上的棘齿和铰接臂上的棘齿带啮合。因此，随着链条松弛度的增加，两个臂进一步分离时，棘齿块在固定臂的斜面和铰接臂的棘齿带之间进一步滑下，以啮合下一个邻近的齿。如果链条的反向力试图强迫这两臂聚拢时，紧靠的反力柱 3 使得已经啮合的棘齿块的棘齿与棘齿带的棘齿相互锁紧。这种类型的张紧器不依赖很大的弹簧力就可消除链条的松弛度，因此不会使链条张紧过度。这种张紧器可通过一个橡胶滑块或间接地通过一个铰接的橡胶滑轨自动工作。

2. 链传动的液压自动张紧机构

图 3-26 所示为液压柱塞控制式链条自动张紧机构，其单向柱塞向外的推力及链条的张紧力可保持常数。该张紧器是由拧进气缸盖中的柱塞套 7、支承单向阀 3 的盖螺母 1、柱塞 6、预紧弹簧 4 及溢流阀 8 等组成。预紧弹簧 4 对柱塞 6 施加的轴向推力迫使它将张紧滑轨 10 轻压到滚子链 11 上。当发动机运行时，来自发动机润滑冷却系统的机油从气缸盖的油道、张紧器的柱塞套和盖螺母 1 并通过单向阀 3 进入柱塞腔。柱塞套 7 内建立的初始机油压力迫使柱塞 6 向右移动，引起张紧滑轨 10 摆动，使链条张紧。当达到最大压力时，溢流阀 8 开启，将多余的机油溅到张紧滑轨 10 上。柱塞 6 与柱塞套 7 之间的润滑，是通过它们之间的滑动间隙内持续不断地泄漏机油实现的。当链条松弛时，通

过柱塞逐渐外移使链条的松弛度最小。链条的反向力由柱塞6和柱塞套7之间存在的机油吸收。位于预紧弹簧内部的减容器5可以减小柱塞套7和中空的柱塞6之间形成的容积,因此,它可以使压力油快速充满。

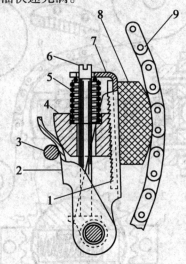

图3-25 棘齿带-棘齿块式链条自动张紧机构
1—尼龙棘齿带;2—固定臂;3—反力柱;4—棘齿块;5—预紧弹簧;
6—导向销;7—铰接臂;8—滑块(氯丁橡胶);9—滚子链

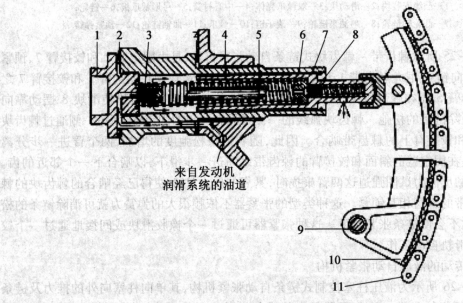

图3-26 液压柱塞控制式链条自动张紧机构
1—盖螺母;2—密封圈;3—单向阀;4—预紧弹簧;5—减容器;6—柱塞;
7—柱塞套;8—溢流阀;9—枢轴;10—张紧滑轨;11—滚子链

3. 同步齿形带传动的张紧机构

图3-27和图3-28所示均为同步齿形带张紧机构。在图3-27(a)、(b)、(c)中,弹簧力通过调整枢轴板1把张紧轮压向同步齿形带的光面,以精确测量齿形带的张紧

度,这些弹簧给枢轴板 1 加上恒定的转矩,使同步齿形带张紧并具有适当的张紧力。产生枢轴摆动的弹簧力可由不同类型的弹簧获得:①压缩弹簧 2(图 3-27(a));②张紧弹簧 14(图 3-27(b));③扭簧 9(图 3-27(c))。同步齿形带 8 的张紧通过松开枢轴 6 和狭长的调整孔 15 内的锁紧螺母 7 实现。调整时使预紧的弹簧摆动枢轴板 1 和张紧轮 5 紧紧靠向同步齿形带 8 的光面,这样弹簧力通过张紧轮施加到同步齿形带 8 上,实现适当的张紧。枢轴板被锁紧螺母 7 紧固,然后将曲轴带轮完整地转过两圈,使同步齿形带 8 归位,并与各带轮对齐;最后,枢轴板锁紧螺母 7 应再一次完全放松,然后再拧紧,以使枢轴板位于其最佳张紧位置。

图 3-27(d) 所示为偏心轴套调整式张紧器。这时同步齿形带 8 的张紧是利用偏心轴套 11 进行的,张紧轮的轴承内座圈套在偏心轴套 11 上,后者用固紧螺柱和锁紧螺母 12 固定。同步齿形带 8 的张紧是用扳手转动偏心轴套 11 上的六角形轴套头,直至同步齿形带 8 在曲轴和凸轮轴之间的中点能用食指和大拇指扭转 90°,然后偏心轴套被固定在这个调整完毕的位置上,并充分拧紧固定螺柱的锁紧螺母。

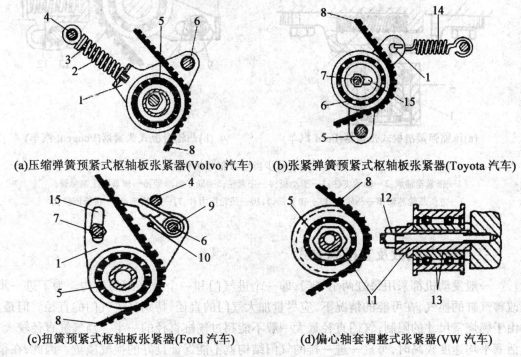

(a)压缩弹簧预紧式枢轴板张紧器(Volvo 汽车)　(b)张紧弹簧预紧式枢轴板张紧器(Toyota 汽车)

(c)扭簧预紧式枢轴板张紧器(Ford 汽车)　(d)偏心轴套调整式张紧器(VW 汽车)

图 3-27　同步齿形带张紧机构 1

1—枢轴板;2—压缩弹簧;3—导向销;4—反力柱;5—张紧轮;6—枢轴;7—锁紧螺母;8—同步齿形带;9—扭簧;10—反力柱销;11—偏心轴套;12—固紧螺柱和锁紧螺母;13—滚珠轴承内外座圈;14—张紧弹簧;15—狭长的调整孔

图 3-28 所示为弹簧加载的滑板式带传动的同步齿形带张紧机构。其中,图 3-28(a) 所示张紧器的张紧轮 4 通过一个轴承支柱 2 安装在滑动板 3 上。同步齿形带 5 的张紧是通过松开紧固在狭长调整孔中的螺栓或螺母使预紧的压缩弹簧 6 伸展,直至以预定的力把张紧轮推向同步齿形带 5 的光面,然后再次拧紧锁紧螺母,以使滑动板 3 维持在其调整好的位置上。另一种同步齿形带 5 的张紧轮有一个凸轮 8,在调整之前,释放同步齿形带上的张力,以便它可轻松地滑落或推向带槽的张紧轮而不破坏同步齿形带 5 的纤维结构,如图 3-28(b) 所示。因此,在拆卸同步齿形带 5 之前,松开 3 个滑动板螺母,

顺时针旋转方头凸轮芯轴 7,直至凸轮 8 压缩预紧的弹簧。与此同时,移动滑动板 3 远离同步齿形带 5,拧紧凸轮芯轴锁紧螺母 9。然后同步齿形带 5 可很容易地从张紧轮 4 上取出。一旦同步齿形带 5 被更换,再次松开方头凸轮芯轴 7 的锁紧螺母 9,逆时针旋转方头凸轮芯轴 7 直至凸轮 8 呈水平位置。这样就释放了预紧的弹簧,以便它能再次使滑动板 3 自由地朝同步齿形带 5 移动,直至张紧轮 4 对同步齿形带 5 加载并把它张紧。然后应按正常的旋转方向把曲轴完整地转动两周来归位同步齿形带 5。最后松开滑动板锁紧螺母,然后再紧固,以便滑动板和张紧轮总成在同步齿形带重新对齐后有机会重新定位。

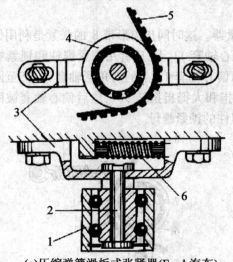

(a) 压缩弹簧滑板式张紧器(Ford 汽车)　　(b) 凸轮滑板式张紧器(Peugeot 汽车)

图 3 - 28　同步齿形带张紧机构 2
1—张紧轮轴承;2—轴承支柱;3—滑动板;4—张紧轮;5—同步齿形带;6—预紧的压缩弹簧;
7—方头凸轮芯轴;8—凸轮;9、13—锁紧螺母;10—凸轮反力片;11—弹簧座;12—狭长调整孔

三、每缸气门数及其排列方式

一般发动机都采用每缸两个气门,即一个进气门和一个排气门的结构。为了进一步改善气缸的换气,在可能的情况下,应尽量加大气门的直径,特别是进气门的直径。但是,由于燃烧室尺寸的限制,气门直径最大一般不能超过气缸直径的一半。当气缸直径较大,活塞平均速度较高时,每缸一进一排的气门结构就不能保证良好的换气质量。因此,在很多新型汽车发动机上多采用每缸 4 气门,甚至 5 气门的结构,即 2~3 个进气门和 2 个排气门。采用这种结构形式后,进气门总的通过面积较大,充量系数较高,排气门的直径可适当减小,使其工作温度相应降低,提高了工作可靠性。此外,采用 4 气门后,还可适当减小气门升程,改善配气机构的动力性,多气门的汽油机还有利于改善 HC 与 CO 的排放。

当每个气缸用两个气门时,为使结构简化,大多数采用气门沿机体纵向轴线排成一列的方式。这样,相邻两缸的同名各气门就有可能合用一个气道,以使气道简化并得到较大的气道通过截面;另一种是将进、排气门交替布置,每缸单独用一个气道,这样有助于气缸盖冷却均匀。柴油机的进、排气道一般分置在机体的两侧,以免排气对进气加热。老式汽油机的进、排气道通畅置于机体的同一侧,以便进气受到排气的预热。

当每缸采用 4 个气门时,气门排列的方案有两种:①同名气门排成两列(图 3 - 29

(a)),由一个凸轮通过 T 形驱动杆同时驱动,并且所有气门都可以由一根凸轮轴驱动。两个同名气门在气道中的位置不同,可能会使两者的工作条件和工作效果不一致。②同名气门排成一列(图 3-29(b)),则没有上述缺点,但一般要用两根凸轮轴。

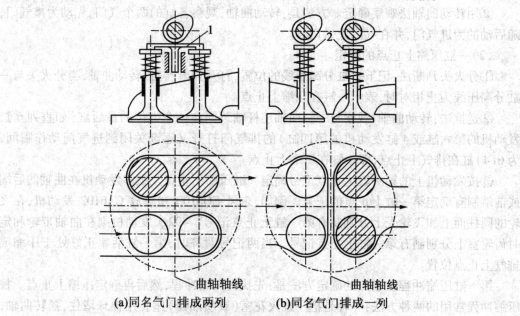

图 3-29 四气门机构的布置
1—T 形驱动杆;2—气门尾端的从动盘

四、气门间隙

1.气门间隙的含义

发动机工作时,气门将因温度的升高而膨胀。如果气门及其传动件之间在冷态时无间隙或间隙过小,则在热态下,气门及其传动件的受热膨胀势必引起气门关闭不严,造成发动机在压缩和做功行程中的漏气,从而使功率下降,严重时甚至不易启动。为了消除这种现象,通常在发动机冷态装配时,在气门机器传统机构中留有一定的间隙,以补偿气门受热后的膨胀量。这一间隙称为气门间隙。有的发动机采用液力挺柱,挺柱的长度能自动变化,随时补偿气门的热膨胀量,故不需要预留气门间隙。一汽 488Q 发动机上设有气门间隙调节器,在安装时要保证摇臂凸耳与气门弹簧座之间的间隙大于 1.25 mm。

气门间隙的大小一般由发动机制造厂根据实验确定。在冷态时,进气门的间隙一般为 0.25~0.3 mm,排气门的间隙为 0.3~0.35 mm。如果间隙过小,发动机在热态下可能发生漏气,导致功率下降甚至气门烧坏。如果气门间隙过大,则使传动零件之间及气门和气门座之间产生撞击声,而且加速磨损,同时也会使气门开启的持续时间减少,气缸的充气及排气情况变坏。

2.气门间隙的调整

气门间隙应符合原厂规定。在二级维护时应对气门间隙进行检查与调整。

调整气门间隙之前首先要确认各缸的进、排气门,然后找到第一缸压缩行程上止点的位置。

(1) 进气门与排气门的确认。

①根据气门与所对应的气道确定。进气歧管所对的是气缸盖上的进气道和进气门；排气歧管所对的是排气道和排气门。

②用转动曲轴法观察确定。方法是：转动曲轴，观察各缸的两个气门，先动为排气门，随后动的为进气门，并在气门上做记号。

(2) 一缸压缩上止点的确定。

①分火头判断法：记下一缸分高压线的位置，打开分电器盖，转动曲轴，当分火头与一缸分高压线为止相对时，表示一缸在压缩上止点。

②逆推法：转动曲轴，观察与一缸曲轴连杆轴颈同在一个方位的最后缸（如直列6缸发动机的第六缸或4缸发动机的第四缸）的排气门打开又逐渐关闭到进气门动作瞬间，为6(4)缸在排气上止点，即一缸在压缩上止点。

③按发动机上的第一缸上止点记号确定一缸压缩上止点。很多发动机在曲轴的后端或前端制有确定第一缸上止点的记号。例如，东风 EQ6100 和解放 CA6102 发动机，在飞轮的圆柱面上和飞轮壳上分别制有第一缸上止点记号。492Q 发动机则在曲轴带轮和定时齿轮室上分别制有第一缸上止点记号。当两记号对齐时，第一缸活塞正好处于压缩或排气上止点位置。

第一缸压缩冲程上止点的确定方法是：先找到压缩冲程，然后再确定压缩上止点。找压缩冲程常用的两种方法：一种是把一缸火花塞（或喷油器）座孔用棉球堵住，摇转曲轴，当棉球被气缸内的压缩气体弹出时，表明该缸已进入压缩冲程。另一种是摇转曲轴，看一缸气门的动作，当进气门关闭时，表明该缸已进入压缩冲程。按上述方法找到一缸压缩冲程后，慢慢摇转曲轴，使一缸上止点记号对齐，此时一缸活塞所处的上止点位置便是压缩冲程上止点。

(3) 气门间隙的调整。

①确定可调气门，调整气门间隙，一般都是采用简单快捷的两次调整法。调整时，首先找到第一缸活塞的压缩上止点，调整其中一半数量气门的气门间隙；然后将曲轴转动一周，再调整其余所有气门的间隙。

两次调整法的关键是在全部气门当中确定可以调整的气门。由配气机构的结构可知：只有当挺柱与凸轮的基圆接触时，才能调整该气门的间隙。所以，根据发动机的配气定时图、曲拐布置图和工作顺序便能确定出该气门的挺柱是否与凸轮的基圆接触，气门是否可调。6 缸发动机的工作顺序为 1—5—3—6—2—4。1 缸正处于压缩上止点位置，其进、排气门都处于挺柱与凸轮基圆接触状态，于是在表 3-1 中 1 缸的下面写一个"双"字，表示该缸的进、排气门间隙均可调。6 缸处于排气上止点，进、排气门处于叠开状态，均不可调，于是在表中 6 缸的下面写一个"不"字，表示进、排气门均不可调；5 缸正处于压缩冲程，但曲拐刚刚离开"进气门关"的位置，进气门正处于恢复气门间隙的过程，进气门的挺柱还未落到凸轮的基圆上，因此进气门不可调，但该缸曲拐距"排气门开"和"排气门关"的位置都很远，排气门凸轮的基圆正与挺柱接触，排气门间隙可调。3 缸正处于进气冲程，进气门不可调，排气门距"排气门关"的位置较远，挺柱正与凸轮基圆接触，排气门可调。因此在表中 5 缸和 3 缸的下面写一个"排"字，表示排气门间隙可调；2 缸正处于排气冲程，排气门不可调，但曲拐距"进气门开"的位置尚远，进气门可调，4 缸正处于做功冲程，曲拐已距"排气门开"的位置很近，凸轮的轮廓正与挺柱接触，处于消除气门间隙阶段,故排气门不可调,但曲拐距"进气门开"和"进气门关"的位置都很远,进气门可调,因此在表3-1中2、4缸的下面写一个"进"字,表示进气门间隙可调。

表3-1 6缸发动机可调气门排列表

气缸工作顺序	1	5	3	6	2	4
	1	4	2	6	3	5
第一遍(1缸在压缩上止点)	双	排		不		进
第二遍(6缸在压缩上止点)	不	进		双		排

综合上述分析,1缸在压缩上止点时,按照发动机1—5—3—6—2—4的工作顺序,其可调气门正好是:双(1缸)、排(5、3缸)、不(6缸)、进(2、4缸)6个气门(表3-1)。同理可分析,当将曲轴从1缸压缩上止点位置转过一圈使6缸处于压缩上止点时,剩余的6个气门可调。从6缸起,按照发动机的工作顺序,可调气门也正好是:双(6缸)、排(2、4缸)、不(1缸)、进(5、3缸)6个气门。

上述确定发动机可调气门的方法称为"双排不进"法。其特点是简单快捷,便于记忆。表3-2~3-5是按"双排不进"法列举的几种发动机的可调气门的排列表,以供参考。

表3-2 5缸发动机可调气门排列表

气缸工作顺序	1	2	4	5	3
第一遍(1缸在压缩上止点)	双	排		不	进
第二遍(1缸在排气上止点)	不	进		双	排

表3-3 4缸发动机可调气门排列表

气缸工作顺序	1	3	4	2
	1	2	4	3
第一遍(1缸在压缩上止点)	双	排	不	进
第二遍(1缸在排气上止点)	不	进	双	排

表3-4 8缸发动机可调气门排列表

气缸工作顺序	1	5	4	2	6	3	7	8
	1	8	4	3	6	5	7	2
第一遍(1缸在压缩上止点)	双	排			不		进	
第二遍(6缸在压缩上止点)	不	进			双		排	

表3-5 3缸发动机可调气门排列表

气缸工作顺序	1	2	3
第一遍(1缸在压缩上止点)	双	排	进
第二遍(1缸在排气上止点)	不	进	排

②气门间隙的调整(图3-30)。调整气门间隙时,一手用一字旋具固定住气门调整螺钉,另一只手用梅花扳手拧松锁紧螺母,将塞尺插入气门间隙处,然后转动调整螺钉,使摇臂端头将塞尺轻轻压住,用轻微力量抽动塞尺,以略感发涩为宜,然后将调整螺钉保持不动,拧紧锁紧螺母,最后再复查一次气门间隙,以防在拧紧锁紧螺母时,间隙发生变化。

在用垫块调整气门间隙的配气机构中,如气门间隙变大,应通过更换新垫块来恢复气门间隙。

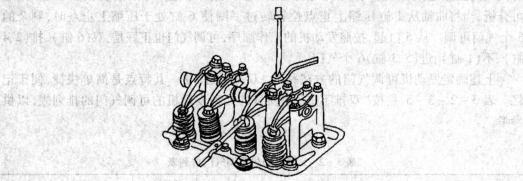

图3-30 气门间隙的调整

第三节 配气定时

一、配气定时的工作原理

配气定时就是进、排气门的实际开闭时刻,通常用相对于上、下止点曲拐位置的曲轴转角的环形图来表示。这种图形称为配气定时图(图3-31)。

理论上四冲程发动机的进气门应在曲拐位于上止点时开启,在曲拐转到下止点时关闭;排气门则在下止点时开启,在上止点时关闭。进气时间和排气时间各占180°曲轴转角。但实际发动机的曲轴转速都很高,活塞每个行程历时都很短,如上海桑塔纳轿车发动机在最大功率时的转速为 5 600 r/min,一个行程历时仅为 60 ÷ (5 600 × 2) = 0.005 4(s)。这样短时间的进气或排气过程,往往会使发动机充气不足或排气不净,从而使发动机的功率下降。因此,目前发动机都采用延长进、排气时间的方法,即气门的开启和关闭时刻并不正好是曲拐处在上止点和下止点的时刻,而是分别提前和延迟一定的曲轴转角,以改善进、排气状况,从而提高发动机的动力性。具体延长与迟后进、排气门的开启时间可用曲轴转角来表示,其含义如下所述:

(1)进气提前角 α:进气提前角是在排气行程接近终了时,进气门提前打开直到活塞运动到上止点,此时曲轴所转过的角度。

进气滞后角 β：进气滞后角是在进气行程接近终了时，活塞从下止点向上止点运动直到进气门关闭，此时曲轴所转过的角度。

如图 3-31 所示，在排气行程接近终了，活塞到达上止点之前，即曲轴转到曲拐离上止点的位置还差一个角度时，进气门便开始开启，直到活塞过了下止点重又上行，即曲轴转到曲拐超过下止点位置以后一个角度口时，进气门才关闭。这样，整个进气行程持续时间相当于曲轴转角 $180°+\alpha+\beta$。α 一般为 $10°\sim30°$，β 一般为 $40°\sim80°$。

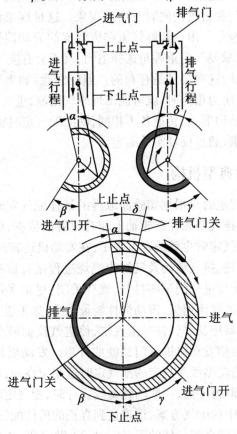

图 3-31　配气定时图

进气门提前开启是为了保证进气行程开始时进气门已开大，新鲜气体能顺利地充入气缸。当活塞到达下止点时，气缸内压力仍低于大气压力，在压缩行程开始阶段，活塞上移速度较慢的情况下，仍可以利用气流惯性和压力差继续进气，因此进气门晚关一点是有利于充气的。

(1) 排气提前角 γ：在做功行程接近终了时，排气门提前打开直到活塞运动到下止点，此时曲轴所转过的角度。

(2) 排气滞后角 δ：在排气行程接近终了时，活塞从上止点并向下止点运动直到排气门关闭，此时曲轴所转过的角度。

在做功行程接近终了，活塞到达下止点前，排气门便开始开启，提前开启的角度 γ 一般为 $40°\sim80°$。经过整个排气行程，在活塞越过上止点后，排气门才关闭，排气门关闭的延迟角 δ 一般为 $10°\sim30°$。整个排气过程的持续时间相当于曲轴转角 $180°+\gamma+\delta$。

排气提前开启的原因是：当做功行程的活塞接近下止点时，气缸内的气体虽有 0.3～

0.4 MPa 的压力,但就活塞做功而言,作用不大,这时若稍开排气门,大部分废气在此压力作用下可迅速自缸内排出;当活塞到达下止点时,气缸内压力已大大下降(约为 0.115 MPa),这时排气门的开度进一步增加,从而减小了活塞上行时的排气阻力,高温废气迅速排出,还可防止发动机过热。当活塞到达上止点时,燃烧室内的废气压力仍高于大气压力,加之排气时气流有一定的惯性,所以排气门迟一点关,可以使废气排放得较干净。

由图 3-31 可知,由于进气门在上止点前即开启,而排气门在上止点后才关闭,这就出现了一段时间内排气门和进气门同时开启的现象。这种现象称为气门重叠,重叠时期的曲轴转角称为气门重叠角。由于新鲜气流和废气流的流动惯性都比较大,在短时间内是不会改变流向的,因此只要气门重叠角选择适当,就不会有废气倒流入进气管和新鲜气体随同废气排出的可能性,这对换气是有利的。但应注意,如果气门重叠角过大,当汽油机小负荷运转、进气管内压力很低时,就可能出现废气倒流,进气量减少的现象。

不同的发动机由于结构形式、转速各不相同,因此配气定时也不相同。合理的配气定时应根据发动机性能要求,通过反复实验确定。

二、可变配气定时典型机构

尽管不同发动机配气定时是根据实验而取得的最佳配气定时,从而成为设计配气凸轮型线及确定各气缸进、排气凸轮在凸轮轴上相对位置的依据,但实际上,当配气凸轮轴设计已定,则发动机的配气定时也就确定下来了,在发动机运转过程中是不能改变的。然而,发动机转速的高低对进、排气流动及气缸内燃烧过程是有影响的。转速高时,进气流速高,惯性能量大,所以希望进气门早些打开,晚些关闭,尽量多进一些混合气或空气;反之在发动机转速较低时,进气流速低,流动惯性能量也小,如果进气门过早开启,由于此时活塞正在上行排气,很容易把新鲜气体挤出气缸,使进气反而减少,发动机工作更趋不稳定。因此,在低转速时,希望发动机进气门稍晚些开启。发动机转速不同时,对配气定时的要求是不同的。如果凸轮型线所规定的配气定时适用于高速,那么在低速时,性能就不会太好,反之亦然。为了取得平衡,一般凸轮型线设计时,配气定时既要照顾到高速,又要兼顾低速,所以是一个折中的配气方案,很难达到真正的最佳配气定时。

为了使高速和低速都能得到最佳的配气定时,20 世纪 80 年代后,在轿车发动机上出现了一些可变配气定时的控制机构。

1. 丰田的 VVT 技术

VVT 系统的全名是"Variable Valve Timing",中文翻译过来就是"发动机气门升程可变技术"。VVT 技术至今已经有近 40 年的历史,1980 年,Alfa Romeo 公司首次使用 VVT 技术;1989 年,Honda 公司首次使用具有可变气门升程能力的 VVT 技术;2001 年,BMW 公司首次使用 VVT 技术取代了传统的节气门。由于采用了电子控制单元(ECU),因此丰田给 VVT 起了一个更好听的中文名称"智慧型可变气门正时系统"。该系统主要控制进气门凸轮轴,又多了一个小尾巴"I",就是英文"Intelligence"(智能)的代号,这些就是"VVT-I"的字面含义了。而所谓的"双 VVT-I"就是除了进气凸轮上装有一套液压控制机构外,在排气凸轮上同样也装有一套相同的液压控制系统,这样改进后,不仅可以精确地控制进气门的开闭时间,同样也可以更加精准地控制排气门的开闭时间,达到节油与提高动力性的目的。

韩系车的 VVT 是根据日本丰田的 VVT-I 和本田的 VTEC 技术改进而来,但是相比丰田的 VVT-I 可变正时气门技术,韩系车的 VVT 仅仅是可变气门技术,缺少正时技术,所以 VVT 发动机确实要比一般的发动机省油,但仍没有日系车的丰田和本田省油。

BMW 公司在之前的一代发动机中早已采用该技术,如本田的 VTEC、i-VTEC,丰田的 VVT-I,日产的 CVVT,三菱的 MIVEC,铃木的 VVT,现代的 VVT,起亚的 CVVT,江淮的 VVT,长城的 VVT 等也逐渐开始使用。

VVT 的主要结构包括正时皮带驱动齿轮(图 3-32)、与进气凸轮轴刚性连接的内转子 1,以及许多位于内转子与外转子 2 之间的油道与储油腔。VVT 的工作完全由油道中的机油来完成,当通过油泵增压后的机油由凸轮轴中心的主油道 4 进入储油腔中时,内转子在机油压力的作用下顺时针运动,直到紧紧地贴合在外转子的内表面上,此时由于内转子与凸轮轴为刚性连接,所以凸轮轴也顺时针转过了一定的角度;当储油腔中的机油通过主油道泄油而通过分支油道 5 进油时,内转子两侧的压力差出现变化,所以会逆时针开始旋转直到与外转子的内表面紧紧贴合。

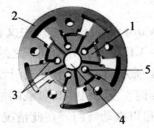

图 3-32　VVT 正时皮带驱动齿轮
1—内转子;2—外转子;3—机油通道;4—主油道;5—分支油道

2. 本田的 VTEC 技术

VTEC 的全名是"Variable Valve Timing and Lift Electronic Control",中文翻译过来就是"可变气门相位及升程控制"。VTEC 机构最早出现在 1989 年,发明者名为松泽健一。VTEC 技术除了具有 VVT 的改变气门正时的功能外还有气门行程升降的功能。由于发动机转速高对空气进气量的要求也高,也就是说发动机大约在 3 500 r 左右进排气门的行程加大,以便使发动机得到更多的空气,制造更多的动力。所以本田的 i-VTEC 在理论上比其他技术要先进。其兼顾了高低转速的需要,由于是纯机械式的,因此没有像宝马或其他汽车品牌一样使用电子控制,这在世界上还是比较先进的。

VTEC 系统的工作原理如图 3-33 所示,当发动机在中、低转速时,3 根摇臂处于分离状态,普通凸轮 5 推动主摇臂 1 和副摇臂 3 来控制两个进气门的开闭,气门升量较小。此时虽然中间凸轮也推动中间摇臂 2,但由于摇臂之间是分离的,故两边的摇臂不受它控制,也不会影响气门的开闭状态。发动机达到某个设定的转速时,电脑即会指挥电磁阀启动液压系统,推动摇臂内的小活塞 4,使 3 根摇臂锁成一体,一起由高角度凸轮 6 驱动,这时气门的升程和开启时间都相应地增大了,使得单位时间内的进气量更大,发动机动力也更强。这种在一定转速后突然的动力爆发极大地提升了驾驶乐趣。当发动机转速降到某一转速时,摇臂内的液压也随之降低,活塞在回位弹簧作用下退回原位,3 根摇臂分开。

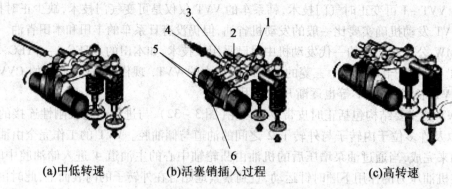

(a)中低转速　　　　(b)活塞销插入过程　　　　(c)高转速

图 3-33　VTEC 系统的工作原理

1—主摇臂；2—中间摇臂；3—副摇臂；4—小活塞；5—普通凸轮；6—高角度凸轮

3. 奥迪的 AVS 技术

AVS 系统的全名是"Audi Valve-lift System",中文翻译过来是"可变气门升程系统"。在设计理念上与本田的 i-VTEC 有着异曲同工之妙,只是在实施手段上略有不同。

AVS 系统的结构如图 3-34 所示,它为每个进气门设计了两组不同角度的凸轮,同时在凸轮轴上安装有螺旋沟槽套筒。发动机在高负载的情况下,AVS 系统将螺旋沟槽套筒向右推动,使角度较大的凸轮得以推动气门。在此情况下,气门升程可达到 11 mm,以向燃烧室提供最佳的进气流量和进气流速,实现更加强劲的动力输出。当发动机在低负载的情况下,为了追求发动机的节油性能,此时 AVS 系统将凸轮推至左侧,以较小的凸轮推动气门。螺旋沟槽套筒由电磁驱动器加以控制,用于切换两组不同的凸轮,从而改变进气门的升程。然而奥迪这套系统的气门升程依然是两段式的,没有做到气门升程的无级调节,所以对进气流量的控制还不够精确。

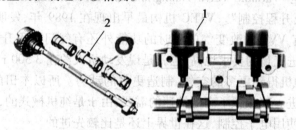

图 3-34　AVS 系统的结构

1—电磁继电器；2—螺旋沟槽套筒

4. BMW 的 Valvetronic 技术

BMW 的 Valvetronic 系统在传统的配气相位机构上增加了一根偏心轴、一个步进电机和中间推杆等部件,该系统借由步进电机的旋转,在一系列机械传动后很巧妙地改变了进气门升程的大小。Valvetronic 电子气门机构如图 3-35 所示。

当进气凸轮轴 7 运转时,凸轮会驱动中间推杆 11 和摇臂 12 来完成气门的开启和关闭。当伺服电机 2 工作时,蜗轮 9 与蜗杆 1 机构会首先驱动偏心轴 10 发生旋转,然后中间推杆 11 和摇臂会产生联动,偏心轴旋转的角度不同,最终凸轮轴通过中间推杆和摇臂顶动气门产生的升程也会不同。在电机的驱动下,进气门的升程可以实现 0.18~9.9 mm 的无级变化。该技术能够让发动机对驾驶者的意图做出更迅捷的反馈,同时通过发动机管理系统对气门升程的精确控制,实现了车辆在各种工况和负荷下的最佳动力匹配。

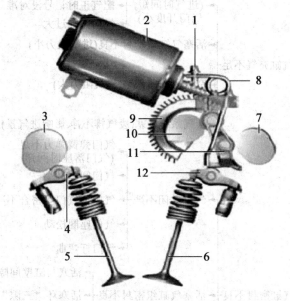

图 3-35 Valvetronic 电子气门机构
1—蜗杆;2—伺服电机;3—排气凸轮轴;4—摇臂;5—排气门;6—进气门;7—进气凸轮轴;
8—扭转弹簧;9—蜗轮;10—偏心轴;11—中间推杆;12—摇臂

第四节　配气机构的使用维护及常见故障

一、配气机构的维护

空气滤清器要定期检查,因为纸滤芯使用一段时以后,外表面会集聚大量尘埃和杂质,降低了充气效率,应及时清洁或更换空气滤清器。清洁时,将滤芯取出,用手轻拍或用压缩空气从内向外吹去积尘。

在装有空气流量计的电控发动机中,进气通道的各连接处要严密对接,避免漏气。如发生胶管开裂、老化等现象,应更换胶管。

当发现发动机排气噪声增加、废气排放超标时,要检查排气管路、接头处的泄漏情况,及时修理或更换泄漏的部件。

发动机工作时,如发现配气机构异响,应及时拆检,排除故障。

二、气缸压缩压力不足的原因及影响

气缸的压缩压力不足主要有气缸充气不足和气缸密封性不良两方面的原因。而影响气缸充气不足和密封性不良的原因又是多方面的(图 3-36),其中有配气机构方面的原因,也有曲柄连杆机构和进、排气系统方面的原因。

气缸的压缩压力不足,会使发动机的功率下降、油耗增加、启动困难,会对发动机的工作产生极大的影响。

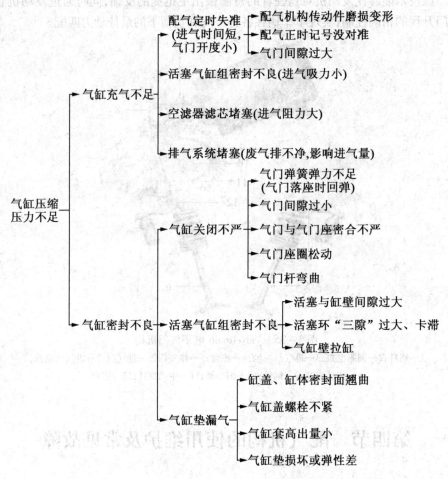

图 3-36 气缸压缩压力不足的原因及诊断

气缸的压缩压力还与发动机气缸的压缩比有关。汽油机的压缩压力应为 440～780 kPa，柴油机的最低压缩压力应不低于 2.0 MPa，若低于上述值，则属于压缩压力不足的故障。

三、气门响

气门脚（气门杆端）响和气门落座响称为气门响。

1. 故障现象

发动机怠速时发出连续不断的、有节奏的"嗒、嗒、嗒"（在气门脚处）或"啪、啪、啪"（在气门座处）的敲击声，转速升高时响声也随之增大，温度变化或单缸断火时响声不变。若有多只气门响，则声音比较杂乱。

2. 故障原因

（1）气门脚响。

①气门间隙太大。

②气门间隙调整螺钉松动，或气门间隙处摇臂和气门杆端的接触面不平。

③配气凸轮外形加工不准或磨损过甚，造成缓冲段效能下降，加重了挺杆对气门脚的

冲击。

④气门脚处润滑不良。

(2)气门落座响。

①气门杆与其导管配合间隙太大。

②气门头部与气门座接触不良。

③气门间隙太大。

本章小结

(1)发动机换气系统由空气滤清器、进气管系、配气机构、排气管系及消声器等组成。

(2)配气机构的作用是根据发动机工作需要,适时地开启和关闭各缸的进、排气门,进行进气和排气。它主要由气门组件、凸轮轴组件、凸轮轴传动组件和气门驱动组件组成。现代轿车发动机较多采用顶置多气门式、顶置凸轮轴式、齿带传动式结构。

(3)四冲程发动机的换气过程含自由排气、强制排气和进气阶段。在换气过程中,进、排气门均早开和迟闭。进、排气门实际开闭时刻用曲轴转角来表示,称为配气相位。

(4)充气效率是评价发动机换气过程完善程度的指标,它是指每循环实际进入气缸的充量与进气状态下充满气缸工作容积的理论充量的比值。影响充气效率的因素有进气终了的气缸压力和温度、残余废气量及配气定时等。正确安装并定时检查调整配气相位,定时检查调整气门间隙,定时清洁保养空气滤清器对提高充气效率影响极大。

(5)可变气门控制系统能根据发动机的运行状况而改变气门升程和气门开启的时间,使发动机在所有工作转速下都能获得较佳的配气相位和气门升程,提高发动机的动力和经济性能。

(6)可变进气管控制系统可根据发动机转速等的变化,自动调节进气管长度和流通截面,利用气流的波动效应来增加进气量,提高充气效率。

(7)增压是提高发动机功率,降低燃料消耗,减少排气污染的有效途径之一。废气涡轮增压是利用发动机排出的具有一定能量的废气,通过增压器,对进气进行增压。它主要由涡轮增压器、增压压力控制阀及冷却器等组成。为保证发动机在不同转速及负荷等工况下都能得到最佳增压值,如今发动机常采用微机控制增压压力。

(8)注意换气系统的维护和保养,如空气滤清器的清洁与更换,进、排气管路的泄漏检查及配气机构的检查、调整或修理。

思 考 题

3-1 配气机构的功用是什么?顶置式配气机构由哪些零件组成?

3-2 为什么一般在发动机的配气机构中要保留气门间隙?气门间隙过大或过小有什么危害?如何调整与测量?调整时气门挺柱应处于配气凸轮的什么位置?

3-3 如何从一根凸轮轴上找出各缸的进、排气凸轮和该发动机的点火顺序?

3-4 气门弹簧的作用是什么?为什么在装配气门弹簧时要预先压缩?对于顶置式气门,如何防止弹簧断裂时气门落入气缸内?

3-5 双凸轮轴驱动的多气门机构的优缺点有哪些?

第四章

发动机废气涡轮增压系统

教学目标与要求

1. 了解废气涡轮增压系统的维护与故障。
2. 掌握废气涡轮增压系统的结构与工作原理。

教学重点

废气涡轮增压系统的工作原理。

教学难点

废气涡轮增压系统的工作原理。

第一节 概 述

所谓增压就是将空气在供入气缸之前预先加压,以提高空气密度、增加进气量的一项技术。由于进气量增加,可相应地增加循环供油量,从而增加发动机的升功率。同时,增压不仅可以改善燃油经济性,而且还作为控制排放的有效技术措施而得到广泛应用。实践证明,在小型汽车发动机上采用涡轮增压或机械增压后,当汽车以正常的经济车速行驶时,不仅可以获得良好的燃油经济性,而且还可以有效地降低有害排放物的排放(单位功率小时的排放量)。同时,由于发动机功率增加,还可改善车辆的加速性。

根据提高进气密度(增压)的方式不同,或驱动压气机的方式不同,增压发动机分为机械增压、废气涡轮增压和气波增压3种基本类型。实现进气增压的装置称为增压器。上述3种基本增压类型所用的增压器,分别称为机械增压器、废气涡轮增压器和气波增压器。

1. 机械增压器

机械增压是一种通过发动机曲轴直接驱动压气机,以提高发动机进气压力的增压方式,如图4-1所示。机械增压器4由发动机曲轴1经齿轮增速器5驱动(图4-1(a)),或由曲轴同步齿形带轮经同步齿形带9及电磁离合器6驱动(图4-1(b))。机械增压的特点是能有效地提高发动机功率,与涡轮增压相比,其低速增压效果更好。另外,机械增压器与发动机容易匹配,结构也比较紧凑。但是,由于驱动增压器需消耗发动机功率,因此燃油消耗率比非增压发动机略高。

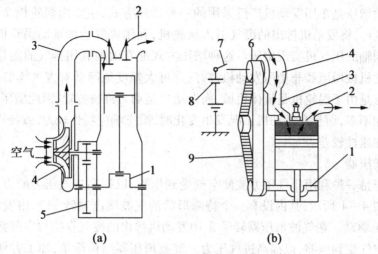

图 4-1 机械增压示意图
1—曲轴;2—排气管;3—进气管;4—机械增压器;5—齿轮增速器;
6—电磁离合器;7—开关;8—蓄电池;9—同步齿形带

机械增压器根据压气机的工作原理分为机械离心式增压器、罗茨式增压器、滑片式增压器、螺旋式增压器和转子活塞式增压器等(图 4-2)。

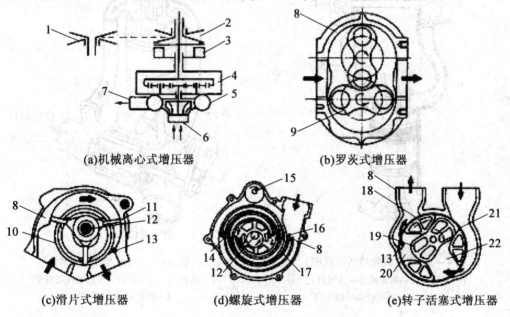

图 4-2 机械式增压器的种类
1—出击变速带轮;2—次级变速带轮;3—电磁离合器;4—增速行星齿轮系;5—压气机;6—进气口;
7—排气口;8—外壳;9—旋转活塞;10—转子;11—滑片;12—驱动轴;13—出口边缘;14—二级工作室空气进口;
15—抽气导向器;16—第一级工作室空气进口;17—抽气元件;18—外转子;19—内转子;20—工作腔Ⅲ;
21—工作腔Ⅱ;22—工作腔Ⅰ

2. 废气涡轮增压器

废气涡轮增压是车用发动机广泛采用的一种增压方式,主要由涡轮机 2 和压气机 3 构成(图 4-3)。将发动机排出的废气引入涡轮机,利用废气能量推动涡轮机旋转,由此驱动与涡轮同轴的压气机实现增压。这种增压方式能有效地利用排气的能量进行增压,所以经济性比机械增压和非增压发动机都好,并可大幅度地降低有害气体的排放和噪声水平。但缺点是由于涡轮机是流体机械,而发动机是动力机械装置,因此增压发动机低速时的转矩增加不多,而且在发动机工况发生变化时,瞬态响应特性较差,致使汽车加速性,特别是低速加速性较差。

3. 气波增压器

气波增压是一种利用排气压力波使空气受到压缩,以提高进气压力的方式。气波增压示意图如图 4-4 所示,其内设有一个特殊形状的气波增压器转子 3,由发动机曲轴带轮经传动带 4 驱动。在气波增压器转子 3 中发动机排出的废气直接与空气接触,利用排气压力波使空气受到压缩,以提高进气压力。气波增压器结构简单,加工方便,工作温度不高,不需要耐热材料,也无须冷却。与涡轮增压相比,其低速转矩特性好;但是体积大,噪声水平高,安装位置受到一定的限制。目前,这种增压器还只能在低速范围内使用。由于柴油机的最高转速比较低,因此多用于柴油机上。

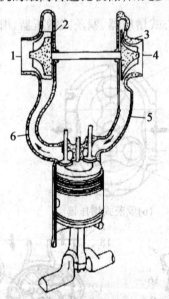

图 4-3 废气涡轮增压示意图
1—排气口;2—涡轮机;3—压气机;
4—进气口;5—进气管;6—排气管

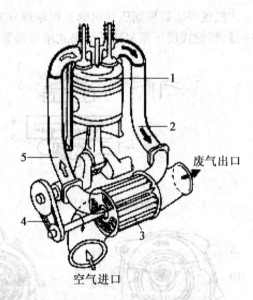

图 4-4 气波增压示意图
1—活塞;2—排气管;3—气波增压器转子;
4—传动带;5—进气管

在车用柴油机上已广泛采用废气涡轮增压技术,但在车用汽油机上应用增压技术比柴油机困难得多,其主要原因是:

(1)汽油机增压后爆燃倾向增加。

(2)由于汽油机混合气的过量空气系数小,燃烧温度高,因此增压之后汽油机和涡轮增压器的热负荷大。

(3)车用汽油机工况变化频繁,转速和功率范围宽广,致使涡轮增压器与汽油机的匹配相当困难。

(4)废气涡轮增压汽油机的加速性较差。当节气门突然开大要求混合气量迅速增加时,由于增压器转子的惯性,增压器却加速迟缓,发动机进气量的增加将滞后一段时间。完全消除涡轮增压器对发动机工况变化的响应滞后现象是比较困难的。但是,车用汽油机,特别是轿车汽油机的增压技术近年来得到了较大的发展。这是因为随着高速公路的发展,人们对汽车高动力性能的追求日益强烈。另外,汽油喷射式发动机和电控技术的发展,以及增压器性能的改善,都为普及和发展汽油机增压技术创造了有利条件。尽管如此,利用废气涡轮增压方式提高汽油机的进气压力仍然受爆燃的限制,所以汽油机的增压普遍较低。

第二节 废气涡轮增压系统

如前所述,废气涡轮增压系统是通过发动机排出的废气能量推动涡轮增压器实现增压的。根据涡轮回收废气能量的方式不同,废气涡轮增压系统有串联前复合增压、串联后复合增压及并联复合增压等方式(图4-5)。

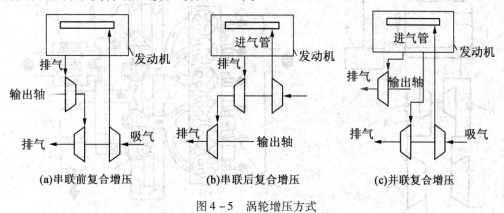

图4-5 涡轮增压方式

(1)串联前复合增压。

串联前复合增压是在废气涡轮增压器前串联一个涡轮机,发动机排出的废气先流入前置涡轮机,回收部分能量后再排入涡轮增压器的涡轮机,由此带动压气机进行增压的系统。这种增压系统的特点是可充分利用废气的能量,提高整机的热效率;同时在增压器前利用涡轮机事先回收废气的部分能量,可以避免增压器转速过高的现象。

(2)串联后复合增压。

串联后复合增压是在增压器后再串联一个废气涡轮,其主要目的就是进一步回收利用经增压器后排出的废气能量,以便提高整机的热效率。

(3)并联复合增压。

并联复合增压是将发动机排出的废气分两路同时排入一个废气涡轮和废气涡轮增压器的涡轮系统。对排量较大的发动机,通过这种复合系统提高废气能量的再回收利用,在提高整机热效率的同时减轻了废气涡轮增压器的工作负担。

这些复合增压系统的共同点是在输出轴上都设置了一个能量回收的涡轮,只是涡轮设置的位置不同。但一般涡轮的转速为50 000~180 000 r/min,而发动机的转速为

1 800~4 000 r/min,因此均需要减速器和离合器。减速器的减速比约为1/30。

废气涡轮增压器根据增压器的数量又可分为单级增压和双级复合增压。普通车型常用单级增压系统,即采用一个废气涡轮增压器;而双级复合增压系统采用两个废气涡轮增压器,主要用于大排量车用柴油机。根据两个增压器的连接方式不同,双级增压方式又可分为直列双级复合增压和并列双级复合增压两种系统(图4-6)。直列双级复合增压系统一般由一个小型增压器4和一个大型增压器5直列布置构成,并根据发动机转速分别使用。低速时关闭进气切换阀3和排气切换阀6,使小型增压器4工作,以提高低速进气量,改善低速转矩特性;中、高速时,打开排气切换阀6和进气切换阀3,使排气流向大型增压器5,以便增压发动机在高效率区进行匹配,提高发动机的经济性。此时,小型增压器4涡轮的进、出口压力相等,所以自动停止工作。6缸发动机常采用并列双级复合增压系统,1、2、3缸和4、5、6缸分别采用相同的增压器。与6个缸采用一个增压器相比,采用并列双级增压器时流过废气涡轮的排气流量减少一半,所以采用小型增压器,由此获得兼顾低速转矩特性和中、高速在高效率区的良好匹配,达到提高整机性能的目的。多缸发动机采用并列双级复合增压系统的另一个目的,就是为了避免产生各缸排气干涉的现象。

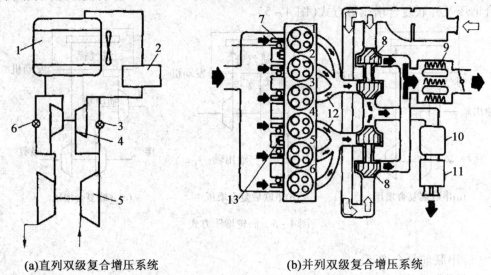

(a)直列双级复合增压系统   (b)并列双级复合增压系统

图4-6 双级复合增压系统

1—发动机;2、9—中冷器;3—进气切换阀;4—小型增压器;5—大型增压器;6—排气切换阀;
7—喷油器;8—增压器;10—催化转化装置;11—消声器;12—排气管;13—爆震传感器

由于废气涡轮增压器是流体机械,而发动机是动力机械,两者属于两种不同类型的机械。所以废气涡轮增压发动机有待进一步解决的课题是:①如何提高发动机的低速转矩;②低速时避免增压器的迟滞效应;③防止高速时进气压力过高或增压器超速;④降低高速时的泵气损失;⑤防止缸内产生过高压力及热负荷增加。

一、废气涡轮增压器的结构和工作原理

废气涡轮增压发动机是依靠废气涡轮增压器来加大发动机进气量的一种发动机,涡轮增压器(Turbo)实际上是一个空气压缩机。它是以发动机排出的废气作为动力来推动涡轮室内的涡轮(位于排气道内),涡轮又带动同轴的叶轮(位于进气道内),叶轮压缩由

空气滤清器管道送来的新鲜空气,再送入气缸。当发动机转速加快,废气排出速度与涡轮转速也同步加快,空气压缩程度就得以加大,发动机的进气量相应地得到增加,则发动机的输出功率增加。

车用涡轮增压器由离心式压气机、径流式涡轮机及中间体3部分组成(图4-7)。增压器轴5通过两个浮动轴承9支承在中间体14内。中间体内有润滑和冷却轴承的油道,还有防止机油漏入压气机或涡轮机中的密封装置等。

1. 离心式压气机

离心式压气机由进气道6、压气机叶轮3、无叶式扩压管2及压气机蜗壳1等组成,如图4-7所示。叶轮包括叶片和轮毂,并由增压器轴5带动旋转。

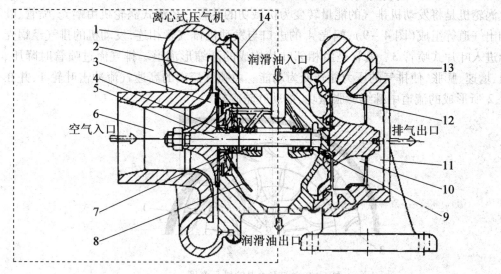

图4-7 涡轮增压器结构
1—压气机蜗壳;2—无叶式扩压管;3—压气机叶轮;4—密封套;5—增压器轴;6—进气道;7—推力轴承;8—挡油板;9—浮动轴承;10—涡轮机叶轮;11—出气道;12—隔热板;13—涡轮机蜗壳;14—中间体

当压气机旋转时,空气经进气道进入压气机叶轮,并在离心力的作用下沿相邻压气机叶片1之间形成的流道(图4-8),从叶轮中心流向叶轮的周边。空气从旋转的叶轮获得能量,使其流速、压力和温度均有较大的增加,然后进入叶片式扩压管3。扩压管为渐扩形流道,空气流过扩压管时减速增压,温度也有所升高,即在扩压管中,空气所具有的大部分动能转变为压力能。

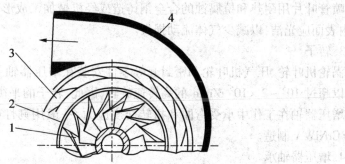

图4-8 离心式压气机示意图
1—压气机叶片;2—叶轮;3—叶片式扩压管;4—压气机蜗壳

扩压管分叶片式和无叶式两种。无叶式扩压管实际上是由蜗壳和中间体侧壁所形成的环形空间,其构造简单,工况变化对压气机效率的影响很小,适用于车用增压器。叶片式扩压管是由相邻叶片构成的流道,其扩压比大,效率高,但结构复杂,工况变化对压气机效率有较大的影响。

蜗壳的作用是收集从扩压管流出的空气,并将其引向压气机出口。空气在蜗壳中继续减速增压,完成其由动能向压力能转变的过程。

压气机叶轮由铝合金精密铸造,蜗壳也用铝合金铸造。

2. 径流式涡轮机

涡轮机是将发动机排气的能量转变为机械功的装置。径流式涡轮机由蜗壳、喷管、叶轮和出气道等组成(图4-9),蜗壳4的进口与发动机排气管相连,发动机的排气经蜗壳引导进入叶片式喷管3。喷管是由相邻叶片构成的渐缩形流道。排气流过喷管时降压、降温、增速、膨胀,使排气的压力能转变为动能。由喷管流出的高速气流冲击叶轮1,并在叶片2所形成的流道中继续膨胀做功,推动叶轮旋转。

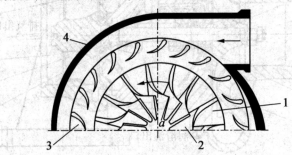

图4-9 径流式涡轮机示意图
1—叶轮;2—叶片;3—叶片式喷管;4—蜗壳

与压气机的扩压管类似,涡轮机的喷管也有叶片式和无叶式之分。现今车用径流式涡轮机多采用无叶式喷管。涡轮机的蜗壳除具有引导发动机排气以一定的角度进入涡轮机叶轮的功能外,还有将排气的压力能和热能部分地转变为动能的作用。

涡轮机叶轮经常在700 ℃左右高温的排气冲击下工作,并承受巨大的离心力作用,所以采用镍基耐热合金钢或陶瓷材料制造。用质量轻并且耐热的陶瓷材料可使涡轮机叶轮的质量大约减轻2/3,涡轮增压加速滞后的问题也在很大程度上得到改善。

喷管叶片用耐热和抗腐蚀的合金钢铸造或经机械加工成形。蜗壳用耐热合金铸铁铸造,内表面应光洁,以减少气体流动损失。

3. 转子

涡轮机叶轮、压气机叶轮和密封套等零件安装在增压器轴上,构成涡轮增压器转子。转子以超过 $10^5 \sim 2 \times 10^5$ r/min 的高转速旋转,因此,转子的平衡是非常重要的。

增压器轴在工作中承受弯曲和扭转交变应力,一般用韧性好、强度高的合金钢 40Cr 或 18CrNiWA 制造。

4. 增压器轴承

增压器轴承的结构是车用涡轮增压器可靠性的关键之一。现在的车用涡轮增压器都采用浮动轴承(图4-10)。浮动轴承实际上是套在轴上的圆环。圆环与轴及圆环与轴承座之间都有间隙,形成双层油膜。圆环浮在轴与轴承座之间。一般内层间隙为 0.05 mm 左右,外层间隙大约为 0.1 mm。轴承壁厚 3~4.5 mm,用锡铅青铜合金制造,轴承表面镀一层厚度为 0.005~0.008 mm 的铅锡合金或金属铟。在增压器工作时,轴承在轴与轴承座中间转动。

增压器工作时产生轴向推力,由设置在压气机一侧的推力轴承 1 承受。为了减小摩擦,在整体式推力轴承两端的止推面 6 上各加工有 4 个布油槽 7;另外在轴承上还加工有进油孔 5,以保证止推面的润滑和冷却(图 4-10)。

二、常用废气涡轮增压器介绍

1. 双涡轮增压

双涡轮增压(Twin Turbo 或 Biturbo)是涡轮增压的方式之一。针对废气涡轮增压的涡轮迟滞现象,串联一大一小两只涡轮或并联两只同样的涡轮,在发动机低转速的时候,较少的排气即可驱动涡轮高速旋转以产生足够的进气压力,减小涡轮迟滞效应。双涡轮增压器的结构如图 4-11 所示。

在采用双涡轮增压的汽车上会看到两组涡轮通过串联或者并联的方式连接。并联指每组涡轮负责引擎半数汽缸的工作,每组涡轮都是同规格的,它的优点就是增压反应快并降低管道的复杂程度。

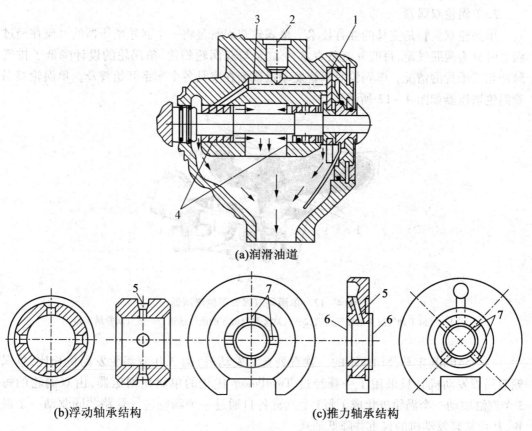

图 4-10 涡轮增压器轴承及其润滑

1—推力轴承;2—润滑油入口;3—润滑油道;4—浮动轴承;5—进油孔;6—止推面;7—布油槽

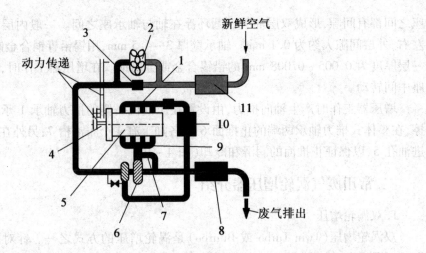

图 4-11 双涡轮增压器的结构
1—进气歧管；2—机械增压器；3—节流阀；4—曲轴；5—发动机；6—涡轮增压器；
7—废气节流阀；8—三元催化转化器；9—排气歧管；10—中冷器；11—空气滤清器

串联涡轮通常是一大一小两组涡轮串联搭配而成，低转时推动反应较快的小涡轮，使低转扭力丰厚，高转时大涡轮介入，提供充足的进气量，功率输出得以提高。

2. 单涡轮双涡管

单涡轮双涡管是宝马的独有技术。单涡轮双涡管是将一个涡轮增压器的气流在经过涡管时分为两股气流，每股气流负责 3 个缸。与双涡轮相比，单涡轮的设计降低了排气脉冲相互干扰的情况。单涡轮双涡管发动机逐渐在宝马各个车系开始普及。单涡轮双涡管涡轮增压器如图 4-12 所示。

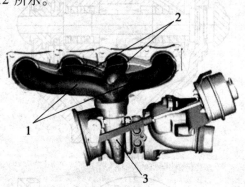

图 4-12 单涡轮双涡管涡轮增压器
1—气缸 1 和气缸 4 的废气通道；2—气缸 2 和气缸 3 的废气通道；3—废气涡轮增压器

与 N54B30（宝马公司旗下的一款直列 6 缸发动机）的 3.0 双涡轮发动机相比，单涡轮双涡管发动机它只采用了一颗经过 TwinPower 优化的单涡轮增压器，由双涡轮的每 3 个汽缸驱动一个涡轮进化成了每 3 个汽缸各自通过一个涡轮进气管路共同驱动一个涡轮，从而减轻发动机的自重并降低油耗。

3. 可变截面涡轮增压

普通涡轮增压发动机在全负荷状态下时排气能量非常可观，但当发动机转速较低时，排气能量却很小,此时涡轮增压器就会由于驱动力不足而无法达到工作转速,这样造成的结果就是,在低转速时,涡轮增压器并不能发挥作用,这时涡轮增压发动机的动力表现甚至会小于一台同排量的自然吸气发动机,这就是我们经常说的"涡轮迟滞"现象。

对于传统的涡轮增压发动机来说,解决涡轮迟滞现象的一个方法就是使用小尺寸的轻质涡轮,首先,小涡轮会拥有较小的转动惯量,因此在发动机低转速时,在发动机较低转速下涡轮就能达到最佳的工作转速,从而有效改善涡轮迟滞的现象。使用小涡轮也有它的缺点:当发动机高转速时,小涡轮排气截面较小,会使排气阻力增加(产生排气回压),因此发动机最大功率和最大扭矩会受到一定的影响。而对于产生回压较小的大涡轮来说,虽然高转速下可以拥有出色增压效果,发动机也会拥有更强的动力表现,但是低速下涡轮更难以被驱动,因此涡轮迟滞也会更明显。

为解决上述矛盾,为了让涡轮增压发动机在高低转速下都能保证良好的增压效果,VGT(Variable Geometry Turbocharger)技术或者 VNT 可变截面涡轮增压技术便应运而生。在柴油发动机领域,VGT 可变截面涡轮增压技术早已得到了很广泛的应用。由于汽油发动机的排气温度要远远高于柴油发动机,达到 1 000 ℃ 左右(柴油发动机为 400 ℃ 左右),而 VGT 所使用的硬件材质很难承受如此高的温度,因此这项技术也迟迟未能在汽油机上应用。近年来,博格华纳与保时捷联手克服了这个难题,使用了耐高温的航空材料技术,从而成功开发出了首款搭载可变截面涡轮增压器的汽油发动机,保时捷则将这项技术称为可变涡轮叶片(Variable Turbine Geometry,VTG)技术。

VGT 技术的核心部分就是可调涡流截面的导流叶片,如图 4-13 所示,需要指出的是,VGT 可变截面涡轮增压器只能通过改变排气入口的横切面积改变涡轮的特性,但是涡轮的尺寸大小并不会发生变化。如果从涡轮 A/R 值去理解的话,可变截面涡轮的原理会更加直观。

A/R 值是涡轮增压器的一项重要指标,用于表达涡轮的特性,在改装市场的涡轮增压器销售册上也常有标明。A(Area)指的是涡轮排气侧入口处最窄的横切面积(也就是可变截面涡轮技术中的"截面"),R(Radius)则是半径的意思,指的是入口处最窄的横切面积的中心点到涡轮本体中心点的距离,而两者的比例就是 A/R 值。相对而言,压气端叶轮受 A/R 值的影响并不大,不过 A/R 值却对排气端涡轮有着十分重要的意义。

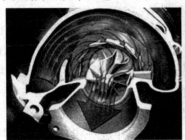 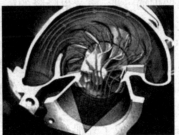

(a)导流叶片开度小　　　　　　(b)导流叶片开度大

图 4-13　可变截面涡轮增压器导流叶片的开闭状态

导流叶片的开度能够影响导向涡轮叶片的气流速度,低转速时开度小(图 4-13(a)),提高空气流速,高转速时开度大(图 4-13(b)),减小排气负压。当 A/R 值越小时,表示废气通过涡轮的流速较高,这种特性可以有效减轻涡轮迟滞,涡轮也就能在较低的转速区域取得较高的增压,而发动机高转速时则会产生较大的排气背压,使高转速时功率受到限制。反之,当 A/R 值越大时,涡轮的响应速度就越慢,低转速时涡轮迟滞明显,不过在高转速时,拥有较小的排气背压,且能够更好地利用排气能量,从而获得更强的动力表现。

而 VGT 技术所实现的截面可变就是指改变 A 值。当叶片角度较小时,排气入口的横切面积便会相应减小,因此 A 值会随之变化,从而拥有小涡轮响应快的特点。而当叶片角度增大时,A 值随之增大,这时 A/R 值增大,从而在高转速下获得更强的动力输出。总之,透过变换叶片的角度,VTG 系统可随时改变排气涡轮的 A/R 值,从而兼顾大/小涡轮的优势特性。

尽管结构和原理都很简单,但 VGT 可变截面涡轮技术对于增压效果的提升非常显著,在目前主流的涡轮增压柴油发动机上,这项技术已经得到了非常普遍的应用。但是,由于硬件材质的限制,这项技术在排气温度较高的汽油发动机上才刚刚起步,保时捷和博格华纳的合作可以说开了先河。不过,随着材料科技的进步,这项技术在未来的汽油发动机上必将会得到更广泛的应用。

三、增压压力的调节

当一辆改装车从身旁飞驰而过,我们时常会听到"嗡嗡"的一段发动机加速声音后,又传来"呲"的一声,这给人传递了冲劲十足的感觉。这声音是从哪里传来的?为什么普通民用车,或者一些高性能跑车上都没有这样的声音,而一些普通的改装车却有呢?

其实这种特有的"呲"声是涡轮增压发动机的卸压阀在卸压时所发出的声音,可以说,所有的涡轮增压发动机都会产生这种声音,只不过对于日常民用车而言,厂家在设计时会将这种声音作为噪声来处理,尽可能地将它降低,做法是将压力泄到进气歧管内,这样噪声会很小,这种泄压方式称为内泄式。

对于装配涡轮增压发动机的普通民用车而言,不仔细听一般都无法觉察到有卸压时的"呲"声。这就好比对于普通民用车,发动机噪声和隆隆的排气声是属于负面参数(而高性能车有时则可以强调这种声音),原厂设计时尽可能地将这种声音消除。而对于喜欢驾驶乐趣的车友,这种声音则成了激发其驾驶激情的催化剂(我们经常看见很多车的排气管被改得像炮筒一般,声音也隆隆的震天响)。

除了激发驾驶激情以外,"炫"也是改装的诉求之一,很多人希望将自己的车改得像超高性能车,即便车子动力并不是特别强。一般来说,涡轮增压发动机发出"呲"声的大小是与增压强度相关的,大涡轮增压器更容易发出这样的声音。如果这种声音比较大,可以显得这台车的增压器较大,让人有很炫的感觉。

许多改装发烧友也是出于这个目的,把自己民用车发动机(如宝来 1.8T、帕萨特 1.8T)的内泄式泄压改成了外泄式,如图 4-14 所示,并进一步加大"呲"声,其原理与炮筒式的排气管很类似。那么,为什么涡轮增压发动机会发出这样的声音呢?

当我们踏下油门踏板加速时,节气门打开,发动机排出高温高压的废气能量推动废气涡轮旋转,当达到涡轮增压器工作时的转速(也就是使涡轮转速大于 1×10^5 r/min 时),涡轮增压器才将周围的空气进行压缩,使发动机进气量增加,提升发动机的动力性。

当我们收油时,节气门开度迅速减小直至处于关闭的怠速状态,也就是说发动机不需要进气了,或者说进气管中的气流会在节气阀处受阻。但此时涡轮增压器并没有停止工作,由于惯性,涡轮增压器仍然保持以 1×10^5 r/min 以上的转速继续旋转着。此时的空气仍然被源源不断地压缩进入进气管中,如果在进气管中这部分高压空气不能被及时排走,就会使进气管中压力迅速升高,有可能造成节气门损坏或进气管爆裂。

这时,就需要在进气管道中加装一个卸压装置,来卸掉管道中来自进气涡轮压缩后的多余高压空气。实际上泄压阀就是安装在进气管上一个阀门,用于控制增压压力,如图4-15所示。泄压阀的开闭由电子控制单元操纵的电磁线圈控制。电子控制单元会根据涡轮出口增压的压力高低来做出判断,一旦压力超过临界值,就会对电磁线圈进行通电或断电控制,从而开启或关闭泄压阀。

图4-14　HKS外排式泄压阀

图4-15　安装在进气管中的泄压阀

当泄压阀关闭时,以保证进气管内有足够的进气压力为依据,当阀门打开能将多余的气体泄到大气中,减轻进气道内压力,保护发动机进气管道。所以我们听到的改装车上的"呲"声就是泄压阀在泄压排气时的声音。

事实上,改装车上发出的"呲"声对于提升发动机性能没有任何意义,只不过能渲染出一种增压值很大的假象。相对来说,增压值越大的发动机,这种泄压阀泄压排出的空气也就越多,理论上产生的噪声也就越大。而改装车的时候,将泄压阀泄压时的声音进行放大,就像采用大炮筒排气管一样——动静很酷,却没有什么实际效果。

四、涡轮增压器的润滑及冷却

来自发动机润滑冷却系统主油道的机油,经增压器中间体上的机油进口 1 进入增压器,润滑和冷却增压器轴和轴承。然后,机油经中间体上的机油出口 2 返回发动机油底壳(图4-16)。在增压器轴上装有油封,用来防止机油窜入压气机或涡轮机蜗壳内。如果油封损坏,将导致机油消耗量增加和排气冒蓝烟。

由于汽油机增压器的热负荷大,因此在增压器中间体的涡轮机侧设置冷却水套,并用管与发动机的冷却系统连通。冷却液自中间体上的冷却液进口 3 流入中间体内的冷却水套 4,从冷却液出口 5 流回发动机冷却系统。冷却液在中间体的冷却水套中不断循环,使增压器轴和轴承得到冷却。

有些涡轮增压器在中间体内不设置冷却水套,只靠机油及空气对其进行冷却。当发动机在大负荷或高转速工作之后,如果立即停机,机油可能会因为轴承温度太高而在轴承内燃烧,因此这类涡轮增压发动机应该在停机之前,至少在急速下运转 1 min。

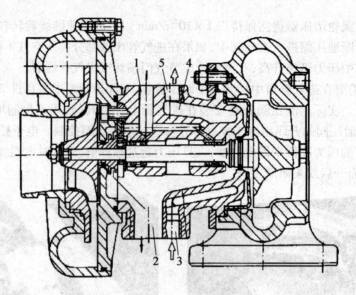

图 4-16 增压器的润滑与冷却
1—机油进口；2—机油出口；3—冷却液进口；4—冷却水套；5—冷却液出口

第三节 废气涡轮增压系统的使用维护与常见故障

一、涡轮增压器的维护

1. 保养误区

对涡轮增压，许多人并不陌生，但仍然有许多人存在误区，尤其是年纪较大的消费者。主要原因是：①许多消费者认为带涡轮增压的发动机的耐用程度不如传统自然吸气发动机，且维修费用相对要高一些。②许多消费者认为涡轮增压车型的使用较麻烦，后期维护费用也高，买车易养车难。其实，目前的涡轮增压技术已经发展得相当成熟，已不像刚开始时的涡轮增压器常发生故障。正常情况下，涡轮增压器寿命有的可高达 20 年以上，甚至能与车辆同寿命。目前的涡轮增压器，大部分质量都是不错的，它的使用寿命的长短很大程度上取决于我们日常的使用和维护。"T"已成为涡轮增压的特殊身份象征，与自然吸气引擎相比，涡轮增压引擎拥有更强的动力。先进的涡轮增压发动机技术，通过增加进入燃烧室的空气质量让汽油燃烧更充分，从而提高输出功率。发动机装上涡轮增压器后，其最大功率与未装增压器的时候相比可以增加 20% ~ 30%，甚至更高，但是相同情况下的耗油量却并不比普通发动机高。在目前全人类对节能减排、保护环境的觉悟日益提高的情况下，涡轮增压汽车被迅速地推广和普及，也因为澎湃的动力和良好的燃油经济性获得众多车主的青睐。但是涡轮增压发动机在提高输出功率的同时，工作中产生的最高爆发压力和平均温度也大幅度提高。因此，发动机在维护保养及驾驶常识上对车辆使用也提出了更多的要求。

2. 选择优质机油及保护剂

目前大部分出现问题的涡轮增压器都是因为涡轮增压器和进气管之间的油封密封损坏，造成大规模烧机油。而油封损坏的主要原因是更换发动机机油的周期太长或使用劣质机油,造成浮动的涡轮主转轴缺少润滑和散热,进而损坏了油封,造成漏油。

据悉,机油在通过涡轮增压发动机的主轴瓦等部位时,会受到比普通发动机更加强烈的剪切作用,这时油中的高分子物质就会发生非常剧烈的裂解,生成分子量较低的物质,从而导致油品的黏度降低,就是我们常说的油膜"变薄"。普通润滑油无法保证涡轮增压器的正常润滑,全合成机油是一个选择,只有这样,才能使得在高转速下机油的润滑能力不下降。但全合成机油还是不能从根本上解决涡轮增压器的润滑问题,因为一般涡轮增压器在发动机转速为 3 500 r 时才会启动,并且快速提升直到 6 000 r。发动机转速越高,越要求机油的抗剪切能力强,就是让油品抵抗剪切作用而使黏度保持稳定的性能,涡轮增压器的润滑对润滑油的润滑提出了更高的要求,目前施耐普特汽车一站式服务中心推出的 SNPT 高效多功能润滑剂是目前唯一一种针对涡轮增压器保护最有效的添加剂,效果卓著。它是一种含有固体润滑成分的纳米添加剂,配合润滑油添加后,在润滑冷却系统内形成固体润滑与液体润滑双层润滑模态,固体润滑成分耐高温,解决了涡轮增压器在液体润滑油膜无法形成时的润滑问题,在启动及驻车熄火时在液体润滑油膜无法保证的前提下,依附涡轮增压器摩擦表面的固体润滑油膜起到了润滑作用,以此保证了涡轮增压器的润滑。

3. 保持涡轮清洁

涡轮发动机的最大特点就是大功率、低油耗。这都依托于其精密的设计和制作工艺,同时也决定了它严苛的工作环境。因此,它对润滑油的清洁保护性要求非常高,任何杂质与部件的摩擦损害都非常大。例如,大颗粒的污染物,在发动机的转速达到 4 000 ~ 6 000 r 的情况下,会使曲轴颈、汽缸壁、轴承表面迅速拉成条状;小颗粒的污染物可使机件表面形成麻坑、斑点,在高速运转的情况下容易发生碎裂。首先,发动机机油和滤清器必须保持清洁,防止杂质进入,因为涡轮增压器的转轴与轴套之间配合间隙很小,如果机油润滑能力下降,就会造成涡轮增压器的过早报废。其次,需要按时清洁或更换空气滤清器,防止灰尘等杂质进入高速旋转的增压器叶轮,灰尘颗粒可能会打坏增压器叶片,造成转速不稳,轴套和密封件磨损加剧。最后,建议使用全合成机油、半合成等高品质机油,它们的清洁保护作用更强。

另外,还要定期检查油道,进油道要尽可能短,以便在发动机启动后很快供油。除了极少数特殊情况外,机油出口应该垂直向下,而且回油管应高出油底壳机油液面,以保证回油能畅通地流回发动机油底壳。

4. 进行定期检查

由于涡轮增压器的成本较高,甚至长期不良使用还会造成涡轮增压器损坏甚至引擎损坏的严重后果,所以对车辆的定期检查必须高度重视。不仅可以及早发现车辆存在的问题,避免造成不可挽回的损失;同时,车主也可以向维修师傅请教,了解更多驾驶车辆和养护车辆的常识。

需要检查涡轮增压器的密封环是否密封。如果密封环没有密封住,那么废气会通过密封环进入发动机润滑冷却系统,将机油变脏,并使曲轴箱压力迅速升高,从而造成机油的过度消耗产生"烧机油"的情况。

要经常检查涡轮增压器有没有异响,以及润滑油管和接头有没有渗漏。

另外,需要提醒的是,由于涡轮增压器转子轴承精密度很高,维修及安装时的工作环境要求很严格,因此当增压器出现故障或损坏时应到指定的维修站进行维修。

二、废气涡轮增压器的常见故障

利用发动机排出的废气驱动发动机主动叶轮,与主动叶轮同轴的从动叶轮也以同样转速转动。急速时,叶轮转速约为 12 000 r/min;当加速踏板踩到底时,叶轮转速约为 135 000 r/min。因从动叶轮在发动机进气端,加大了进气压力和进气量,避免发动机在较高转速下进气迟滞;能大幅度提高发动机功率和转矩,且最大转矩峰值呈平直线状。

1. 增压器突然停止运转

增压器突然停止运转的原因多为增压器轴承损坏,转子组烧坏,外界物将涡轮、泵轮叶片打坏而卡死等。

2. 增压器涡轮或泵轮端"排油"

当增压器转子轴磨损严重,转子轴密封环失去作用,或操作不当造成润滑条件恶劣致使密封环磨损、拉伤而失效时,涡轮端或泵轮端出现"排油"故障。涡轮端"排油",会使排气管、消声器产生大量油污和积碳,增大排气阻力,降低增压器的转速,使发动机动力下降;泵轮端"排油",会使发动机进气管道存有大量机油,机油消耗加大,进气阻力加大,发动机动力下降。

3. 增压器振动剧烈且有噪声

增压器振动剧烈且有噪声主要是转子轴严重磨损,轴承间隙加大产生振动,涡轮与泵轮损坏或沾有油泥使转子动平衡被破坏而产生噪声和振动。若噪声明显表现出是金属摩擦,则是泵轮或涡轮叶片与壳体碰擦。

4. 增压器气喘

因进气系统堵塞,如空气滤清器堵塞、进气道油灰沉积等原因,造成发动机增压压力下降且产生较大波动,在增压器泵轮端出现如气喘的异响,伴随发动机工作不稳,动力下降,排气管冒黑烟。

5. 增压器增压力下降

进气管道堵塞、轴承与轴磨损、涡轮或泵轮叶片变形或损坏、与壳体摩擦等均会造成增压压力下降。

本 章 小 结

(1)发动机增压系统的功用是通过压缩空气来提高进气量,从而增加发动机功率。

(2)发动机增压系统按照增压方式的不同,可以分为机械增压、废气涡轮增压和气波增压 3 种基本类型。

(3)涡轮增压发动机是依靠涡轮增压器来加大发动机进气量的一种发动机,涡轮增压器实际上就是一个空气压缩机。它是利用发动机排出的废气作为动力来推动涡轮室内的涡轮(位于排气道内),涡轮又带动同轴的叶轮位于进气道内,叶轮就压缩由空气滤清器管道送来的新鲜空气,再送入气缸。

(4)为了改善废气涡轮增压的局限性,很多汽车公司纷纷设计制造了改进型,如双涡轮增压系统、单涡轮双涡管系统和可变截面涡轮增压系统等。

(5)废气涡轮增压器的价格非常昂贵,维修费用也很高,所以日常的维护保养非常重要。

思 考 题

4-1 什么是增压？增压有几种基本类型？各有什么优缺点？

4-2 汽油机增压有什么困难？如何克服？

4-3 为什么要控制增压压力？在废气涡轮增压系统中是如何控制或调节增压压力的？

4-4 对废气涡轮增压发动机，为什么进气压力随转速的增加而增加？这对发动机的动力性有何影响？

4-5 气波增压器是基于哪种气体动力学原理而工作的？

第五章 汽油机供给系统

教学目标与要求

1. 了解汽油机对燃料供给系统的基本要求。
2. 掌握汽油机燃料供给系统基本组成与工作原理。
3. 掌握汽油机的燃烧过程。
4. 掌握燃烧过程的影响因素分析。

教学重点

1. 汽油机对燃料供给系的基本要求。
2. 汽油机燃料供给系统基本组成与工作原理。
3. 燃烧过程的影响因素分析。

教学难点

燃烧过程的影响因素分析。

第一节 汽油机燃料

一、汽油机供给系统的作用

汽油机所用的燃料是汽油。汽油在气缸内燃烧,必须先喷散成雾状并蒸发,按一定的比例与空气均匀混合。这种按一定比例混合的汽油与空气的混合物,称为可燃混合气。可燃混合气中燃油的含量称为可燃混合气浓度。

汽油机燃料供给系统的作用是:根据发动机各种不同工况的要求,配制出一定数量和浓度的可燃混合气,供入气缸,使之在临近压缩终了时点火燃烧而膨胀做功。最后,供给系统还应将燃烧产物——废气排入大气中。

二、汽油

汽车发动机所用的燃料主要是汽油。汽油是由石油提炼而得的密度小又易于挥发的液体燃料,由多种碳氢化合物组成。按照提炼方法,汽油可分为直馏汽油和裂化汽油等。

将石油加热,在 40~50 ℃至 175~210 ℃的温度范围内蒸发出来的轻馏分蒸气冷凝后即成为直馏汽油。汽油的裂化法有热裂化、催化裂化等,目前使用较多的是催化裂化法。催化裂化汽油是在催化剂的作用下使石油中的大分子烃受热裂化为小分子烃并改变其分子结构而得。利用催化裂化法可以从石油中获得更多的优质汽油。

汽油的使用性能指标主要是抗爆性、蒸发性和热值,它们对发动机性能有很大的影响。

1. 汽油的抗爆性

抗爆性是指汽油在发动机气缸内燃烧时抵抗爆燃的能力,是汽油的一项主要性能指标。爆燃是汽油机的一种异常燃烧现象,会引起发动机过热、排气冒烟、油耗增大和功率下降等不良后果。发动机选用抗爆性较好的汽油,就可能采用较高的压缩比而不至于发生爆燃。汽油抗爆性的好坏程度一般用辛烷值表示。辛烷值越高,抗爆性越好。辛烷值是代表点燃式发动机燃料抗爆性的一个约定数值,在规定条件下的标准发动机实验中通过和标准燃料进行比较来测定,采用和被测定燃料具有相同抗爆性的标准燃料中异辛烷的体积百分比来表示。

在一台专用的可改变其压缩比的单缸实验机上,以被测定的汽油作为燃料,在一定的条件下运转,改变实验机的压缩比,直至其产生标准强度的爆燃,然后,在同样的压缩比下,换用由一定比例的异辛烷(一种抗爆燃燃烧能力很强的碳氢化合物,规定它的辛烷值为 100)和正庚烷(一种抗爆燃燃烧能力极弱的碳氢化合物,规定它的辛烷值为 0)混合而成的标准燃料,在相同的条件下运转,不断改变标准燃料中异辛烷和正庚烷的比例,直到单缸实验机产生与被测汽油相同强度的爆燃燃烧时为止。此时,标准燃料中所含异辛烷的质量分数就是被测汽油的辛烷值。

测定汽油的辛烷值可以采用不同的实验方法,常用的为马达法与研究法。

(1)马达法辛烷值(MON)是以较高的混合气温度(一般加热至 149 ℃)和较高的发动机转速(一般达 900 r/min)的苛刻条件为其特征的实验室标准发动机测得的辛烷值。它表示汽油在发动机常用工况下低速运转时的抗爆能力。

(2)研究法辛烷值(RON)是以较低的混合气温度(一般有加热)和较低的发动机转速(一般在 600 r/min)的中等苛刻条件为其特征的实验室标准发动机测得的辛烷值。它表示汽油在发动机重负荷条件下高速运转时的抗爆能力。

马达法规定的实验转速及进气温度比研究法高,所以马达法辛烷值(MON)低于研究法辛烷值(RON)。一般采用研究法辛烷值来确定汽油的抗爆性。如要比较全面表示抗爆性时,同时标出 MON 和 RON,也可用抗爆指数来衡量,即抗爆指数 = (MON + RON)/2。

为了提高汽油的抗爆性,以前在汽油中加进少量的抗爆剂——四乙铅[$Pb(C_2H_5)_4$]。但四乙铅燃烧后易生成固体的氧化铅,沉积在活塞、燃烧室、气门和火花塞上,从而引起气门漏气、火花塞电极短路等现象从而破坏发动机的正常工作。因此,向汽油中添加的四乙铅中还混合有一种称为"携出剂"的物质,如溴乙烷等,使铅变成挥发性的盐类,随废气排出。这种四乙铅与携出剂的混合物称为乙基液。四乙铅有毒,故加入四乙铅的汽油常染成红色,以便识别,防止使用中毒。应该指出,当汽油机的压缩比一定时,所用汽油的品质对于爆燃的发生起着决定性的影响,因此,选择汽油的主要依据就是发动机的压缩比。一般压缩比高的汽油机应采用辛烷值高的汽油。

加入四乙铅的汽油燃烧后,在发动机排气中含有大量的铅化物粉尘,而排出的铅化物又常使排气的催化转化器加速失效,因此逐渐被淘汰。为了避免排气中的铅粉末,在汽车上已经使用无铅汽油。使用无铅汽油后,提高汽油辛烷值的主要措施是采用先进的炼制工艺和使用高辛烷值的调和剂,以获得较高的辛烷值而无其他不利于环保的副作用。

2. 汽油的蒸发性

液态汽油汽化的难易程度称为汽油的蒸发性。在发动机中,汽油只有先从液态蒸发成蒸气,并与一定比例的空气混合成为可燃混合气后,才能在气缸中燃烧。对于高速发动机,形成可燃混合气过程的时间很短,一般只有百分之几秒。因此,汽油蒸发性的好坏对于所形成的混合气质量将有很大的影响。

汽油的蒸发性可通过将汽油加热,分别测定蒸发量为 10%、50%、90% 和 100% 时所对应的温度来评定,分别称为 10% 馏出温度、50% 馏出温度、90% 馏出温度及干点。通过汽油的蒸馏实验,可以确定这些温度,将一定数量的汽油(通常为 100 mL)放在蒸发器内加热,使之按一定速度蒸发,然后将蒸发出来的汽油蒸气通过冷凝器凝成液体,并用量筒测量其体积,当量筒中冷凝的汽油量为被实验汽油量的 10% 时,测出的蒸发器中汽油蒸气的温度便是 10% 馏出温度。用同样方法,可以得出其他几个温度。

10% 馏出温度标志着启动性能。在 10% 馏出温度时,从汽油中蒸发出的是低沸点、高饱和蒸气压的轻质成分。10% 馏出温度低,表明汽油中所含的轻质部分低温时容易蒸发,从而有较多的汽油蒸气与空气混合成可燃混合气,使汽油机冷启动比较容易。因此,用 10% 馏出温度来评价汽油的启动品质,此温度越低,汽油的启动品质越好。

50% 的馏出温度标志着汽油的平均蒸发性。50% 馏出温度的高低表明汽油中中间馏分蒸发性的好坏。此温度低,说明汽油的中间馏分容易蒸发,暖车时间短,当发动机由低负荷向高负荷过渡时,能够及时供给所需的浓混合气,保证发动机加速性能良好。

90% 的馏出温度标志着燃料中含有难以挥发的重成分的数量。此温度越低,表明汽油中重质成分越少,挥发性好,越有利于完全燃烧。此温度越高,表明汽油中不易蒸发的重质含量多。汽油中这些重质成分在混合气形成的过程中很难蒸发,它们附着在进气管和气缸壁上,将增加燃油消耗,稀释气缸壁上的润滑油并加大气缸磨损,同时,使燃烧不完全,造成排气冒烟和积炭。

蒸发性越强,就越容易气化,形成均匀的可燃混合气燃烧速度快,并且燃烧完全,因而不仅发动机易启动,加速及时,各工况间转换灵敏、柔和,而且能减小机件磨损、降低汽油消耗。但蒸发性也不能太强,因为蒸发性过强的汽油在炎热夏季及大气压力较低的高原和高山地区使用时,容易使发动机的供油系统产生"气阻",甚至发生供油中断。另外在储存和运输过程中的蒸发损失也会增加。

蒸发性很弱的汽油,难以形成良好的混合气,这样不仅会造成发动机启动困难、加速缓慢,而且未汽化的悬浮油粒还会使发动机工作不稳定,油耗上升。如果未燃尽的油粒附着在气缸壁上,还会破坏润滑油膜,甚至窜入曲轴箱稀释润滑油,从而使发动机润滑遭到破坏,造成机件磨损增大。

因此,在国产汽油质量指标中,规定了夏季与冬季要求不同的饱和蒸气压力见表 5-1。

表 5-1　车用无铅汽油技术要求（GB 17930—2006）

项目		质量指标		
		90 号	93 号	97 号
抗爆性 研究法辛烷值(RON) 抗爆指数(RON + MON)/2	不小于 不小于	90 85	93 88	97 —
铅含量(质量浓度)/(g·L^{-1})	不大于	0.005	—	—
馏程： 10% 蒸发温度/℃ 50% 蒸发温度/℃ 90% 蒸发温度/℃ 干点/℃ 残留量(体积分数)/%	不高于 不高于 不高于 不高于 不大于		70 120 190 205 2	
蒸气压/kPa 从 11 月 1 日至 4 月 30 日 从 5 月 1 日至 10 月 31 日	不大于 不大于		88 74	
实际胶质/(mg·(100 mL)$^{-1}$)	不大于		5	
诱导期/min	不小于		480	
硫含量(质量分数)/%	不大于		0.05	
硫醇硫含量(质量分数)/%	不大于		0.001	
铜片腐蚀(50℃,3 h)/级	不大于		1	
水溶性酸或碱			无	
机械杂质及水分			无	

3. 汽油的热值

燃料的热值是指 1 kg 燃料完全燃烧后所产生的热量。汽油的热值约为 44 000 kJ/kg。

三、汽油的选用

选择汽油主要依据发动机的压缩比。因为压缩比越大，汽油在发动机气缸内燃烧产生爆燃的可能性越大，所以压缩比高的汽油机应采用辛烷值高的汽油。高档汽车发动机的压缩比较高，应按汽车使用说明书的要求选用较高牌号的汽油，否则容易产生爆燃而无法正常工作。如无汽车使用说明书，可以参照表 5-1 选用。

有三元催化转换器的汽车不能用含铅汽油，否则会使催化器内的重金属（铂、钯、铑等）中毒而失效。

由于汽油容易挥发，遇到明火极易燃烧，使用时应特别注意防火。严禁在加油站等汽油集聚的场所抽烟、划火。

第二节 可燃混合气浓度与汽油机性能的关系

可燃混合气是指空气与燃料的混合物,其成分对发动机的动力性、经济性及排放性等都有很大的影响。

对于混合气浓度,欧美各国及日本一般都直接以其中所含空气与燃料的质量比——空燃比 R 来表示,即

$$R = 空气质量(kg)/燃料质量(kg) = A/F$$

理论上,1 kg 汽油完全燃烧需要 14.7 kg 空气,即空燃比为 14.7:1。这种空燃比的混合气称为理论混合气。若可燃混合气的空燃比小于 14.7:1,则意味着其中汽油含量有余,空气含量不足,可称之为浓混合气。同理,若空燃比大于 14.7:1,则称为稀混合气。应当指出,不同的燃料,其理论空燃比数值是不同的。

在我国等一些国家,通用的可燃混合气成分指标是过量空气系数,常用符号 Φ_a 表示,是指在燃烧过程中,实际供给的空气质量与理论上燃料完全燃烧时所需的空气质量之比,也等于实际空燃比与理论空燃比之比,即

Φ_a = 燃烧过程中实际供给的空气质量/理论上完全燃烧时所需要的空气质量
　　 = 实际空燃比/理论空燃比

由上面的定义表达式可知:无论使用何种燃料,$\Phi_a = 1$ 的可燃混合气即为理论混合气(又称为标准混合气);$\Phi_a < 1$ 的为浓混合气;$\Phi_a > 1$ 的则为稀混合气。

一、可燃混合气浓度对发动机性能的影响

可燃混合气的浓度对发动机的动力性和经济性有很大影响。

(1)理论混合气($\Phi_a = 1$)——理论上推算的完全燃烧的混合气浓度。实际上,由于时间和空间条件的限制,汽油不可能及时与空气绝对均匀混合,实现完全燃烧。

(2)稀混合气($\Phi_a > 1$)——可以保证所有的汽油分子获得足够的空气而实现完全燃烧,因此经济性最好,故称为经济混合气。常用经济混合气 Φ_a 多为 1.05~1.15。若混合气过稀($\Phi_a > 1.15$),因空气量过多,燃烧速度减慢,热量损失加大,将导致发动机过热、动力性和经济性变差。当混合气稀到 $\Phi_a = 1.3 \sim 1.4$ 时,达到火焰传播下限。燃烧速度和过量空气系数的关系如图 5-1 所示。

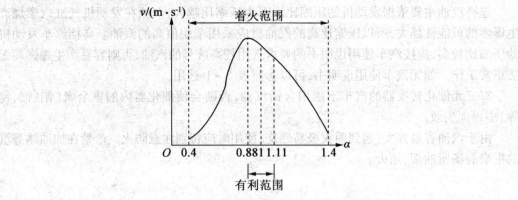

图 5-1 燃烧速度和过量空气系数的关系

(3) 浓混合气（$\Phi_a<1$）——由于汽油分子相对较多，混合气燃烧速度快、压力大、热损失小，发动机输出功率大，因此称其为功率混合气，其 Φ_a 值多在 0.85～0.95 范围内。功率混合气中空气相对较少，不能完全燃烧，因此经济性较差。若混合气过浓（$\Phi_a<0.88$），则燃烧很不完全，产生大量的 CO，并在高温高压的作用下析出游离的碳，导致发动机排气冒黑烟、放炮、燃烧室积炭、动力性和经济性变差、排放污染加剧。当混合气浓度达到 $\Phi_a=0.4～0.5$ 时，火焰将无法传播，发动机熄火，此值称为火焰传播上限(图5-1)。

由上述可知，如要发动机获得较高的动力性就得以牺牲其经济性为代价，反之亦然。在混合气浓度 $\Phi_a=0.88～1.11$ 的范围内，可使发动机的动力性和经济性有较好的折中。

根据人们多年研究实验，可燃混合气浓度对发动机性能的影响见表5-2。

表5-2　可燃混合气浓度对发动机性能的影响

混合气种类	过量空气系数 α	发动机功率 P_e	耗油率 g_e	备注
火焰传播上限	0.4	—	—	混合气不燃烧，发动机不工作
过浓混合气	0.43～0.87	减小	显著增大	燃烧室积炭，排气管冒黑烟，消声器有拍击声（放炮）
功率混合气	0.88	最大	增大约18%	
标准混合气	1.0	减小约2%	增大约4%	
经济混合气	1.11	减小约8%	最小	
过稀混合气	1.13～1.33	显著减小	显著增大	发动机过热，加速性变坏
火焰传播下限	1.4	—	—	混合气不燃烧，发动机不工作

二、汽车发动机各种工况对可燃混合气浓度的要求

发动机的工况是其工作情况的简称，它包括发动机的转速和负荷情况。发动机的负荷是指给汽车施加发动机的阻力矩，即发动机为平衡阻力矩而应发出的转矩。因为发动机的转矩随节气门的开度而变化，所以也可用节气门的开度代表负荷的大小。负荷多用百分数来表示，如节气门全关，负荷为零；节气门全开，负荷为100%。发动机转速可以从最低稳定转速变到最高转速，而且有时工况变化非常迅速。

在汽车行驶的大部分时间内，发动机是在中等负荷下工作的。轿车发动机负荷经常是 40%～60%，货车则为 70%～80%。

车用汽油机各种使用工况对混合气浓度的要求各不相同，现分述如下。

1. 稳定工况对混合气成分的要求

发动机的稳定工况是指发动机已经完成预热，转入正常运转，并且在一定时间内工况没有突然变化。按负荷大小划分为怠速和小负荷、中等负荷、大负荷和全负荷3个范围。

(1) 怠速和小负荷工况。

怠速一般是指发动机不对外输出动力，做功行程产生的动力只用来克服发动机的内部阻力，维持发动机最低稳定转速运转。汽油机怠速转速一般为 400～800 r/min。在怠速工况下，节气门开度最小，吸入气缸内的可燃混合气很少，气缸内残余废气对混合气稀释严重；又因转速低，空气流速小，汽油雾化不良，与空气混合不均匀，使混合气燃烧不良

甚至熄火。因此,要求供给少量的浓混合气($\Phi_a = 0.6 \sim 0.8$)。

发动机负荷在 25% 以下称为小负荷。由于小负荷时,节气门略开,混合气的数量和品质有所提高,废气对混合气的稀释作用也有所减弱,因此混合气浓度可以略为降低($\Phi_a = 0.7 \sim 0.9$)。

(2)中等负荷工况。

发动机负荷在 25% ~85% 之间称为中等负荷。由于节气门开度较大,进入气缸的混合气数量增多,燃烧条件较好。此外,由于发动机大部分的时间处在中等负荷下工作,为提高发动机的经济性,应供给较稀的可燃混合气($\Phi_a = 0.9 \sim 1.1$)。

(3)大负荷和全负荷工况。

发动机负荷在 85% ~100% 称为大负荷和全负荷。此时,为了克服较大的外部阻力,要求发动机发出尽可能大的功率。因此,必须将节气门开大到接近全开或全开,供给质浓量多的可燃混合气($\Phi_a = 0.85 \sim 0.95$)。

2. 过渡工况对混合气成分的要求

汽车在运行中常遇到的过渡工况有冷启动、暖机、加速及急减速等。

(1)冷启动。

启动是指发动机由静止到正常运转的过程。当熄火时间较长、发动机温度已下降至环境温度时的启动称为冷启动(通常每天发动机的第一次启动即为冷启动)。此时,发动机转速极低,只有 100 r/min 左右,发动机温度低,混合气预热不良,汽油蒸发困难,导致进入气缸的混合气过稀而无法燃烧。只有供给极浓的混合气($\Phi_a = 0.2 \sim 0.6$)才能保证进入气缸内的混合气中有足够的汽油蒸气,以利于发动机启动。

(2)暖机。

暖机一般是指冷启动后,让其自行运转,使发动机的温度逐渐升高到正常值,发动机能稳定地进行怠速运转的过程。在此期间,混合气的浓度应随温度的升高而减小,从启动时的极浓减小到稳定怠速运转所要求的浓度为止。

(3)加速。

加速是指发动机负荷突然迅速增加的过程。此时,节气门迅速开大,要求发动机的动力迅速提高。然而在节气门急剧开大的瞬间,由于汽油与空气惯性的差别,汽油流量的增长比空气流量的增长要慢得多,使混合气暂时过稀。加之混合气中汽油来不及预热蒸发,也使混合气浓度减小,因此发动机的动力不但不能迅速提高,反而会迅速降低甚至熄火。所以,在节气门急剧开大的过程中,要用强制的方法向混合室中额外供一些汽油,加浓混合气,以满足发动机加速的需要。

(4)急减速。

当汽车急减速时,驾驶员急速抬起加速踏板,节气门迅速关闭。这时由于进气管真空度激增而使沿进气管壁面流动的油膜迅速蒸发,使混合气变浓,燃烧恶化,排气中 HC 的含量迅速增加。因此,当汽车急减速时,油门踏板位置传感器及节气门位置传感器传给发动机电控单元信号,使发动机电控单元控制喷油器的喷油量,从而避免混合气过浓。

汽油机各工况对可燃混合气的要求见表 5 – 3。

表5-3 汽油机各工况对可燃混合气的要求

汽油机工况	空燃比(A/F)(过量空气系数α)
启动(0 ℃)	约2($\alpha=0.2$)
启动(20 ℃)	约5($\alpha=0.4$)
暖机	6~11($\alpha=0.5~0.6$)
怠速	约11($\alpha=0.6~0.8$)
小负荷	12~13($\alpha=0.75~0.9$)
中等负荷(经济车速)	15~18($\alpha=1.0~1.15$)
大负荷	12~13($\alpha=0.85~0.95$)
加速	约8($\alpha=0.4~0.6$)

第三节 汽油机燃烧过程

汽油机工作的好坏不仅与混合气的浓度有关,而且与汽油机燃烧过程紧密相关。汽油机的燃烧过程有正常燃烧和不正常燃烧之分。在燃烧过程中,火焰核心以一定速率连续传遍整个燃烧室,且传播速率、火焰前锋的形状均没有剧烈的变化,称为正常燃烧。若燃烧不是由火花塞点燃或火焰传播速率不正常的称为不正常燃烧。

一、汽油机的正常燃烧

根据正常燃烧过程中气缸压力的变化,为了分析方便,人为地将汽油机的燃烧过程分成3个阶段,如图5-2所示,其中φ为曲轴旋转角度,一般用CA表示。

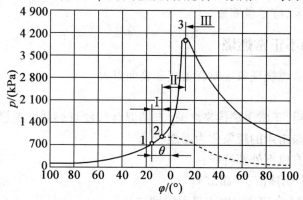

图5-2 汽油机正常燃烧过程
Ⅰ—着火延迟期;Ⅱ—速燃期;Ⅲ—后燃期
1—开始点火;2—形成火焰核心;3—最高压力点

1. 着火延迟期

从点火开始(1点)到火焰核心形成(2点)的阶段,称为着火延迟期。火花塞跳火后,电火花的高能使电极附近的混合气温度急剧升高,焰前反应加速,致使某处混合气着火,形成火焰中心。在此阶段,气缸压力较压缩压力无明显的变化。这一时期主要进行物理、化学准备,它约占全部燃烧时间的15%。

由于可燃混合气存在着火延迟,必须使点火提早到上止点前进行,使缸内压力在上止点附近达到最大值。火花塞在跳火瞬时到活塞行至上止点时所转过的曲轴转角,称为点火提前角 θ。它对发动机动力性、经济性和排放性能的影响极大。

若点火提前角过大(点火过早),会使最高燃烧压力出现在压缩行程的上止点以前,最高压力及压力升高率过大,活塞上行消耗的压缩功增加,发动机容易过热,有效功率下降,工作粗暴程度增加。

若点火提前角过小(点火过迟),燃烧开始时活塞已向下止点移动相当距离,使混合气的燃烧在较大容积下进行,炽热的燃气与缸壁接触面积大、散热损失增多、最高压力降低,且膨胀不充分,使排气温度过高、发动机过热、功率下降、耗油量增多;有时还会造成进气管道"回火"或排气管"放炮"现象;排气污染变大。

使发动机运转平稳、功率大、油耗低、排污低的点火提前角称为最佳点火提前角。发动机应保持在最佳点火提前角工作。

2. 速燃期(明显燃烧期)

从火焰核心形成(2点)开始,到气缸内出现最高压力点(3点)为止,这段时间称为速燃期(又称火焰传播时期)。在此时期内,火焰前锋从火焰中心开始层层向未燃烧混合气传播,烧遍整个燃烧室。由于绝大部分燃料在此阶段燃烧,使气缸中的压力、温度迅速上升。这一时期是燃烧过程的主要阶段。

最高压力点3的到达时刻,对发动机的动力性、经济性、排放性及压力升高率等都有重大影响。3点的位置可以用点火提前角 θ 来调整。

3. 后燃期(补燃期)

从最高压力点开始到燃料基本燃烧完的这一段时期称为后燃期。后燃期活塞下行,气缸容积变大,废气增多,燃烧条件恶化,燃烧放出的热量得不到充分利用,排气温度高,容易产生冒黑烟现象,应尽量缩短。

二、汽油机的不正常燃烧

汽油机的不正常燃烧现象主要有爆燃和表面点火。

1. 爆燃

当火花塞点火后,正常火焰传来之前,末端混合气便自燃并急速燃烧,产生爆炸性冲击波和尖锐的金属敲击声的现象称为爆燃。

汽油机爆燃时有以下外部特征:

(1)气缸内有金属撞击声(敲缸)。

(2)发动机过热(冷却液温度表显示温度过高)。

(3)在轻微爆燃时,发动机功率略有增加,强烈爆燃时,发动机功率下降,油耗上升,冒烟带火星。

(4)缸内压力线出现锯齿形爆燃波,如图5-3所示。

汽油机发生爆燃的原因主要是:在正常火焰传播过程中,处于最后燃烧位置上的末端混合气受到进一步压缩和辐射的热作用,加速了先期反应,使本身的温度不断升高,出现一个或数个火焰中心,火焰传播速度可陡然高达 100~300 m/s(轻微爆燃)或 800~1 500 m/s(强烈爆燃),产生高频冲击波多次撞击燃烧室,发出尖锐的金属敲击声。

点火提前角过大或负荷增大时,爆燃倾向增加。在这种情况下,只要适当减小点火提前角或放松加速踏板,就可以临时消除爆燃。

高压缩比发动机选用低牌号汽油也容易产生爆燃。

气缸直径过大、压缩比过高时,爆燃倾向增加,所以汽油机的缸径通常在 100 mm 以下,压缩比在 10 左右。

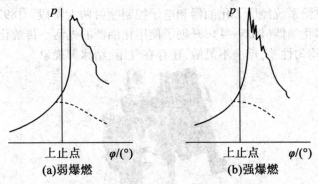

图 5-3　爆燃时的 $p-\varphi$ 图

2. 表面点火

在汽油机中,凡是不依靠电火花点火,而是靠燃烧室内炽热表面(排气门头部、火花塞电极、金属凸出点或积炭等)点燃混合气的现象称为表面点火或炽热点火。它的点火时间是不可控制的。

表面点火发生在火花塞点火之前的现象称为早火(早燃)。由于它提前点火而且炽热点表面比电火花大,使燃烧速率加快,气缸压力增大,温度升高,发动机工作粗暴,并且压缩功增大,向缸壁传热增加,致使功率下降,火花塞、活塞等零件过热。

表面点火发生在火花塞点火之后的现象称为后火。在炽热点的温度比较低、电火花点燃混合气后,在火焰传播的过程中,炽热点点燃其余混合气。这种现象可在发动机断火以后发现,这时发动机仍像有电火花一样继续运转,直到炽热点温度下降以后,发动机才停止工作。

发动机燃烧不良、气缸积炭过多容易造成表面点火,应及时检查原因,清除积炭。表面点火和爆燃是两种完全不同的不正常燃烧现象,爆燃是在电火花点火以后,末端混合气自燃的现象,而表面点火则是炽热物点燃混合气所致。表面点火时火焰传播速度比较正常,没有压力冲击波,金属敲击声音比较沉闷。但二者之间又存在着某种相互促进的关系,强烈的爆燃必然增加向气缸壁的传热量,从而促进炽热点的形成,导致表面点火;表面点火又会使气缸压力和最高燃烧压力升高,使未燃混合气受到较大的压缩和传热,从而促使爆燃发生。

第四节　汽油机供给系统的构造与原理

一、汽油机燃料供给系统的发展

汽油机燃料供给系统经历了化油器和电子控制喷射两大阶段。1892年,美国人杜里埃发明喉管型喷雾化油器(图5-4),开创了使用化油器的先河。传统化油器对空燃比的控制精度低,各缸均匀性差,反应不灵敏,还存在气阻、结冰等现象。

图5-4　喉管型喷雾化油器

1967年,德国Bosch(波许)公司推出电控汽油喷射(Electronic Fuel Injection,EFI)装置,成为内燃机发展史上又一重大突破。

1. 电控汽油喷射系统的优点

与传统化油器相比,电控汽油喷射系统能够根据发动机运行工况,实现最佳空燃比及最佳点火提前角控制,反应灵敏,排放污染物减少了50%以上,最大功率提高9%左右,加速时间缩短20%,百公里油耗也有所下降。

2. 电控汽油喷射系统的基本组成与工作原理

电控汽油喷射系统的基本组成如图5-5所示。

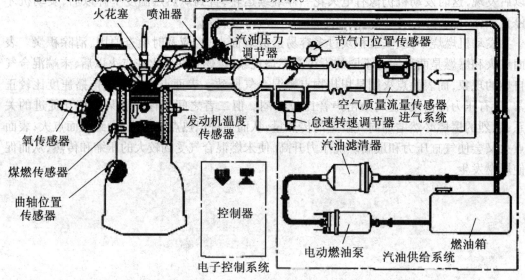

图5-5　电控汽油喷射系统的基本组成

(1)汽油供给系统。汽油供给系统包括电动汽油泵、汽油滤清器、汽油压力调节器、喷油器等,用以完成汽油的储存、输送及清洁任务。

(2)空气供给系统。空气供给系统包括空气滤清器、空气流量传感器、节气门体、怠速空气控制装置等,在轿车上有时还装有进气谐振消声器。

(3)电子控制系统。电子控制系统包括各种传感器、执行器和控制器 ECU 等。

电控汽油喷射系统的基本工作原理是发动机电控单元(ECU)根据进气流量、发动机转速、节气门位置等传感器输入的信号,确定在该状态下发动机所需的喷油量、喷油正时和最佳点火提前角,并向汽油泵、喷油器、点火装置等发出执行指令,以保证发动机正常运转。

3. 电控汽油喷射的类型

(1)按喷油器数量,电控汽油喷射系统有多点汽油喷射(MPI)系统和单点汽油喷射(SPI)系统,如图 5-6 所示。

多点汽油喷射系统的每个气缸的进气门附近都装有一个喷油器,汽油和空气在进气门附近形成可燃混合气并在进气行程时被吸入气缸。它能精确地控制空燃比,保证各缸混合气的均匀性,目前已广泛应用在各种电控汽油喷射发动机上。

单点汽油喷射系统在节气门体上安装一个或两个喷油器,向进气总管中喷油,再由进气歧管分配到各个气缸。其结构虽然简单,但汽油分配均匀性不好,已经逐步被淘汰。

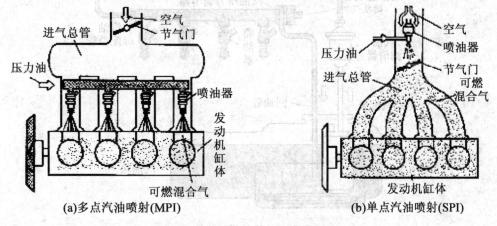

图 5-6 多点汽油喷射和单点汽油喷射

(2)按汽油喷射方式,电控汽油喷射系统可分为连续喷射系统和间歇喷射系统两种。

连续喷射系统在发动机运转期间连续不断地喷油。这种方式多用于早期的汽油喷射系统中,现在基本被淘汰。

间歇喷射系统是在发动机运转期间间断地喷油。按照喷油时序的不同可分为同时喷射、分组喷射和顺序喷射,如图 5-7 所示。

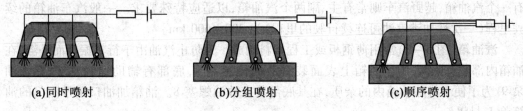

图 5-7 间歇喷射方式

同时喷射(图 5-7(a))是将各气缸的喷油器并联,所有喷油器由 ECU 的同一个指令控制,同时断油,同时喷油。

分组喷射(图 5-7(b))是将各气缸的喷油器分成几组,同一组喷油器同时断油或喷油。

顺序喷射(图 5-7(c))是各喷油器由 ECU 分别控制,按发动机各气缸的工作顺序喷油。

(3)按喷射装置的控制方式,电控汽油喷射可分为机械控制式(K 型)、机电结合控制式(KE 型)和电子控制式(EFI 型)。现今汽车广泛采用的是电子控制式汽油喷射系统。

(4)按进气量的检测方法分,电控汽油喷射系统有流量型(L 型)和压力型(D 型)两种。

二、汽油供给系统

汽油供给系统主要由汽油箱、电动汽油泵、汽油滤清器、汽油压力调节器、汽油压力脉动阻尼器和喷油器等组成,如图 5-8 所示。

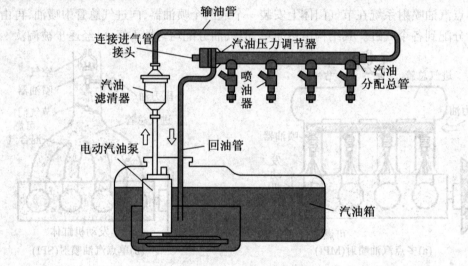

图 5-8 汽油供给系统

电动汽油泵将汽油自油箱内吸出,经滤清器过滤后,由压力调节器调压,再通过油管输送给喷油器;喷油器根据电脑指令向进气管喷油。汽油泵供给的多余汽油经低压回油管流回油箱。

1. 汽油箱

汽油箱的作用是储存汽油。其数目、容量、外形及安装位置随车型而异,普通汽车只有一个汽油箱,越野汽车则常有主、副两个汽油箱,以适应特殊要求。一般汽车油箱的续驶里程(一次性加满汽油可连续行驶的里程)为 300~600 km。

汽油箱(图 5-9)常用薄钢板或工程塑料制成。为防止汽油由于行车振动而外溢,在油箱内部装有隔板 10。油箱上表面装有液面传感器 4,底部有辅助油箱 7,内有汽油泵 9。为了便于排除油箱内的杂质,在其底部装有放油螺塞 8。油箱加油口用带阀门的油箱盖 1 封闭。

油箱盖用于防止汽油溅出及减少汽油挥发,它由空气阀 1 和蒸气阀 2 组成,如图

5-10所示。空气阀弹簧比蒸气阀弹簧软,当油箱内汽油减少、压力下降到预定值(约98 kPa)时,大气推开空气阀进入油箱内;当油箱内油蒸气压力增大到120 kPa时,蒸气阀打开,油蒸气泄入大气,保持油箱内压力正常。

2.电动汽油泵

电动汽油泵的主要任务是供给电控汽油喷射系统具有一定压力(0.3~0.5 MPa)的汽油。电动汽油泵一般都安装在汽油箱内,浸泡在汽油中。根据其喷油泵体结构的不同可以分为滚柱泵、齿轮泵、涡轮泵及双级泵等。

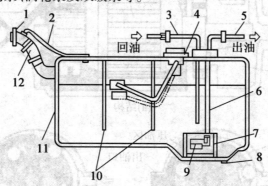

图5-9 汽油箱
1—油箱盖;2—通气软管;3—回油管;4—液面传感器;5—出油管;6—汽油连接管;7—辅助油箱;8—放油螺塞;9—汽油泵;10—隔板;11—油箱体;12—汽油进口软管

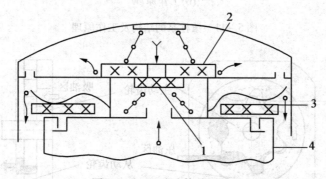

图5-10 双腔油箱盖原理图
1—空气阀;2—蒸气阀;3—密封垫;4—油箱口

(1)滚柱泵。

滚柱泵是电动汽油泵中最常用的结构形式。它主要由电动机转子、滚柱、限压阀、止回阀和油泵壳体等组成,如图5-11所示。

装有滚柱的转子偏心安装在泵壳内,当永磁直流电动机转子通电转动时,使滚柱在离心力的作用下压靠在泵壳的内表面上,起到密封的作用,在相邻两个滚柱之间形成一个密封油腔。滚柱之间的油腔容积在转子转动时不断发生变化。在进油口时,油腔容积增大,形成一定的真空度,将汽油吸入泵内;在出油口时,油腔容积减小,滚柱之间的油压升高,高压油从出油口输出。

(2)齿轮泵。

齿轮泵主要由带外齿的主动齿轮、带内齿的从动齿轮和油泵壳体等组成,如图5-12

所示。

主动齿轮偏心安装，由电动机带动旋转，从而带动从动齿轮一起转动。在齿轮啮合过程中，由内、外齿轮所密封的腔室容积不断发生变化。在容积增大处设置进油口，在容积减小处设置出油口，即可将汽油以一定压力泵出。

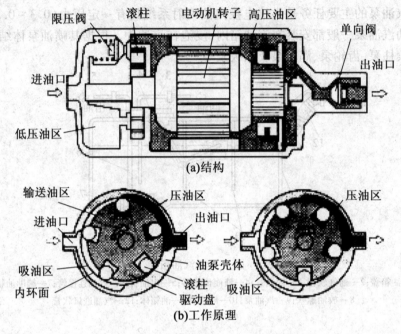

图 5-11 滚柱泵的结构及工作原理

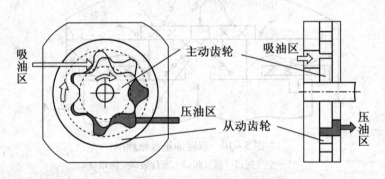

图 5-12 齿轮泵的结构及泵油过程

(3) 涡轮泵。

涡轮泵主要由电动机、涡轮泵、出油阀、卸压阀等组成，如图 5-13 所示。汽油泵电动机通电时，电动机驱动涡轮泵叶轮 7 旋转，由于离心力的作用，使叶轮周围小槽内的叶片贴紧泵壳，将汽油从进油室带往出油室。由于进油室的汽油不断被带走，所以形成一定的真空度，将汽油从进油口吸入；而出油室汽油不断增多，汽油压力升高，当达到一定压力值时，顶开单向出油阀 2 经出油口输出。出油阀的设置是为了在油泵停止工作、不密封油路时，保持油路中有一定的残余压力，便于下次启动。

安装卸压阀是为了当油泵中的汽油压力超过规定值（一般为 320 kPa）时，油压克服喷油泵体上卸压阀弹簧的压力，将卸压阀顶开，部分汽油返回到进油口一侧，使油压不致过高而造成油管破裂或损坏油泵。

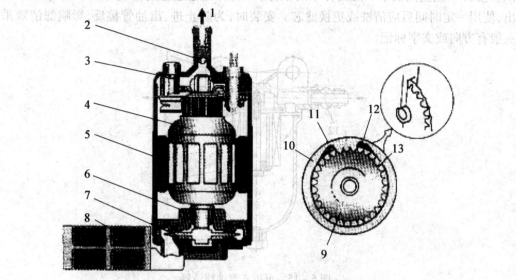

图 5-13 涡轮泵的结构
1—出油口;2—单向出油阀;3—卸压阀;4—电动机转子;5—电动机定子;6—轴承;
7—叶轮;8—滤清器;9—叶轮;10—泵壳体;11—出油口;12—进油口;13—叶片

（4）双级泵。

由于汽油泵工作时温度升高，使汽油容易汽化，从而使泵油量减少，导致输油压力不足和波动。因此，有些汽油机的汽油供给系统采用双级泵，如图 5-14 所示。它采用一个侧槽式输油泵和一个内齿轮式主油泵，两者安装在一根轴上，由一个电动机驱动。输油泵用于分离汽油蒸气，主油泵用于提高油压。

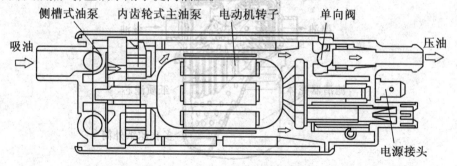

图 5-14 双级泵的结构

3. 汽油滤清器

汽油滤清器用于滤除汽油中的水分和杂质。目前，汽车发动机上采用的汽油滤清器主要有两种，一种是货车和客车上常用的可拆式汽油滤清器，另一种是轿车上常用的不可拆式汽油滤清器。

（1）可拆式汽油滤清器。

可拆式汽油滤清器主要由滤清器盖 1、沉淀杯 9、纸滤芯 5 等组成，如图 5-15 所示。发动机工作时，汽油被汽油泵从油箱内吸出后，经进油管接头 12 进入沉淀杯 9 中，水分和较重的杂质沉入杯底，较轻的杂质随汽油流向滤芯外腔；经滤芯滤清后的清洁汽油从出油管接头 2 流至汽油泵。沉淀杯中的水分和杂质,可通过滤清器底部的放油螺塞 10 放出,使用一定时间后应清洗或更换滤芯。安装时,为防止进、出油管接反,影响滤清效果,一般有方向或文字标记。

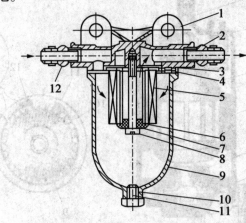

图 5-15 可拆式汽油滤清器

1—滤清器盖;2—出油管接头;3—密封圈;4—沉淀杯密封垫;5—纸滤芯;6—滤芯密封垫;
7—平垫圈;8—滤芯螺栓;9—沉淀杯;10—放油螺塞;11—放油螺塞密封垫;12—进油管接头

(2) 不可拆式汽油滤清器。

不可拆式汽油滤清器主要由中央多孔筒、纸质滤芯、多孔滤纸外筒及滤清器壳体等组成,如图 5-16 所示。此类滤清器在使用中不需清洗,且滤清效果好,使用一定时间后应整体更换。

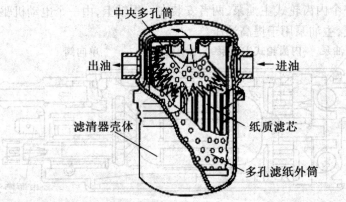

图 5-16 不可拆式汽油滤清器

汽油滤清器的滤芯形式除纸质滤芯外,还有多孔陶瓷滤芯和金属片缝隙式滤芯。陶瓷滤芯结构简单、节省金属、滤清效能高,但清洗滤芯很困难,不易洗净,使用寿命不长。金属片缝隙式滤芯工作可靠、使用寿命长,但滤清效率低,结构复杂,制造和清洗不便,因此应用较少。纸质汽油滤清器的性能良好,制造和使用方便,故目前广泛采用。

4. 汽油分配管组件

汽油分配管组件包括汽油分配管、汽油压力调节器等,如图 5-17 所示。

(1) 汽油分配管。

汽油分配管的作用是将汽油均匀、等压地分配给各个喷油器。分配管还具有储油蓄压的作用,其容积油量相对于发动机的循环喷油量要大很多,以防止汽油压力的波动,这样可供给各喷油器以等量的汽油。此外,汽油分配管的结构应使喷油器的安装不致于太复杂。

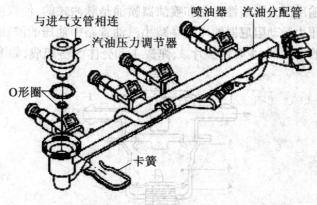

图 5-17 汽油分配管组件

(2)汽油压力调节器。

汽油压力调节器的作用是根据进气支管压力的变化来调节进入喷油器的汽油压力,使两者保持恒定的压力差(图 5-18),而且任意工况下喷油器的针阀开度一定。这样,喷油量只由喷油器通电时间的长短控制,使 ECU 能通过控制喷油时间的长短来精确地控制喷油量。

汽油压力调节器一般位于汽油分配管的一端,其结构如图 5-19 所示。膜片把金属壳体组成的内腔分为弹簧室和汽油室。弹簧室一侧通过管路与进气支管相通。膜片下方承受油压,膜片上方为支管负压与弹簧压力之和。当输入的汽油压力高于弹簧预紧力与进气支管压力之和时,汽油推动膜片向上压缩弹簧,打开回油阀,使部分汽油流回油箱,油路中的油压降低;当支管真空度增大时,膜片进一步上移,使阀门开度增大,回油量增加,从而使汽油分配管内油压略降,保持与变化了的支管压力差值恒定;当汽油压力低于弹簧预紧力与进气支管压力之和时,回油阀关闭,油压升高。

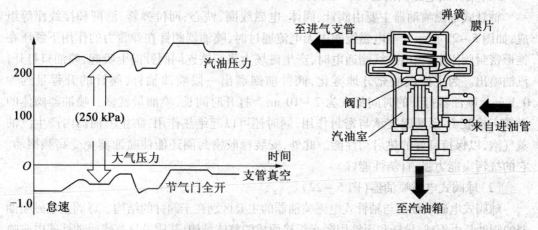

图 5-18 汽油压力与进气管压力关系　　图 5-19 汽油压力调节器的结构

有些车型(如丰田 3VZ-FE 等)发动机的汽油压力调节器的真空管路由真空电磁阀

（VSV）控制。其作用是在发动机热车启动时,切断汽油压力调节器和进气支管之间通气管的气路,以增大汽油压力,防止油路中的汽油因温度过高而产生气阻。

(3) 汽油压力脉动阻尼器。

由于汽油泵输出压力周期性变化和喷油器喷油是脉冲式的,使汽油分配管内的压力出现脉动。汽油压力脉动阻尼器的作用是减小汽油管路中油压的波动,降低噪声。它一般位于汽油分配管的端部,主要由膜片 3、弹簧 4 和壳体 5 等组成,如图 5-20 所示。

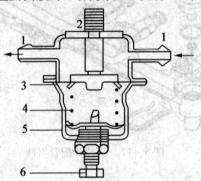

图 5-20　汽油压力脉动阻尼器
1—油管接头;2—固定螺纹;3—膜片;4—弹簧;5—壳体;6—调节螺钉

当汽油分配管内的油压升高时,弹簧被压缩,膜片下移,膜片上方的容积增大,使油压减小;当汽油总管的油压降低时,弹簧伸长,膜片上移,膜片上方的容积减小,使油压升高,从而减小汽油压力的脉动。

5. 电磁喷油器

电磁喷油器是喷油系统中最重要的部件,它安装在进气道内进气门口的上方。每个气缸上装有一个喷油器。电控单元发出的指令信号可将喷油器头部的针阀打开,使一定量的汽油与进气支管内吸入的空气混合后进入气缸内。电磁喷油器按喷嘴形式可分为轴针式、球阀式和片阀式 3 种。

(1) 轴针式电磁喷油器。

轴针式电磁喷油器主要由阀针、阀体、电磁线圈、铁心、回位弹簧、滤网和接线座等组成,如图 5-21 所示。当电磁线圈中无电流通过时,喷油器阀针在弹簧力的作用下紧压在锥形密封阀座上;当电磁线圈通电时,产生磁场力将衔铁连同阀针向上吸起,喷油口打开,汽油喷出。为了使汽油充分地雾化,阀针前端磨出一段喷油轴针,阀针的升程量约为 0.1 mm,喷油器打开的时间每次为 2~10 ms。打开时间长,喷油量就多。喷油器阀体的上端有橡胶 O 形圈起支承与密封作用,同时还可以起绝热作用,防止喷油器内产生汽油蒸气泡,以保持良好的热启动性能。此外,安装橡胶密封圈还能使喷油器免受高频振动。它的抗污染能力强、自洁性能好。

(2) 球阀式电磁喷油器(图 5-22)。

球阀式电磁喷油器与轴针式电磁喷油器的主要区别在于阀针的结构。球阀式电磁喷油器的阀针是由钢球、导杆和衔铁用激光焊接而成的整体结构,其质量只有普通轴针式电磁喷油器阀针的一半。为了保证密封性能,轴针必须有较长的导向杆,而球阀具有自定心作用,无须较长的导向杆,所以球阀式电磁喷油器的阀针质量轻、动态响应快,且密封性能好。

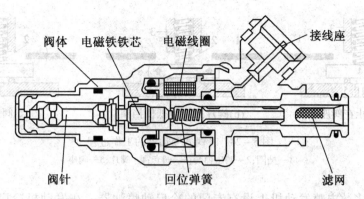

图 5-21 轴针式电磁喷油器

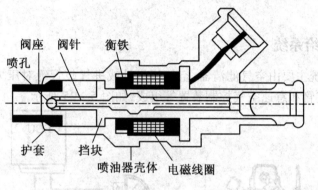

图 5-22 球阀式电磁喷油器

(3)片阀式电磁喷油器(图 5-23)。

片阀式电磁喷油器在结构上采用质量轻的片阀和孔式阀座,具有动态流量范围大、抗堵塞能力强等特点。

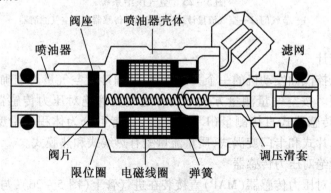

图 5-23 片阀式电磁喷油器

片阀式喷油器的工作过程如图 5-24 所示。当喷油脉冲信号通过喷油器电磁线圈时,磁场力克服弹簧力和油压力,将阀片吸起离开阀座上的密封环(图 5-24(b)),汽油从阀座上的计量孔喷出。当喷油脉冲信号结束后,喷油器电流线圈的电流被切断,电磁力迅速消失,片阀在弹簧力和油压力的作用下紧压在阀座上,阀门关闭,喷油器停止喷油(图 5-24(a))。

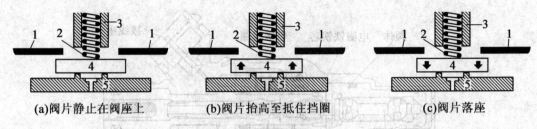

(a)阀片静止在阀座上　　　　(b)阀片抬高至抵住挡圈　　　　(c)阀片落座

图 5-24　片阀式喷油器的工作过程
1—挡圈；2—调压弹簧；3—阀套；4—阀片；5—阀座

目前，大多数电喷发动机上设有专门的冷启动喷油器。在发动机冷启动时，发动机 ECU 根据冷却液温度传感器的信号，适当延长主喷油器的喷油时间，从而增加冷启动时的喷油量。

三、空气供给系统

空气供给系统主要由空气滤清器、空气流量计或进气歧管绝对压力传感器、节气门、进气总管、进气支管和怠速空气控制装置等组成，如图 5-25 所示。

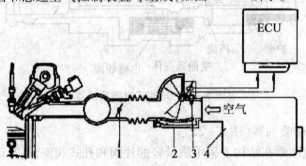

图 5-25　空气供给系统
1—节气门；2—空气流量计；3—进气温度传感器；4—空气滤清器

1. 空气计量计

进气量是电控汽油发动机的一个关键参数，精确计量空气量对准确控制喷油量和点火正时十分重要。按空气量测量方式不同有进气支管绝对压力传感器式间接测量（D 型）和空气流量传感器式直接测量（L 型）两类，后者可分为体积流量型和质量流量型。体积流量型有翼片式和卡门旋涡式，质量流量型有热线式和热膜式。

2. 进气歧管绝对压力传感器

进气歧管绝对压力传感器（MAP）直接装在进气管上（图 5-26），与节气门开度和发动机转速有关，节气门开度越大，进气歧管压力越高（真空度越低），当节气门全开时，进气歧管压力接近大气压力，因此进气歧管绝对压力反映了发动机负荷。通过测量进气歧管绝对压力和发动机转速信号可以间接确定进入气缸的空气量。

图 5-26 进气歧管绝对压力传感器

第五节 电子控制系统

一、电子控制系统的组成

电子控制系统主要由各种传感器、执行器和控制器三大部分组成。传感器将发动机的工作状态信息转变为电信号,输送给控制器(ECU),控制器对传感器信号进行分析、处理、运算和判断后,向执行器发出控制指令,实现对发动机运行的最佳控制。

以桑塔纳 2000GSI 型轿车 AJR 型发动机 Motronic3.8.2 型电子控制系统为例,说明电子控制系统的组成,如图 5-27 所示。Motronic3.8.2 型电子控制系统不仅具有闭环控制多点燃油喷射与点火正时功能,而且还有怠速控制、空燃比控制、超速断油控制、爆燃控制、曲轴箱通风控制、应急保护控制和故障自诊断测试等辅助功能。

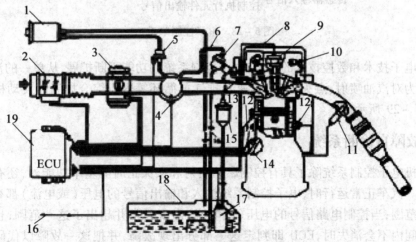

图 5-27 桑塔纳 2000GSI 型轿车 AJR 型发动机 Motronic3.8.2 型电子控制系统
1—活性炭罐;2—热膜式空气流量计;3—节气门控制组件(节流阀体);4—进气温度传感器;5—活性炭罐电磁阀;
6—真空管;7—油压调节器;8—喷油器;9—点火线圈及点火控制器总成;10—霍尔式凸轮轴位置传感器;
11—氧传感器;12—冷却液温度传感器;13—爆燃传感器;14—发动机转速传感器;15—燃油滤清器;
16—自诊断接口;17—电动燃油泵;18—燃油箱;19—发动机控制单元

1.传感器

传感器主要有空气流量传感器、曲轴位置传感器、凸轮轴位置传感器、节气门位置传感器。除此之外,还有进气温度传感器、冷却液温度传感器、氧传感器、爆燃传感器、车速传感器等。其中,空气流量传感器、曲轴位置传感器、凸轮轴位置传感器和节气门位置传感器,是控制燃油喷射与点火时刻最重要的传感器。其结构性能与工作状况直接影响控制系统的控制精度和控制效果。电控单元除了采集上述传感器的信号之外,还要采集点火启动开关、空调开关、怠速开关、电源开关及空挡安全开关(自动变速汽车)信号。

2. 执行器

执行器主要有电动燃油泵、油泵继电器、喷油器、点火线圈与点火控制器总成、活性炭罐电磁阀、氧传感器加热器及怠速控制电动机等。

3. 控制器

控制器即电子控制单元(Electronic Control Unit,ECU),俗称电脑,如图 5-28 所示,是发动机的管理核心。其中有微型计算机,还有输入输出接口及控制电路等。其作用是按照自身已有程序对各个传感器输入的信息进行运算、处理、判断,然后输出指令,控制有关执行机构动作,以达到快速、准确、自动控制发动机工作的目的。

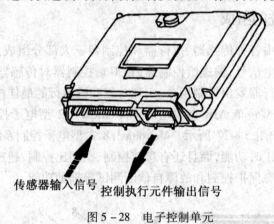

图 5-28 电子控制单元

随着电子技术和数控技术的发展,电子控制系统的功能不断扩展,从单一的汽油喷射控制发展为对汽油喷射、点火正时、怠速及排气再循环等进行综合控制的发动机管理系统,如图 5-29 所示。

二、故障自诊断系统

发动机电子控制系统除了具有控制燃油喷射和点火正时等基本功能外,还有故障自诊断功能。汽车正常运行时,电子控制系统输入和输出信号的电压(或电流)都有一定的正常变化范围;当控制电路信号的电压(或电流)出现异常并超出了这一范围,且该现象在设定时间内不会消失时,ECU 即判定这一部分出现故障,并把这一故障以代码的形式存入内部随机存储器,同时点亮警告灯,以显示故障信息,为维修人员诊断故障原因提供参考。

一般在仪表板下方或发动机舱内设有一个专用接口,即故障诊断接口,该接口直接与 ECU 相连。将解码器或检测设备插入此专用接口便可将故障码或诊断的传感器、执行器等信号的数据流由此读出,以便在控制系统出现故障时能及时、快速地查找和排除。

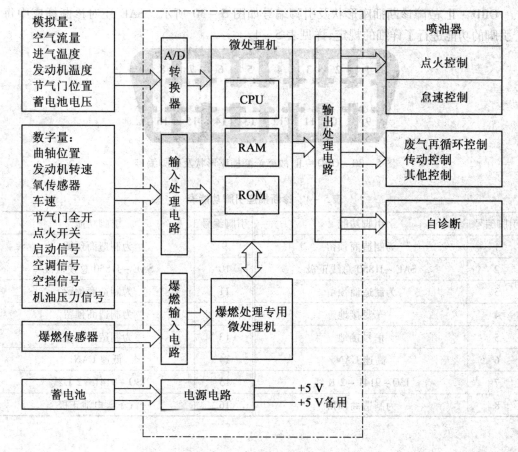

图 5-29 电子控制系统框图

早期的故障自诊断系统是各个汽车制造厂商根据车型自行设计的诊断插座和自定义故障码的系统,缺乏统一标准,给故障检修人员带来很多不便。因此,美国汽车工程师学会(SAE)、美国环保署(EPA)和加利福尼亚州大气资源局(CARB)于 20 世纪 80 年代末期倡导提出了标准化和规范化的汽车排放控制装置故障诊断系统,采用统一的故障诊断插座及故障码,称为随车诊断系统(On-Board Diagnostic,OBD)。最初 OBD 主要是对汽车排放控制装置的故障进行自诊断,现在已扩展到具有对汽车全方位故障诊断信息及数据流传输等功能。目前广泛应用的是第二代随车诊断系统 OBD-Ⅱ,它对故障诊断测试模式、故障码、诊断接口、诊断仪器等有关诊断系统的内容进行了标准化和规范化。

与以前的随车故障诊断相比,OBD-Ⅱ 系统具有以下特点:

(1)具有统一的 16 针故障诊断插座(Data Link Connector,DLC),均安装于驾驶室驾驶员一侧仪表板下方。

(2)具有数值分析和资料传输功能。

(3)具有统一的故障码含义。需要说明的是,除了 SAE 规定的故障码外,还允许生产厂商自定义的故障码,但必须与 OBD-Ⅱ 兼容。

(4)具有重新行驶记忆故障码的功能。

(5)具有行车记录器功能。

(6)具有可由仪器直接消除故障码的功能。

OBD-Ⅱ故障诊断插座形状及引脚编号如图5-30所示。SAE还对诊断插座中每个引脚的功能进行了详细的规定,详见表5-4。

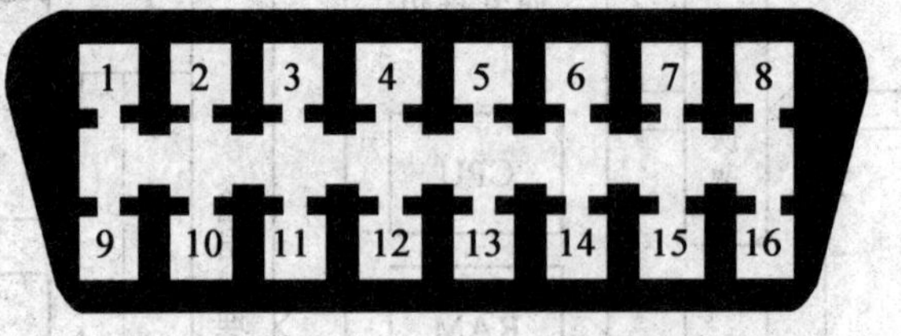

图5-30 OBD-Ⅱ故障诊断插座形状及引脚编号

表5-4 诊断插座引脚功能表

引脚编号	引脚功能	引脚编号	引脚功能
1	为制造商预留	9	为制造商预留
2	SAE-J1850总线正极	10	SAE-J1850总线负极
3	为制造商预留	11	为制造商预留
4	车身接地	12	为制造商预留
5	信号接地	13	为制造商预留
6	高速CAN	14	低速CAN
7	ISO-9141-2 K线	15	ISO-9141-2 L线
8	为制造商预留	16	汽车蓄电池正极

三、安全保险功能和后备系统

1. 安全保险功能

安全保险功能又称为故障保险功能。它是微机检测出故障后采取的一种保险措施。当某个传感器或执行器出现故障时,如果发动机ECU仍然按照正常方式继续控制发动机运转,就有可能使发动机或有关部件出现更严重的问题。例如,冷却液温度传感器信号电路发生断路或短路故障时,ECU检测出冷却液温度低于-30℃或高于139℃,如果此时误认为冷却液温度传感器的信号正确并继续按照正常方式进行修正,必将引起空燃比太大或太小,从而导致发动机失速或工作粗暴,甚至无法正常运转。又如,点火系统中点火器发生故障,当ECU接收不到点火器反馈信号(IGF)时,如果喷油器继续喷油,大量未燃的可燃混合气就会排放到催化转化器,使其温度迅速升高,超过其许用温度,导致其损坏。为了避免上述情况发生,发动机电控系统必须具备安全保险功能。具有故障自诊断功能的发动机电控系统一般都具有安全保险功能。

安全保险功能主要依靠ECU内的软件来实现。当系统诊断出有故障出现时,一方面发出故障警告信号,保存故障码;另一方面,ECU会自动启用安全保险功能,按照存储器内设定的程序和数据使控制系统继续工作或强制停机。如果系统检测出冷却液温度信号电路出现故障,ECU会采用预先设置在存储器中的代用值,来代替冷却液温度信号,使发动机继续运行。当点火器出现故障时,ECU连续多次检测不到点火反馈信号(IGF),则会采取强制措施使喷油器停止喷油。

2. 后备系统

后备系统又称为后备功能。它是当 ECU 内微机控制程序出现故障时，ECU 把燃油喷射和点火正时控制在预定水平上，作为一种备用功能使车辆仍能继续慢速行驶，回到修理厂，所以这也称为回家(Go Home)模式。

图 5-31 所示为发动机 ECU 后备系统的原理框图。其后备系统为一个专用的后备电路，由集成电路组成。监视回路中装有监视计数器，正常工作情况下，微机定时进行清零；出现异常情况时，例行程序不能正常运行。如果这时计数器的定期清零工作不能进行，计算机显示溢出时。当监视器发现计算机溢出，就能检测出异常情况。当监视器监测出微机出现异常情况而满足启用后备系统的条件时，首先点亮"发动机故障灯"，提示驾驶员发动机已出现故障，需要进行维修；与此同时，ECU 自动转换成简易控制的后备功能。

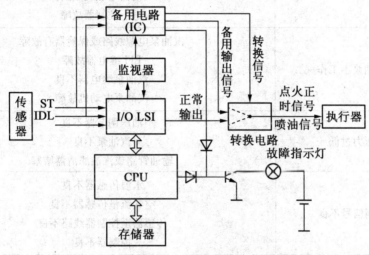

图 5-31　发动机 ECU 后备系统的原理框图

后备系统只是简易控制，只能维持基本功能，使车辆能够慢速行驶，而不能保证发动机运行在最佳状态，所以不宜在"后备"状态下行驶，应及时检查修理。

第六节　电控汽油喷射系统的日常维护与常见故障

一、电控汽油喷射系统的日常维护

(1) 检查电控汽油喷射系统各电缆、导线连接，其连接应可靠、正确。
(2) 检查汽油喷射系统各油管及垫片，其应良好，连接可靠，无燃油渗漏现象。
(3) 检查汽油喷射系统各操纵机构(油门、拉索等)，其应运动灵活。
(4) 查看仪表盘故障指示灯是否点亮，若出现故障应及时到修理厂检查排除。
(5) 定期到汽车修理厂进行该系统零部件的检测和保养。
(6) 接通点火开关(不要启动发动机)，观察燃油泵是否有运转的声音。如果没有，说明电动燃油泵或其控制电路有故障。
(7) 电控喷油器工作时发出有节奏的"嗒嗒"声，表明工作正常；若某缸喷油器的工作声音很小或没有声音，表明该缸喷油器或其控制电路有故障。

二、电控汽油喷射系统的常见故障

电控汽油喷射系统的故障可导致发动机不能启动、运转不稳或工作恶化，其常见故障见表 5-5。

表 5-5　电控汽油喷射系统的常见故障

故障部位及现象	故障原因
喷油器不工作	喷油器驱动电源线路不良 喷油器串联电阻断路或漏电 喷油器电磁线圈断路 电子控制器故障
电动汽油泵不工作	汽油泵电源线路或保险器有故障 EFI 继电器故障 汽油泵继电器不良 汽油泵电动机故障
喷油压力过低	油压调节器不良 汽油泵不良 输油管路或汽油滤清器堵塞
喷油控制信号不良	水温传感器不良 空气流量传感器不良 传感器至控制器线路不良 控制器不良
喷油器堵塞或漏油	喷油器针阀密封不严或被污物堵住
热式空气流量计不良	热线（热膜）沾污 热线断路（热膜损坏） 热敏电阻不良
进气支管压力传感器不良	压力传感器真空软管老化、破裂 压力转换元件损坏
节气门位置传感器不良	节气门黏附积炭 怠速空气道堵塞 怠速触点调整不当或接触不良 电位计电阻值不准确
温度传感器不良	冷却液或进气温度传感器内部线路接触不良或断线 热敏元件故障
氧传感器不良	通气孔堵塞或破损

三、燃油系统故障的检查与诊断

对于电喷汽油机的故障检查和诊断宜采用仪表法和人工直观试探法相结合的检查和诊断方法。其检查和诊断程序通常是：首先利用汽车电脑的故障自诊断系统，调出并解读故障码，了解电脑的自诊断结果；然后运用人工直观试探法并配以必要的仪表，进一步诊断出故障的确切部位和原因。

1. 故障码的读取与清除

汽车上的电脑都备有自诊断系统，可通过诊断座（或称诊断接头、接口）调出故障码，了解电脑自诊断的故障部位。调出故障码的方法有3种：一是用专用的解码器，它能显示出故障码及故障的文字、符号和数据流，这是一种简便快捷的先进方法；二是利用汽车仪表盘上故障灯的闪光信号来读取；三是用直流电压表（万用表的直流电压挡），根据表针摆动情况读取故障码。

（1）用解码器读取故障码。

解码器带有诊断接口，并与汽车上的诊断座对接，互相交流数据。通过解码器显示屏上的提示，输入本车有关特性参数后，即调出解码器内与该车有关的程序资料。然后再根据其显示屏的提示，操作相应的键，就可调出汽车电脑中储存的故障码，并可解释该码的具体内容及故障部位。

（2）用故障灯读取故障码。

①故障灯。

在汽车的仪表盘上设有一个故障灯，当只接通点火开关，而未启动发动机时，该灯点亮，显示出"CHECK ENGINE"字样或为发动机图案下再加一个"CHECK"字样，这表明故障灯电路良好。否则，接通点火开关后，故障灯始终不亮，则表明故障灯或其线路损坏，即使行车中，电脑的自诊断系统检测到了故障，故障灯也不会点亮，此时应修复故障灯电路。

在故障灯电路良好的情况下，若发动机无故障，则发动机启动运转后，故障灯即熄灭；若发动机出现了故障码所代表的故障后，则在发动机运转中，故障灯始终是点亮的，以警告驾驶员出现了故障。在故障灯通电点亮时，发动机按电脑的"备用系统工况程序"工作。

②故障码诊断座。

大多数汽车的仪表盘下（驾驶员的膝盖前）有一个故障码诊断座（有的在发动机附近），车型不同，诊断座的结构形式也不同，应阅读各车的说明书或维修手册。丰田车系故障码诊断座常见的两种形式如图5-32所示。

③故障码的读取。

车型不同，调出故障码的操作方法也略有不同，应阅读本车说明书或维修手册。在诊断前，应首先切断点火开关及其他用电设备，将自动变速器置于P位（停车挡）并使节气门完全关闭，然后按规定的程序操作。现以丰田车系（TOYOYA/LEXUS车系）为例说明操作程序。

a. 找出诊断座位置。

b. 先接通点火开关，再用跨线法接诊断座中的TE1脚与E1搭铁脚（即用一根导线把TE1与E1连接起来），于是，仪表盘上的故障灯开始闪烁。

c. 由故障灯闪烁的频率及时间间隔确定故障码。若故障灯以均匀的亮、灭时间间隔闪烁,则表示无故障码;若故障灯先闪亮 2 次,暂停后又闪亮 3 次,即表示故障码为 23;若先闪亮 3 次,暂停后又闪亮 1 次,则故障码为 31,如图 5-33 所示。若电脑中存在多个故障码,将按由小到大的顺序显示,直至拔下跨接的导线。

（3）用直流电压表读取故障码。

当故障码脉冲电压加到直流电压表上后,直流电压表的指针会摆动,根据表针摆动的次数来确定故障码。如故障码 23 在电压表上显示时,表针连续摆动 2 次,停顿 2 s 后,再连续摆动 3 次。对于跨接线的连接和电压表的接法要参考本车的维修资料。

在读取故障码时,一定要细心,特别注意不要把前后相邻的故障码错误地组合。本故障码的十位码与个位码之间间隔时间短;而本故障码的个位码与下一故障码的十位码之间间隔时间长。间歇性数码信号的出现,是由接头连接松动造成的。

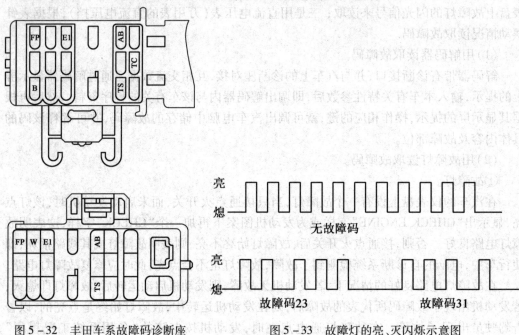

图 5-32　丰田车系故障码诊断座　　　图 5-33　故障灯的亮、灭闪烁示意图

（4）故障码的清除。

经过检修、排除故障后,应把原存的故障码清除掉,否则该故障码继续存在电脑的存储器中,下次调取故障码时,它又重新出现(实际该故障已不存在了),从而给维修人员带来干扰。

清除故障码的方法有以下几种:

①先切断点火开关,再将熔断丝盒内带有标记 EFI 或 STOP 或 ECU+B(因车型而不同)的熔断丝拆下 30 s 以上,即可清除电脑内的故障码(故障码为通电记忆、断电消失)。

②切断点火开关后,取下蓄电池任一极桩上的导线 30 s 以上,即可清除故障码。但这样做会使别的记忆系统(如时钟、收录机)等储存的信息也被清除,防盗电器的密码锁会锁死,故此种方法通常不宜使用。

③近年某些车辆,在排除故障码代表的故障后,经过 50 次启动,电脑中的故障码即自行清除。

2. 燃油系统各部件的检查

生产厂家的不同,电子控制式汽油喷射系统的结构、原理和控制方式的差异较大。现以丰田 4A-FE 型发动机的燃油系统为例,介绍电喷汽油机燃油系统的检查与调整。

(1) 汽油泵。

电喷汽油机的汽油泵多数安装在汽油箱中,发动机运转时,汽油流过电动汽油泵内部起冷却作用,在使用中应保持油箱内汽油充足且没过汽油泵泵体,不要让汽油泵泵体暴露在燃油外面再补充汽油。另外,要加强汽油滤清,使其保持清洁,以免使用中损伤汽油泵。

检查时,将点火开关转到 ON 的位置,按图 5-34 所示用导线连接检查器的 +B 和 FP 端子,用手捏住油压调节器的回油管,如感觉到橡胶软管坚硬,说明汽油泵的工作正常。如果感觉不到有回油压力,应检查汽油泵电源线与搭铁端电压,其值应为蓄电池的电压(12 V);再检查汽油泵线路是否断路或搭铁是否可靠,汽油泵线圈的电阻应在 0.5~3 Ω 之间。如果电压为 0 V,应检查开路继电器和汽油泵控制回路是否断路。

(2) 油路系统压力的检查。

检查时,拔下冷启动喷油插头,拆下蓄电池搭铁线,按图 5-35 所示在输油管路接压力表,并重新连接蓄电池搭铁线。

用导线连接诊断座的 +B 和 FP 端子,点火开关转至 ON 后,测量燃油压力,其标准值应为 265~304 kPa。然后取下导线,启动发动机,怠速运转,从压力调节器上取下真空管,并堵住软管,此时燃油压力应为 265~304 kPa。将真空软管与压力调节器重新连接,发动机仍然怠速运转,燃油压力应为 226~265 kPa。发动机熄火 5 min 之内,燃油压力应保持在 147 kPa 以上。

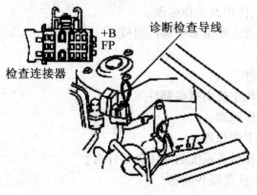

图 5-34 汽油泵的检查

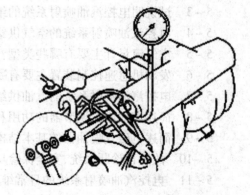

图 5-35 油路系统压力的检查

(3) 喷油器的检查。

喷油器工作时,可以听到阀门开启喷油时的"嘶嘶"声,其声音大小与发动机的转速成正比。若无这种声音应检查是否有来自电脑的喷射脉冲信号和喷油器是否出现故障。喷油器的电阻应为 13.8 Ω。

将喷油器从安装位置拆下,并保持与油管的连接,取下各喷油器插头,用导线短接诊断座的 +B(B) 和 FP 端子,用导线将其直接与喷油器端子连接,然后将喷油器放在量筒内,推动点火开关至 ON,喷油 15 s,油量应为 39~49 mL,各喷油器喷油不均匀度在 6 mL 内。如喷油量不符合要求,应更换喷油器。

有条件时,应在专用的喷油器实验台上检测和清洗喷油器。

喷油器安装时,应更换新密封圈,安装前应涂少量润滑脂,以免损坏密封圈。

本 章 小 结

(1)电控汽油喷射系统由燃油供给、空气供给和电子控制组成。

(2)燃油供给系统由电动汽油泵、燃油滤清器、燃油压力脉动阻尼器、燃油压力调节器、喷油器和燃油管路等组成。

(3)空气供给系统由空气滤清器、空气流量计或进气歧管绝对压力传感器、节气门、进气总管、进气歧管和怠速空气控制系统等组成。

(4)电子控制装置由传感器、控制器(ECU)和执行器组成。传感器将发动机的工作状态信息转变为电信号,输送给控制器(ECU),控制器对传感器信号进行分析、处理、运算和判断后,向执行器发出控制指令,实现对发动机运行的最佳控制。

(5)电控汽油喷射发动机一般都设有故障自诊断系统,具有安全保险功能和后备系统,以备发动机故障的自检测诊断和应急处理。

(6)电控汽油喷射系统应进行日常维护。

思 考 题

5-1 电控汽油喷射系统有哪些特点?
5-2 汽油喷射系统有哪些类型?
5-3 试说明电控汽油喷射系统的组成、作用及工作原理。
5-4 电控汽油喷射系统的空气供给系统主要由哪些部件组成?
5-5 空气流量计主要有哪些类型?
5-6 发动机怠速控制装置主要有哪几种?
5-7 电控汽油喷射系统的汽油供给系统主要由哪些部件组成?
5-8 简述燃油压力调节器的功用和工作原理。
5-9 简述电磁式喷油器的基本结构与工作原理。
5-10 故障自诊断系统、安全保险功能和后备系统的功用各是什么?
5-11 电控汽油喷射系统的日常维护应注意哪些问题?

第六章

柴油机供给系统

教学目标与要求

1. 掌握柴油机燃料供给系统的组成与工作原理。
2. 掌握柱塞式喷油泵和分配式喷油泵的基本结构与工作原理。
3. 掌握调速器的作用、分类与调速器的性能指标。
4. 掌握电子控制高压共轨燃油系统的结构与工作原理。
5. 掌握喷油器的功用、分类、基本结构与工作原理。
6. 学会柴油机燃料供给系统的使用维护与常见故障诊断。

教学重点

1. 柱塞式喷油泵和分配式喷油泵的基本结构、工作原理。
2. 调速器的作用、分类与调速器的性能指标。
3. 电子控制高压共轨燃油系统的结构和工作原理。
4. 喷油器的作用、分类、基本结构与工作原理。
5. 柴油机燃料供给系统的使用维护与常见故障诊断。

教学难点

1. 柱塞式喷油泵和分配式喷油泵的基本结构、工作原理与拆装。
2. 机械式全程调速器的基本结构、工作原理与拆装。
3. 高压共轨电控柴油喷射系统的基本结构与工作原理。

第一节 柴油及其使用性能

柴油与汽油都是石油制品。在石油蒸馏过程中,温度在 200~350 ℃ 之间的馏分即为柴油。柴油分为车用柴油(轻柴油)和重柴油。车用柴油用于高速柴油机,重柴油用于中、低速柴油机。汽车柴油机均为高速柴油机,所以使用轻柴油。

一、车用柴油的牌号和规格

车用柴油按其凝点可分为 10、5、0、-10、-20、-35 和 -50 七种牌号,其技术要求和实验方法见表 6-1。

表 6-1 车用柴油技术要求和实验方法

项目		10 号	5 号	0 号	-10 号	-20 号	-35 号	-50 号	实验方法
氧化安定性 总不溶物[①]/(mg·100 mL^{-1})	不大于	2.5							SH/T 0175
硫的质量分数[②]/%	不大于	0.05							GB/T 380
10% 蒸余物残炭的质量分数[③]/%	不大于	0.3							GB/T 268
灰分的质量分数/%	不大于	0.01							GB/T 508
铜片腐蚀(50℃,3 h)/级	不大于	1							GB/T 5096
水的体积分数[④]/%	不大于	痕迹							GB/T 260
机械杂质[④]		无							GB/T 511
润滑性 磨痕直径(60℃)[⑤]/μm	不大于	460							ISO 12156-1
运动黏度(20℃)/(mm^2·s^{-1})		3.0~8.0			2.5~8.0		1.8~7.0		GB/T 265
凝点/℃	不高于	10	5	0	-10	-20	-35	-50	GB/T 510
冷滤点/℃	不高于	12	8	4	-5	-14	-29	-44	SH/T 0248
闪点(闭口)/℃	不低于	55			50		45		GB/T 261
着火性(需满足下列要求之一)									GB/T 386
十六烷值	不小于	49			46		45		GB/T 11139
十六烷指数	不小于	46			46		43		SH/T 0694
馏程 50% 回收温度/℃ 90% 回收温度/℃ 95% 回收温度/℃	不高于	300 355 365							GB/T 6536
密度(20℃)/(kg·m^{-3})		820~860					800~840		GB/T 1884 GB/T 1885

注：此表内容摘自《车用柴油》(GB 19147—2016)。

① 为出厂保证项目，每月应检测一次，在原油性质变化、加工工艺条件改变、调和比例变化及检修开工后等情况下应及时检验，对有特殊要求的用户，按双方合同要求进行检验。

② 可用 GB/T 11131、GB/T 11140、GB/T 12700、GB/T 17040 和 SH/T 0689 方法测定。结果有争议时，以 GB/T 380 的方法仲裁。

③ 可用 GB/T 17144 方法测定。结果有争议时，以 GB/T 268 方法为准。若柴油中含有硝酸酯型十六烷值改进剂及其他性能添加剂时，10% 蒸余物残炭的测定必须用不加硝酸酯和其他性能添加剂的基础燃料进行。

④ 可用目测法，即将试样注入 100 mL 量筒中，在室温(20℃±5℃)下观察，应透明，没有悬浮和沉降的水及机械杂质。结果有争议时，按 GB/T 260 或 GB/T 511 测定。

⑤ 为出厂保证项目，对有特殊要求的用户，按双方合同要求进行检验。

二、车用柴油的使用性能

为了保证高速柴油机正常、高效地工作,车用柴油应具有良好的发火性、蒸发性、低温流动性、化学安定性及适当的黏度、防腐性等诸多使用性能。

1. 发火性

发火性是指柴油的自燃能力,用十六烷值评定。柴油的十六烷值大,发火性好,容易自燃。考虑到我国目前的十六烷资源现状,在《车用柴油》(GB 19147—2016)标准中,规定第Ⅲ阶段的车用柴油的十六烷值不小于 49。

2. 蒸发性

蒸发性是指柴油蒸发汽化的能力,用柴油馏出某一百分比的温度范围,即馏程和闪点表示。例如,50% 馏出温度即柴油馏出 50% 的温度,此温度越低,柴油的蒸发性越好。国家标准规定此温度不得高于 300 ℃,但没有规定最低温度。为了控制柴油的蒸发性不致过强,标准规定了闪点的最低数值。柴油的闪点是指在一定的实验条件下,当柴油蒸气与周围空气形成的混合气接近火焰时,开始出现闪火的温度。闪点低,则蒸发性好。

3. 低温流动性

低温流动性是用柴油的凝点和冷滤点来评定。凝点是指柴油失去流动性开始凝固时的温度;而冷滤点则是指在特定的实验条件下,在 1 min 内柴油开始不能流过过滤器 20 mL 时的最高温度。一般柴油的冷滤点比其凝点高 4~6 ℃。

4. 黏度

黏度是评定柴油稀稠度的一项指标,与柴油的流动性有关。黏度随温度而变化,当温度升高时,黏度减小,流动性增强;反之,当温度降低时,黏度增大,流动性减弱。

5. 其他

《车用柴油》(GB 19147-2016)中规定的 10% 蒸余物残炭、氧化安定性等指标,是柴油安定性的评定指标。柴油的防腐性则用硫的质量分数、酸度、铜片腐蚀等指标来评定。柴油中的灰分、水分和机械杂质,是评定柴油清洁性的指标。

汽车柴油机应使用各项指标均符合国家标准的柴油。

三、车用柴油的选择

各地区风险率为 10% 的最低气温见表 6-2,车用柴油牌号的选择见表 6-3。

表 6-2 各地区风险率为 10% 的最低气温   ℃

省份及自治区	1月	2月	3月	4月	5月	6月	7月	8月	9月	10月	11月	12月
河北省	-14	-13	-5	1	8	14	19	17	9	1	-6	-12
山西省	-17	-16	-8	-1	5	11	15	13	6	-2	-9	-16
内蒙古自治区	-43	-42	-35	-21	-7	-1		-8	-19	-32	-41	
黑龙江省	-44	-42	-35	-20	-6	1	7	4	-6	-20	-35	-43
吉林省	-29	-27	-17	-6	1	8	14	12	2	-6	-17	-26
辽宁省	-23	-21	-12	-1	6	12	18	15	6	-1	-12	-20
山东省	-12	-12	-5	2	8	14	19	18	11	4	-4	-10

续表 6-2

省份及自治区	1月	2月	3月	4月	5月	6月	7月	8月	9月	10月	11月	12月
江苏省	-10	-9	-3	3	11	15	20	20	12	5	-2	-8
安徽省	-7	-7	-1	5	12	18	20	20	14	7	0	-6
浙江省	-4	-3	1	6	13	17	22	21	15	8	2	-3
江西省	-2	-2	3	9	15	20	23	23	18	12	4	0
福建省	-4	-2	3	8	14	18	21	20	15	8	1	-3
台湾地区①	3	0	2	8	10	16	19	19	13	10	1	2
广东省	1	2	7	12	18	21	23	23	20	13	7	2
海南省	9	10	15	19	22	24	24	23	23	19	15	12
广西壮族自治区	3	3	8	12	18	21	23	23	19	15	9	4
湖南省	-2	-2	3	9	14	18	22	21	16	10	4	-1
湖北省	-6	-4	0	6	12	17	21	20	14	8	1	-4
河南省	-10	-9	-2	4	10	15	20	18	11	4	-3	-8
四川省	-21	17	-11	-7	-2	1	2	1	0	-7	-14	-19
贵州省	-6	-6	-1	3	7	9	12	11	8	4	-1	-4
云南省	-9	-8	-6	-3	1	5	7	7	5	-1	-5	-8
西藏自治区	-29	-25	-21	-15	-9	-3	-1	0	-6	-14	-22	-29
新疆维吾尔自治区	-40	-38	-28	-12	-5	-2	0	-2	-6	-14	-25	-34
青海省	-33	-30	-25	-18	-10	-6	-3	-4	-6	-16	-28	-33
甘肃省	-23	-23	-16	-7	-1	3	5	5	0	-8	-16	-22
陕西省	-17	-15	-6	-1	5	10	15	12	6	-1	-9	-15
宁夏回族自治区	-21	-20	-10	-4	2	7	9	8	3	-4	-12	-19

注：①台湾地区所列的温度是绝对最低温度，即风险率为100%的最低温度。
②参考《车用柴油》(GB 19147—2016)。

表 6-3　车用柴油牌号的选择

车用柴油牌号	适用风险率为10%的最低气温/℃（在下列范围内的地区）	车用柴油牌号	适用风险率为10%的最低气温/℃（在下列范围内的地区）
5号	8以上	-20号	-14以上
0号	4以上	-35号	-29以上
-10号	-5以上	-50号	-44以上

第二节　柴油机混合气的形成与燃烧

一、柴油机混合气的形成特点

柴油机以柴油为燃料。由于柴油的蒸发性和流动性都比汽油的蒸发性和流动性差，因此柴油机不能像汽油机那样在气缸外部形成可燃混合气。柴油机的混合气只能在气缸内部形成，即在接近压缩行程终点时，通过喷油器把柴油喷入气缸内。柴油油滴在炽热的空气中受热、蒸发、扩散，并与空气混合形成可燃混合气。

柴油机的燃烧方式决定了其有如下特点：

(1) 压缩比大，压缩行程终了压力大(3.5~4.5 MPa)、温度高(750~1 000 K)。

(2) 热效率大，燃料消耗低(比汽油低30%左右)，使用成本低。

(3) 无点火系，发动机工作可靠，故障少。

(4) 柴油机在进气行程吸入的是空气，为保证喷入的柴油能充分燃烧，故其进气量较多，过量空气系数 $a>1$，一般为1.5~2.2。因此柴油机 CO 和 CH 的生成量比汽油机少得多，排气污染较小，但由于空气过量和高温条件生成的 NO_x 较多。

(5) 柴油机工作压力高、热负荷大，因此其曲柄连杆机构质量大、材料要求高。另外，配气机构、启动装置、供油系结构复杂，精度要求高，制造成本高。

(6) 柴油机燃烧时，因混合气形成时间短，混合不均匀，大负荷工况时燃烧的后期是在高温缺氧的情况下进行的，易产生碳烟。

(7) 柴油机排气噪声大，振动大。

与汽油机相比，柴油机混合气形成的时间极短，只占15°~35°曲轴转角。燃烧室各处的混合气成分很不均匀，且随时间而变化，极易造成燃烧不完全，排气冒黑烟，动力经济性能下降等不良后果。

现代柴油机一般采用如下途径解决上述问题：

(1) 组织空气在气缸中的流动，促进可燃混合气形成。

(2) 设计出各种燃烧室，使混合气形成和燃烧快速进行。

(3) 采用高喷油压力(15~200 MPa)向气缸喷油，使燃油雾化均匀，与空气快速混合燃烧。

(4) 采用电子控制技术，准确控制燃料定时、定量向气缸喷油。

二、柴油机混合气形成方式

根据柴油机混合气形成特点，柴油机混合气形成方式可以分为空间雾化混合和油膜蒸发混合两种基本方式。

空间雾化混合是将柴油高压喷向燃烧室空间，形成雾状，与空气进行混合。为了使混合均匀，要求喷出的燃油与燃烧室形状相配合，并充分利用燃烧室中空气的运动。

油膜蒸发混合是将大部分柴油喷射到燃烧室壁面上，形成一层油膜，受热蒸发，在燃烧室中强烈的旋转气流作用下，燃料蒸气与空气形成均匀的可燃混合气。

在柴油实际喷射中，很难保证燃料完全喷到燃烧室空间或燃烧室壁面，所以两种混合方式都兼而有之，只是多少、主次有所不同。对于中小型高速柴油机，使用较多的是空间雾化混合。

为了促进柴油与空气更好地混合,一般都要组织适当的空气涡流,常见的有以下3种。

1. 进气涡流

进气涡流是指在进气行程中,使进入气缸的空气形成绕气缸中心高速旋转的气流。它会一直持续到燃烧膨胀行程。

产生进气涡流的方法一般是将进气道设计成螺旋型(图6-1(a))或切向型(图6-1(b))。螺旋型气道是在气门座上方的气门腔里制成螺旋形,使气流在螺旋型气道内就形成一定强度的旋转,造成较强的进气涡流,涡流速度可以达到曲轴转速的6~10倍。切向型气道是在气门座前强烈收缩,引导气流以单边切线方向进入气缸,造成进气涡流。

2. 挤压涡流

挤压涡流(简称为挤流)是指在压缩行程中形成的空气运动。当活塞接近压缩行程上止点时,活塞顶上部的环形空间中的气体被挤入活塞顶部的凹坑内(图6-2(a)),形成了气体的运动;当活塞下行时,活塞顶部凹坑内的气体向外流到环形空间(图6-2(b)),称为逆挤流。挤压涡流的产生与活塞顶凹坑(燃烧室)的设计有很大关系,柴油机活塞顶凹坑形形色色,目的就是促进燃油与空气的混合与燃烧。

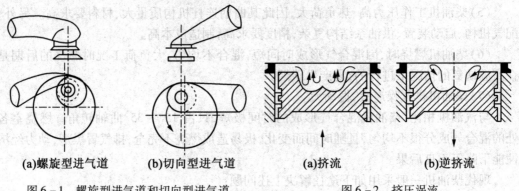

(a)螺旋型进气道　　(b)切向型进气道　　　　(a)挤流　　　　(b)逆挤流

图6-1　螺旋型进气道和切向型进气道　　　　图6-2　挤压涡流

3. 燃烧涡紊流

燃烧涡紊流是指利用柴油燃烧的能量,冲击未燃的混合气,造成混合气涡流或紊流。其目的也是进一步促进燃油与空气的混合与燃烧。燃烧涡紊流的程度与柴油机燃烧室的形状密切相关。

三、柴油机燃烧室

柴油机混合气的形成和燃烧都是在燃烧室中进行的,所以燃烧室的结构形式直接影响混合气的品质和燃烧。对燃烧室的要求主要是配合喷油形成良好均匀的混合气,改善燃烧;燃烧室的结构要紧凑,减少热损失,以提高热效率。

柴油机燃烧室种类较多,通常有直喷式(统一式)和分隔式两大类,如图6-3所示。

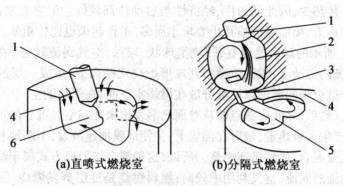

(a)直喷式燃烧室　　(b)分隔式燃烧室

图6-3　柴油机燃烧室

1—喷油器；2—副燃烧室；3—连接通道；4—活塞；5—双涡流凹坑；6—凹坑

1. 直喷式燃烧室

直喷式燃烧室的结构特点是只有一个燃烧室，由凹形活塞顶和气缸盖底面所包围的单一内腔，几乎全部容积都在活塞顶上。采用这种燃烧室时，燃油自喷油器直接喷射到燃烧室中，借助喷出油流的形状和燃烧室形状的匹配，再加上室内空气涡流运动，迅速形成混合气。直喷式燃烧室常见的结构形式如图6-4所示，对于不同的涡流凹坑，产生不同的气体运动，混合气形成也不同，从而导致发动机性能有所不同。

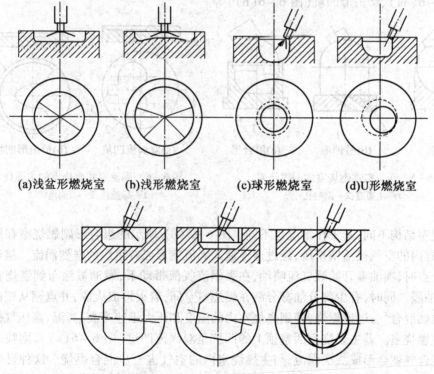

(a)浅盆形燃烧室　(b)浅形燃烧室　(c)球形燃烧室　(d)U形燃烧室

(e)四角形燃烧室　(f)八角形燃烧室　(g)花瓣形燃烧室

图6-4　直喷式燃烧室常见的结构形式

图6-4(a)所示的浅盆形燃烧室，凹坑较浅，底部较平，空气压缩涡流小，主要靠喷油嘴高压喷油到燃烧室空间与空气混合，属于空间雾化混合方式。这种燃烧室结构简单、紧

凑,由于空间小、传热少,因此动力性、经济性与启动性都较好。但它对喷油系统要求高,需要较高的喷油压力,喷油嘴的喷孔也要求小而多,工作起来也比较粗暴。

图6-4(c)所示的球形燃烧室,凹坑呈球状、较深,空气涡流较强,喷油嘴顺气流喷射,在强涡流气流的带动下,燃油被涂布到球形燃烧室壁面上,形成一层油膜。只有一小部分从油束中分散出来的燃油以油雾分散在燃烧室空间,在炽热的空气中,首先完成着火准备,形成火源。然后,靠此火源点燃从壁面已蒸发出来并和空气混合的可燃混合气。随着燃烧的进行,产生大量热量,辐射在油膜上,又使油膜加速蒸发,不断地和燃烧室壁面附近高速旋转的气流混合,达到迅速燃烧。所以,这种混合气形成方式属于油膜蒸发混合方式。由于空气的强烈涡流,空气利用率较高;燃料燃烧是逐层蒸发燃烧,所以工作起来比较柔和。它对燃油系统要求不高,可以使用单喷孔喷油嘴,喷油压力也较低。但它的启动性能不好,因为启动时发动机机体温度低,油膜较难蒸发燃烧,所以低速性能也不好。

2. 分隔式燃烧室

分隔式燃烧室的结构特点是燃烧室被分隔为主、副两个燃烧室,位于活塞顶与缸盖底面之间的部分,称为主燃烧室;另一部分在气缸盖中,称为副燃烧室,二者用一个或数个通道相通。分隔式燃烧室根据结构的不同可分为涡流室式和预燃室式两种。涡流室式燃烧室的副燃烧室有球形(图6-5(a))、吊钟形(图6-5(b))、组合形(图6-5(c)),由一段球形、一段柱形和一段锥形组成)等形状。主燃烧室的活塞顶也有不同凹坑,如双涡流凹坑(图6-6(a))、铲击形凹坑(图6-6(b))等。

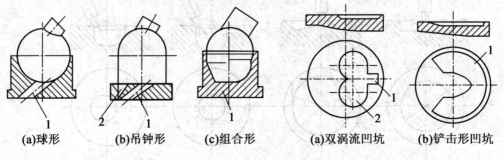

图6-5 涡流室式燃烧室的副燃烧室	图6-6 涡流室式燃烧室的主燃烧室
1—主通道;2—副喷孔	1—导流槽;2—双涡流凹坑

燃烧室结构不同,其工作情况也不同。图6-5(c)所示的组合形副燃烧室在压缩过程中,气缸内的空气被活塞挤压,经过通道流入涡流室形成有组织的强烈涡流。接近压缩行程上止点时,喷油嘴开始顺气流喷油,在强涡流气流带动下,燃油被涂布到燃烧室壁面上,形成油膜。同时,有少部分油雾分散在燃烧室空间,着火形成火源,并点燃从壁面蒸发出来的可燃混合气,迅速燃烧,使副燃烧室内的温度和压力迅速升高,高温、高压气体经通道喷入主燃烧室。若主燃烧室活塞顶上的凹坑是双涡流凹坑(图6-6(a)),则喷入主燃烧室的混合气就会形成二次涡流,与主燃烧室内的空气进一步混合燃烧。这种燃烧室由于采取强烈的、有组织的气体二次涡流,空气利用率高,对喷雾质量要求不高,可采用单喷孔喷油嘴,喷油压力较低,喷油嘴故障少,调整方便,同时由于燃烧先在副燃烧室内进行,主燃烧室压力升高趋缓,工作比较柔和。这种结构的缺点是副燃烧室相对散热面积大,又直接与冷却液接触,加上主、副燃烧室之间的通道节流,热量利用率降低,经济性较差,启动也比较困难。

为了改善启动性能,有的增加了副喷孔(启动喷孔见图6-5(b)),使得在启动时从喷油嘴喷出的燃油可通过副喷孔直接喷入到活塞顶的主燃烧室温度较高处,燃料容易着火燃烧。

预燃室式燃烧室(图6-7)的副燃烧室与主燃烧室的通道截面较小,而且涡流方向与喷油方向相对。压缩时,空气经通道被压向副燃烧室,形成强烈的紊流,燃料逆气流方向喷射,与空气相撞混合,并着火预燃烧,所以副燃烧室也称为预燃室。随后,不完全燃烧的混合气经通道进入主燃烧室,与主燃烧室内的空气进一步混合燃烧。这种燃烧室工作比涡流室式燃烧室工作更柔和,而且可以燃用多种燃料,但它的节流损失比涡流室式的更大,所以经济性能较差。

预燃室式燃烧室和涡流室式燃烧室多用于小型高速柴油机,柴油机的缸径一般在100 mm以下。

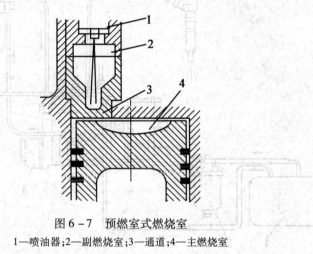

图6-7 预燃室式燃烧室
1—喷油器;2—副燃烧室;3—通道;4—主燃烧室

第三节 柴油机供给系统的组成

一、柴油机供给系统的作用

柴油机供给系统的作用有:

(1)在适当的时刻,将一定数量的洁净柴油增压后以适当的规律喷入燃烧室。各缸的喷油定时和喷油量相同且与柴油机运行工况相适应。喷油压力、喷柱雾化质量及其在燃烧室内的分布与燃烧室类型相适应。

(2)在每一个工作循环内,各气缸均喷油一次,喷油次序与气缸工作顺序一致。

(3)根据柴油机负荷的变化自动调节循环供油量,以保证柴油机稳定运转,尤其是怠速稳定,同时还具有限制超速的作用。

(4)储存一定数量的燃油,保证汽车的最大续驶里程。

二、柴油机燃料供给系统的组成

柴油机燃料供给系统由低压油路和高压油路两部分组成。低压油路包括油箱、油水分离器、柴油滤清器及输油泵等部件,高压油路包括喷油泵、高压油管、调速器及喷油器等部件。有的高压油路采用泵-喷嘴结构,即不用高压油管,将喷油泵与喷油器合为一体,改善了喷油性能,但制造难度变大。

喷油泵是定时、定量产生高压油的装置,分为柱塞式喷油泵和分配式喷油泵两大类。图6-8所示为安装有柱塞式喷油泵的柴油供给系统,在输油泵3的作用下,柴油从油箱1中被吸出,经过油水分离器2分离去除柴油中的水分,再压向柴油滤清器6过滤,干净的柴油进入柱塞式喷油泵5以提高压力,再经高压油管8送到喷油器9,以一定的速率、射程和喷雾锥角喷入燃烧室。多余的柴油从回油管7流回燃油箱。

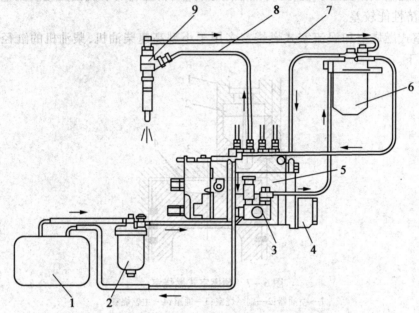

图6-8 安装有柱塞式喷油泵的柴油供给系统
1—油箱;2—油水分离器;3—输油泵;4—供油提前器;
5—柱塞式喷油泵;6—柴油滤清器;7—回油管;8—高压油管;9—喷油器

图6-9所示为安装有分配式喷油泵的柴油供给系统,在一级输油泵3的作用下,柴油从油箱中被吸出,经油水分离器2分离去除柴油中的水分,再经柴油滤清器6过滤。干净的柴油进入分配式喷油泵8内部的二级输油泵4以提高压力,再送入分配式喷油泵增压,经由高压管路13到喷油器12,喷入燃烧室。多余的柴油从回油管流回柴油滤清器或油箱。

三、柴油机燃料供给系统低压油路

1. 油箱

油箱用于盛装柴油。

2. 油水分离器

油水分离器用于分离柴油中混入的水分,如图6-10所示。来自油箱的柴油由进油口2进入油水分离器,并经出油口9流出。利用水分的密度略大,将其从柴油中分离并沉积在壳体7的底部。浮子6随着积水的增多而上浮,当到达规定的放水水位3时,液面传感器 5 将电路接通,仪表板上的报警灯发出放水信号,这时驾驶员应及时旋松放水塞 4 放水。手压膜片泵 1 供放水和排气时使用。

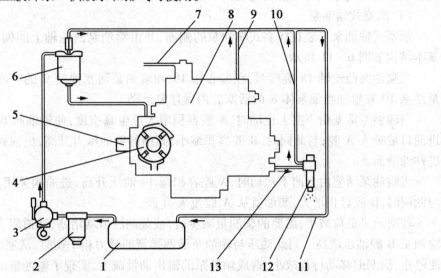

图 6-9 安装有分配式喷油泵的柴油供给系统
1—油箱;2—油水分离器;3——级输油泵;4—二级输油泵;5—传动轴;6—柴油滤清器;
7—调速手柄;8—分配式喷油泵;9,10,11—回油管;12—喷油器;13—高压管路

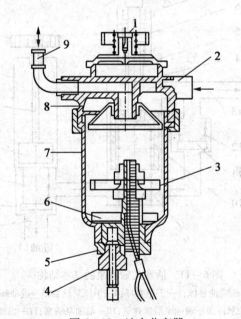

图 6-10 油水分离器
1—手压膜片泵;2—进油口;3—放水水位;4—放水塞;5—液面传感器;6—浮子;7—壳体;8—分离器盖;9—出油口

3. 输油泵

输油泵的作用是保证柴油在低压油路内循环,并供应足够数量及一定压力的柴油给喷油泵。其输油量一般为柴油机全负荷最大喷油量的 3~4 倍。根据输油泵结构特点的不同可将其分为活塞式、滑片式和膜片式 3 种形式。活塞式输油泵与柱塞式喷油泵配套

使用；膜片式输油泵和滑片式输油泵分别作为分配式喷油泵的一级和二级输油泵。膜片式输油泵的结构原理与汽油机电动汽油泵相似，不再介绍。

(1) 活塞式输油泵。

活塞式输油泵安装在柱塞式喷油泵的侧面，并由喷油泵凸轮轴上的偏心轮驱动。其基本结构如图 6-11 所示。

当喷油泵凸轮轴 18 旋转时，在偏心轮 19 和输油泵活塞弹簧 9 的共同作用下，输油泵活塞 10 在输油喷油泵体 8 的活塞腔内做往复运动。

当输油泵活塞由下向上运动时，A 腔容积增大产生真空度，使进油阀 6 开启，柴油经进油口被吸入 A 腔；与此同时，B 腔容积缩小，其中的柴油压力升高，出油阀关闭，燃油被送往滤清器。

当输油泵活塞由上向下运动时，A 腔容积减小，油压升高，进油阀关闭，出油阀开启；与此同时，B 腔容积增大，柴油就从 A 腔流入 B 腔。

若柴油机负荷减小，需要的柴油量减少时，或柴油滤清器堵塞，油道阻力增加时，会使输油泵 B 腔油压增高。当此油压与输油泵活塞弹簧的弹力相平衡时，活塞向 B 腔的运动便停止，活塞的移动行程减小，造成输油泵的输出油量减少，实现了输油量的自动调节，而输油压力则基本稳定。

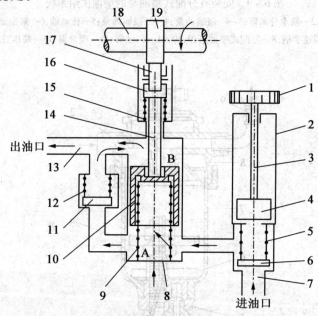

图 6-11　活塞式输油泵的基本结构

1—手压泵拉扭；2—手压喷油泵体；3—手压泵杆；4—手压泵活塞；5—进油阀弹簧；6—进油阀；
7—进油接头；8—输油喷油泵体；9—输油泵活塞弹簧；10—输油泵活塞；11—出油阀；12—出油阀弹簧；
13—出油接头；14—推杆；15—推杆弹簧；16—挺柱；17—滚轮；18—喷油泵凸轮轴；19—偏心轮

(2) 滑片式输油泵。

滑片式输油泵（图 6-12）安装在分配式喷油泵内部的入口处，为喷油泵提供一定压力的燃油。

输油泵转子 6 由分配泵驱动轴 5 驱动，它偏心地安装在输油泵喷油泵体 8 的内孔中，形成月牙形的工作腔。4 块滑片 7 分别安装在输油泵转子的 4 个滑片槽内，将月牙形的工作腔分隔成 A、B、C 3 个油腔。滑片可以在槽内做径向运动,并随着转子一起旋转。

当分配泵驱动轴旋转时,滑片随之旋转,进油腔 A 容积由小变大,不断吸油,经过渡油腔 B,送往出油腔 C;出油腔 C 容积由大变小,使柴油压力升高。

为了保持进入分配泵的油压基本稳定,在输油泵出口处(C 处)设有调压装置。当燃油压力大于调压弹簧 3 的弹力时,调压阀 4 打开,过高压力的燃油经回油道 2 流回进油腔 A。

4. 柴油滤清器

柴油滤清器用来过滤柴油中的杂质。这是一项极其重要的工作,因为杂质极易造成喷油泵和喷油器中精密偶件卡死而使燃油供应中断,发动机熄火。要求柴油滤清器滤芯表面能过滤粒度为 $1 \sim 3 \mu m$ 的杂质。

柴油滤清器根据滤芯材料不同可分为纸质滤芯、毛毡滤芯等柴油滤清器,由于纸质滤芯具有质量轻、体积小、成本低、滤清效果好等优点而被广泛使用。纸质滤芯柴油滤清器的结构如图 6-13 所示。

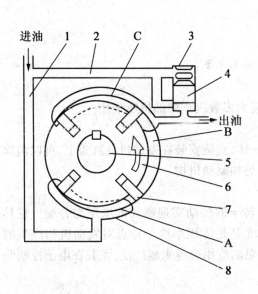

图 6-12 滑片式输油泵
A—进油腔;B—过渡油腔;C—出油腔
1—进油道;2—回油道;3—调压弹簧;4—调压阀;
5—分配泵驱动轴;6—输油泵转子;7—滑片;8—喷油泵体

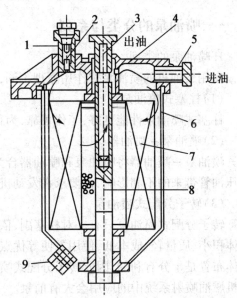

图 6-13 纸质滤芯柴油滤清器的结构
1—旁通孔;2—限压阀;3—出油口;
4—滤清器盖;5—进油口;6—滤清器壳体;
7—纸质滤芯;8—中心杆;9—放油塞

从输油泵来的柴油由进油口 5 进入滤清器壳体 6 与纸质滤芯 7 的空隙,然后经过滤芯过滤之后,由中心杆 8 经出油口 3 流出。纸质滤芯使用后表面会有杂质,影响燃油过滤和增加阻力,应按使用说明书的要求定时清洗或更换纸质滤芯。柴油汽车纸质滤芯一般是一次性的,不可再用。一般汽车柴油滤清器与油水分离器制成一体。

柴油滤清器盖上设有限压阀 2,当油压超过 $0.1 \sim 0.15$ MPa 时,限压阀开启,多余的柴油经限压阀直接返回油箱。

有些柴油汽车的燃油系统装有粗、精两级滤清器,串联使用,以保证柴油的高度清洁。两级滤清器的滤芯可以相同,也可以不同。

第四节　柱塞式喷油泵

喷油泵即高压油泵,是柴油机燃料供给系统中最重要的部件,被称为柴油机的心脏。它的基本功用是按照柴油机的运行工况和气缸工作顺序,定时、定量地向喷油器输送高压燃油。

多缸车用柴油机的喷油泵应满足下列要求:

(1)各缸供油量相等。在标定工况下各缸供油量相差不超过3%~4%。喷油泵的供油量应随柴油机工况的变化而变化,为此喷油泵必须有油量调节机构。

(2)允许各缸供油提前角相同,误差小于0.5°~1°(CA)。供油提前角也应随柴油机工况的变化而变化,为此应装置供油提前器。

(3)各缸供油持续角一致。

(4)能迅速停止供油,以防止喷油器发生滴漏现象。

一、喷油泵的分类与系列

1. 喷油泵的类型

车用柴油机的喷油泵按作用原理不同,可分为3类:

(1)柱塞式喷油泵。

柱塞式喷油泵性能良好,工作可靠,为目前大多数汽车柴油机所采用。

(2)喷油泵-喷油器。

喷油泵-喷油器将喷油泵和喷油器合为一体,直接安装在发动机气缸盖上,可以消除高压油管带来的不利影响,但要求在发动机上另加驱动机构。

(3)转子分配式喷油泵。

转子分配式喷油泵只有一对柱塞副,依靠转子的转动实现燃油的增压与分配。它具有体积小、质量轻、成本低、使用方便等优点。尤其是体积小这个特点对发动机和汽车的整体布置是十分有利的,因此转子分配式喷油泵的应用会越来越广泛,尤其在电子控制柴油机燃油喷射系统中的应用会大有前景。

2. 国产系列喷油泵

喷油泵的系统化是以柱塞行程、泵缸中心矩和结构形式为基础,再分别配以不同尺寸的柱塞,组成若干种在一个工作循环内供油量不等的喷油泵,形成几个系列,以满足各种柴油机的需要。喷油泵系列化有利于制造和维修。

国产系列柱塞式喷油泵有A型泵、B型泵、P型泵和Z型泵等,主要参数见表6-4。

表6-4　国产系列柱塞式喷油泵主要参数

主要参数	A	B	P	Z
凸轮升程/mm	8	10	10	12
分泵中心距/mm	32	40	35	45

续表6-4

主要参数		A	B	P	Z
柱塞直径/mm		6	8	8(或9)	10
		7	9	10	11
		8	10	11	12
		8.5	—	12	13
		9	—	13	—
最大供油量/(mm³·循环⁻¹)		60~150	130~225	130~475	300~600
分泵数		2~12	2~12	4~12	2~8
最大使用转速/(r·min⁻¹)		1 400	1 000	1 500	900
适用柴油机缸径/mm		105~135	135~150	120~160	150~180

二、A 型喷油泵的基本结构及工作原理

A 型喷油泵总体结构如图 6-14 所示,由喷油泵体 5、泵油机构 9、油量调节机构 1、传动机构 12、供油提前器 13 等组成。

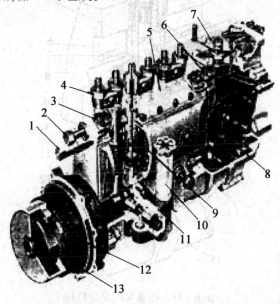

图 6-14 A 型喷油泵的基本结构

1—油量调节机构;2—进油螺钉;3—放气螺钉;4—出油阀压紧座;5—喷油泵体;6—回油螺钉;7—断油手柄;8—调速器;9—泵油机构;10—输油泵手泵杆;11—输油泵;12—传动机构;13—供油提前器

1.喷油泵体

喷油泵体是喷油泵的骨架,支承着喷油泵的所有零部件及活塞式输油泵、调速器等,内部还有许多油道。其要求有一定的强度、刚度和良好的密封性,一般用铝合金铸成。A 型泵的喷油泵体是整体式的。输油泵输出的燃油经滤清器过滤后,从喷油泵进油螺钉 2 进入喷油泵体内的纵向油道,即低压油腔,再由柱塞套上的油孔进入各分泵(每一副柱塞及柱塞套

只为一个气缸供油,通常称之为分泵)的油腔,产生高压后从出油阀压紧座4流出。输油泵供给的燃油量通常远大于喷油泵的需要量,当低压油腔的油压大于0.05 MPa时,通过回油螺钉6,多余的燃油经回油管流回输油泵进油口。在喷油泵拆装后或发动机长期停放后,空气会渗入喷油泵油腔内,影响柴油机的正常工作。当需要放气时,在发动机启动前可将放气螺钉3旋出少许,再抽按手动输油泵,泵入喷油泵的燃油即可驱净渗入喷油泵内的空气。

整体式喷油泵体可增加壳体的刚度,在较大的喷油压力下工作不致变形。内部零部件必须从壳体下部装入,因此在壳体底部设有大螺栓,有的壳体底部用盖板封住。喷油泵壳体侧面有窗口盖板,以方便各缸喷油量及供油时刻的调整。

2. 泵油机构

(1)泵油机构的组成。

泵油机构(图6-15)是喷油泵的核心,每缸有一组泵油机构,它主要由柱塞偶件(柱塞7和柱塞套5)、出油阀偶件(出油阀3和出油阀座4)、出油阀弹簧2及柱塞弹簧11等组成。

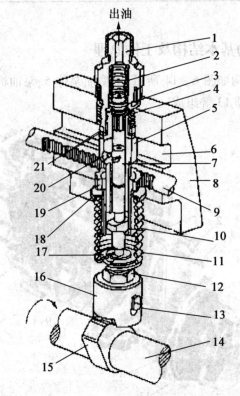

图6-15 喷油泵的泵油机构

1—出油阀压紧座;2—出油阀弹簧;3—出油阀;4—出油阀座;5—柱塞套;6—低压油腔;7—柱塞;8—喷油泵体;9—油量调节齿杆;10—油量调节套筒;11—柱塞弹簧;12—供油正时调节螺钉;13—定位滑块;14—凸轮轴;15—凸轮;16—挺柱体部件;17—柱塞弹簧下座;18—柱塞弹簧上座;19—齿圈;20—进回油孔;21—密封垫

①柱塞偶件。

如图6-16所示,柱塞偶件由柱塞5和柱塞套1组成。柱塞可在柱塞套内做往复运动,两者配合间隙极小,为0.0018~0.003 mm,需经精密磨削加工或选配研磨而成,故称它们为偶件。使用中偶件不允许互换,如有损坏,应成对更换。同时,要求所使用的柴油要高度清洁,多次过滤。

柱塞套被压紧在喷油泵体上,在其上部开有进、回油孔2,有的柱塞套进,回油孔是分开的,进油孔兼做定位孔;有的另在柱塞套外圆上加工有定位槽,柱塞套装入喷油泵体后,定位螺钉即插入柱塞套定位槽内,以保证正确的安装位置,并防止工作中柱塞套发生转动。

柱塞在柱塞套中做往复运动。其上部圆柱面开有斜切槽,并通过柱塞中心油道3与柱塞顶相通。柱塞切槽有直切槽和螺旋槽两种,如图6-17所示。其旋向又有多种,向左上升的称为左旋,向右上升的称为右旋;切槽直接与柱塞顶相连的称为上置,切槽通过直槽与柱塞顶相连的称为下置,两者兼有的称为双置。对于不同切槽,其供油开始时间与结束时间、供油速率都不同,如图6-17(a)所示的右旋直切槽,供油开始时刻不变,通过改变供油终了时刻来改变供油量。由于其加工工艺较简单,大部分柱塞式喷油泵都采用这种形式。

有的切槽采用两段式,如图6-17(e)所示,1号切槽斜率比常规的2号切槽斜率大,这样可以改善柴油机低速时的喷油性能。

柱塞的中部圆柱面是密封部,环形油槽6(图6-16)可储存少量柴油,用于润滑柱塞。柱塞下部加工有榫舌7或压配调节臂,用于进行供油量调节。

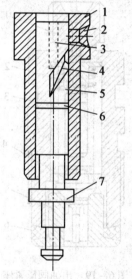

图6-16 柱塞偶件

1—柱塞套;2—进、回油孔;3—柱塞中心油道;
4—柱塞斜切槽;5—柱塞;6—环形油槽;7—榫舌

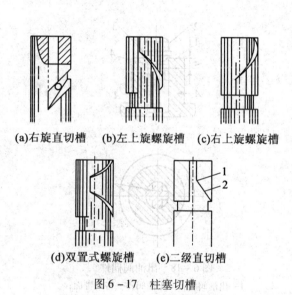

(a)右旋直切槽 (b)左上旋螺旋槽 (c)右上旋螺旋槽

(d)双置式螺旋槽 (e)二级直切槽

图6-17 柱塞切槽

1—1号切槽;2—2号切槽

② 出油阀偶件。

出油阀偶件包括出油阀2和出油阀座1,如图6-18所示。它实际上是一个单向阀,控制油流的单向流动。

出油阀的圆锥面是密封锥面,阀的尾部与阀座内孔做滑动配合,为出油阀的运动导向。为了留出油流通道,阀尾切有槽,形成十字形横截面。出油阀中部的圆柱面4称为减压环带,其作用是在喷油泵停止供油后迅速降低高压油管中的燃油压力,使喷油器立即停止喷油。

喷油泵在工作中,当柱塞上升到封闭进油孔时,泵腔油压升高,克服出油阀弹簧的预压力后,出油阀开始上升,阀的密封锥面离开阀座,这时并没有立即供油。当减压环带完全离开阀座的导向孔时,即出油阀上升一段距离h后,才有燃油进入高压油管,管路油压升高,这样可防止喷油器在喷前滴油。否则,在停止喷油、出油阀落下时,减压环带一旦进入导向孔,泵腔出口便被切断,燃油停止进入高压油管。此时,原来在高油压作用下有微量膨胀的高压油管会收缩,造成喷油器内油压波动导致喷油器喷后滴漏。因出油阀上有减压环带,在出油阀回位时,要等减压环带完全进入出油阀座导向孔,密封锥面落座后才回位完毕。从减压环带进入导向孔,停止出油到密封锥面落座止,出油阀本身让开的容积正好可弥补高压管的微量收缩对管内燃油的挤压,使高压管路中的压力迅速降低,立即停止喷油,即防止了喷油器的喷后滴漏现象。

出油阀偶件也是一对精密偶件,出油阀导向面和减压环带与出油阀座内表面径向间隙为 0.006~0.016 mm,使用中不允许互换。

出油阀偶件置于柱塞套上端,通过出油阀弹簧 2 和出油阀压紧座 1 压紧在喷油泵体上,如图 6-19 所示。为了防止高压柴油泄漏,一般在出油阀压紧座与出油阀座之间装有尼龙或铜制密封垫片 6。有些出油阀压紧座中设有减容体 3,以减少高压油容积,削弱燃油波动,改善柴油喷射。

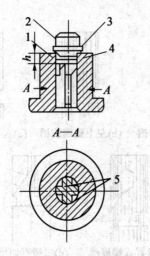

图 6-18　出油阀偶件
1—出油阀座;2—出油阀;3—密封锥面;
4—减压环带;5—十字切槽

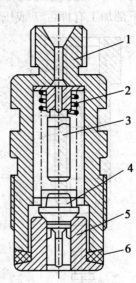

图 6-19　出油阀压紧座
1—出油阀压紧座;2—出油阀弹簧;3—减容体;
4—出油阀;5—出油阀座;6—密封垫片

(2)泵油原理。

柱塞式喷油泵的泵油原理如图 6-20 所示,其工作过程可分为进油、压油、回油过程。

①进油过程(图 6-20(a))。当柱塞下行时,柱塞上方的空间容积变大,形成部分真空。当柱塞顶部下行到露出进油孔时,低压油便从喷油泵体上的低压油腔流入柱塞顶部的空间,开始了进油行程,直至柱塞抵达下止点时,完成进油过程。

②压油过程(图 6-20(b))。柱塞自下止点上移,开始有部分燃油从泵腔挤回低压油腔,直到柱塞上部的圆柱面将两个油孔完全封闭时为止。此后柱塞继续上升,柱塞上部的燃油压力迅速增高到足以克服出油阀弹簧的作用力与高压油管中的残余油压之和时,出油阀即开始上升,当出油阀的圆柱形环带离开出油阀座时,高压燃油便自泵腔通过高压油管流向喷油器。当燃油压力超过喷油器的喷油压力时,喷油器则开始喷油。

③回油过程(图 6-20(c))。柱塞继续上行,至其斜切槽与柱塞套的回油孔相通时,

柱塞顶部的高压油便经柱塞的中心油道流回喷油泵体低压油腔。由于柱塞顶部油压急剧下降,出油阀在出油阀弹簧压力作用下立即回位,喷油泵供油停止。柱塞继续上行到上止点为止,但不再泵油。

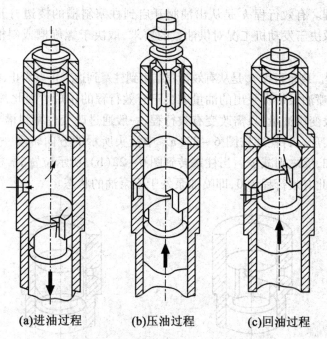

图 6-20 柱塞式喷油泵的泵油原理

在上述整个泵油过程中,柱塞从最下位置移动至最上位置时,柱塞所移动的距离称为柱塞的全行程。全行程的大小取决于凸轮的升程。喷油泵并不是在柱塞的全行程内都供油,而只是在其中一段供油。柱塞的全行程包括预行程、减压行程、有效行程和剩余行程,如图 6-21 所示。

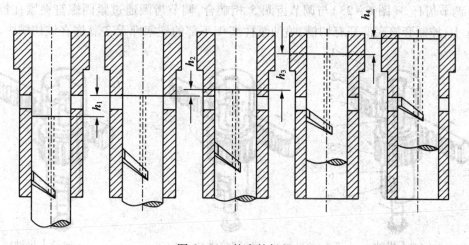

图 6-21 柱塞的行程
h_1—预行程;h_2—减压行程;h_3—有效行程;h_4—剩余行程

①预行程。预行程 h_1 是柱塞从下止点上升到其上端面将油孔完全关闭时所移动的

距离,取决于发动机对供油提前角的要求。

②减压行程。减压行程 h_2 是从预行程结束到出油阀开启(出油阀上圆柱形环带离开出油阀座孔)时柱塞上升的距离,取决于出油阀上圆柱形环带的尺寸。

③有效行程。有效行程 h_3 是从出油阀开启到柱塞斜槽的棱边打开回油孔时柱塞移动的距离。其取决于发动机工况对供油量的要求,取决于螺旋槽或斜槽棱边相对于进油孔的位置。

④剩余行程。剩余行程 h_4 是从有效行程结束到柱塞到达上止点为止,柱塞上升的距离。

由此可知,喷油泵每次泵出的油量取决于有效行程的长短。因此,欲使喷油泵随发动机工况不同而改变供油量,只需改变有效行程,一般通过改变柱塞斜槽与柱塞套上进油孔的相对角度来实现。将柱塞按图6-22(a)中箭头所示的方向转动一个角度,有效行程和供油量即增加,反之则减少。当柱塞转到图6-22(b)所示位置时,柱塞根本不可能完全封闭油孔,因此有效行程为0,即喷油泵处于不泵油的状态。

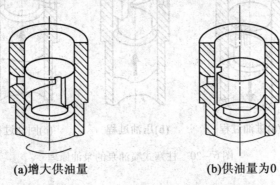

(a)增大供油量　　　　(b)供油量为0

图6-22　供油量的调节

3. 油量调节机构

油量调节机构的作用是根据发动机负荷的变化,通过转动柱塞来改变每次循环的供油量。

调节齿杆3(图6-23)与调节齿圈5相啮合,调节齿圈通过紧固螺钉夹紧在控制套筒6上,控制套筒底部开有切槽,喷油泵柱塞4下部的柱塞榫舌7就嵌在该切槽中。

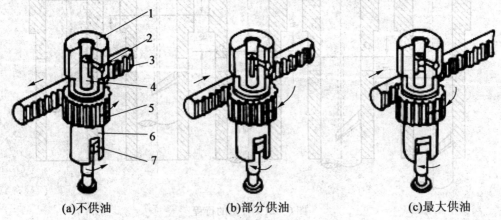

(a)不供油　　　　(b)部分供油　　　　(c)最大供油

图6-23　喷油泵油量调节机构

1—柱塞套;2—进回油孔;3—调节齿杆;4—柱塞;5—调节齿圈;6—控制套筒;7—柱塞榫舌

调节齿杆被拉动时,带动调节齿圈转动,从而带动喷油泵柱塞转动,改变柱塞的循环供油量。

喷油泵的调节齿杆一般不直接由驾驶员控制,而是通过调速器控制。

有的柴油机喷油泵油量调节机构是拨叉拉杆式(图6-24)或拉杆衬套式,但基本原理都是通过转动柱塞来改变循环供油量。

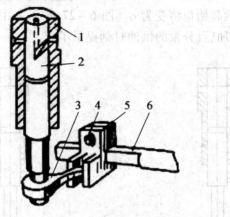

图6-24 拨叉拉杆式油量调节机构
1—柱塞套;2—柱塞;3—柱塞调节臂;4—拨叉紧固螺钉;5—拨叉;6—供油拉杆

4. 驱动机构

驱动机构主要由油泵凸轮轴和挺柱体部件组成。

(1) 凸轮轴。

如图6-25所示,凸轮轴两端通过轴承1、4支承在喷油泵壳体上,轴承外侧安装有油封,以防止喷油泵体内的润滑油外漏。为了调整凸轮轴的轴向间隙,在支承凸轮轴的轴承盖上还设有调整垫片。凸轮轴上加工有凸轮2与驱动输油泵的偏心轮3。凸轮数目与柱塞偶件数相同,各凸轮间的夹角与配套柴油机的气缸数有关,并与气缸工作顺序相适应。凸轮轴一般由曲轴定时齿轮驱动,四冲程柴油机喷油泵的凸轮轴转速是曲轴转速的一半,以实现在凸轮轴一转之内向各气缸供一次油。

凸轮外形根据不同燃烧室的要求而有不同的形线(图6-26)。不同的凸轮形线,供油规律不同。目前,汽车用得较多的是组合式凸轮。

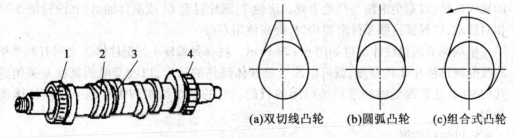

图6-25 喷油泵凸轮轴
1,4—轴承;2—凸轮;3—偏心轮

图6-26 喷油泵凸轮轴的凸轮形线
(a)双切线凸轮 (b)圆弧凸轮 (c)组合式凸轮

(2) 挺柱体部件。

挺柱体部件安装在油泵凸轮轴上方的挺柱体孔中,其作用是将凸轮的运动平稳地传递给柱塞,并且可以适量调整柱塞的供油时间。利用挺柱体调整每组柱塞供油时间的原理如图 6-27 所示。分泵的柱塞开始供油时,相应凸轮的中心线与挺柱体中心线的夹角 α 称为分泵的供油起始角。供油起始角越大,说明分泵开始供油的时刻越早。图 6-27 中柱塞处于供油开始位置,此时的供油起始角为 $α_1$,而挺柱体工作高度为 h_1。如将挺柱体的高度增加到 h_2,柱塞仍处于供油开始位置,则挺柱体需下移一定距离,凸轮反转一个相应的角度,此时供油起始角将变为 $α_2$(图 6-27(b))。由图 6-27 可见,$α_2$ 大于 $α_1$,即在挺柱体工作高度增加后,分泵的供油时刻提早了。

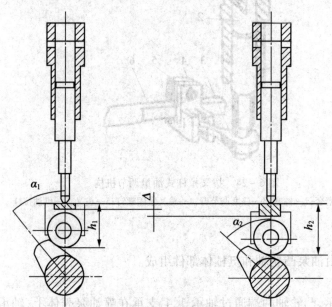

(a)柱塞处于供油开始位置　　(b)挺柱体高度增加后的柱塞供油开始位置

图 6-27　供油时间的调整原理

常见的供油时间调整方式有螺钉调节式和垫块调节式。

螺钉调节式挺柱体部件如图 6-28 所示。旋松锁紧螺母 2 可以改变调节螺钉 1 的伸出长度,进而改变喷油泵柱塞关闭进油孔的时间,即改变喷油泵供油时间。导向滑块 4 装配时插入喷油泵挺柱体孔的导向槽内,使挺柱体只能做上下往复运动而不能绕其自身的轴线旋转,以避免滚轮与凸轮卡死。滚轮 7、滚轮衬套 6(或滚针轴承)和滚轮销 5 可以相对转动,以保证这些零件磨损均匀,提高使用寿命。

垫块调节式挺柱体部件如图 6-29 所示。柱塞弹簧座 1 与挺柱体 3 之间有调整垫片 2,改变调整垫片 2 的厚度,就可以改变挺柱体部件的长度,以改变喷油泵柱塞关闭进油孔的时间,达到改变喷油泵供油时间的目的。它的其余结构与螺钉调节式挺柱体部件相似。

5. 供油提前器

供油提前器安装在喷油泵凸轮轴的输入端(图 6-30),其作用是随柴油机转速的变化自动调节喷油泵的供油起始角。

喷油泵的供油起始角是指喷油泵开始向高压油管供油时所对应的喷油泵凸轮轴转角。它直接影响柴油机的喷油提前角。

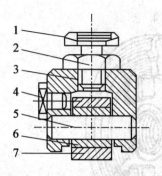
图6-28 螺钉调节式挺柱体部件
1—调节螺钉；2—锁紧螺母；3—挺柱体；
4—导向滑块；5—滚轮销；6—滚轮衬套；7—滚轮

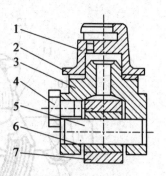
图6-29 垫块调节式挺柱体部件
1—柱塞弹簧座；2—调整垫片；3—挺柱体；
4—导向滑块；5—滚轮销；6—滚轮衬套；7—滚轮

柴油机的喷油提前角是指从喷油器开始喷油到活塞行至上止点时所转过的曲轴转角。它是影响柴油机工作性能的重要而敏感的因素。过早喷油会导致过早着火燃烧，气缸压力过早升高，造成了压缩负功增加，功率下降，油耗上升，启动困难，产生敲缸声音；过晚喷油会导致着火燃烧过晚，此时活塞已下行，空间容积增大，燃烧条件变差，导致排气冒黑烟，油耗上升，功率下降，排气温度升高，发动机过热。

在发动机转速和供油齿杆位置一定时，能使发动机获得最大功率和最低燃油消耗的喷油提前角称为最佳喷油提前角。不同型号的发动机有不同的最佳喷油提前角。对于同型号的发动机，在发动机不同的转速和负荷下，其最佳喷油提前角也不同。转速升高，喷油应提早，这是因为转速升高，单位时间内所转过的曲轴转角增大，导致喷油的延续角度增大，发动机后期燃烧延长，排气容易冒黑烟。所以，为了减少后燃，汽车柴油机均装有供油提前器。

A型喷油泵大多采用机械离心式供油提前器，常见的有SA型、SP型及双偏心型3种。以SA型为例，其基本结构如图6-30(a)所示。整个装置由防护罩1密封，其内部有主动盘4和从动盘12。

主动盘凸缘6上有传动爪5，接受发动机传来的驱动力；主动盘内侧固定有两个传动销3、7，其上面的平凹坑可作为提前器弹簧2的支座。

从动盘12与喷油泵凸轮轴10刚性连接，其上固定有两个飞锤销11，飞锤销上的平凹坑作为提前器弹簧的另一个支座。两块飞锤9的一端各有一个轴孔套在飞锤销上。

提前器弹簧2安装在传动销和飞锤销之间，使飞锤的圆弧面压紧在传动销上，使主动盘与从动盘形成弹性连接，能相互转动一定角度。

发动机工作时，动力经传动爪5、传动销3和7、飞锤圆弧面8、飞锤销11和从动盘12，驱动喷油泵凸轮轴旋转。

当发动机启动或低速运转时，飞锤的离心力很小，未能向外张开，提前器弹簧处于完全伸长状态，传动销3、7紧靠在飞锤圆弧面8的外侧（图6-30(b)）。

当发动机的转速增大到一定值时，飞锤克服了提前器弹簧的压力，以飞锤销11为支点向外张开，迫使飞锤圆弧面沿传动销向外滑动，压缩弹簧，从而带动飞锤销11、从动盘12和喷油泵凸轮轴顺喷油泵旋转方向转过一定角度，使供油提前。

转速越高，提前器弹簧被压缩得越厉害，提前角越大，直到飞锤行程走完为止（图6-30(c)）。SA型供油提前器最大供油提前角调节范围在10°以内。

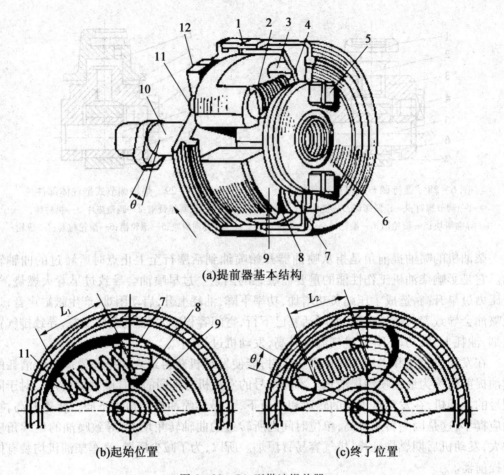

图 6-30 SA 型供油提前器

1—防护罩;2—提前器弹簧;3、7—传动销;4—主动盘;5—传动爪;6—主动盘凸缘;8—飞锤圆弧面;9—飞锤;10—喷油泵凸轮轴;11—飞锤销;12—从动盘;L_1—弹簧起始位置长度;L_2—弹簧终了位置长度;θ—提前角调节范围

6. 润滑冷却系统

A 型喷油泵的柱塞偶件和出油阀偶件靠流过的柴油润滑。而驱动机构中的油泵凸轮轴、挺柱体部件、轴承及油量调节机构,都是靠喷油泵底部的机油进行飞溅润滑。所以,油泵凸轮轴两端加有油封以防止漏油,若有损坏,应及时更换,否则会导致严重的后果。喷油泵中的润滑油需使用油标尺检查,应每天进行这项检查,若有缺少需及时添加。

国产 B 型喷油泵的结构和工作原理与 A 型喷油泵相同,只是柱塞结构参数有所改变,以适应不同缸径的柴油机使用。

三、P 型喷油泵的结构特点

与 A 型喷油泵相比,P 型喷油泵在安装尺寸不变的条件下,可获得较高的峰值压力,因此对柴油机的不断强化和向高速发展具有良好的适应性。由于它可用较大直径,因此对柴油机缸径的适用范围扩大,应用十分广泛。P 型喷油泵如图 6-31 所示,除工作原理与 A 型喷油泵基本相同之外,还有一些明显的特点。

1. 箱形封闭式喷油泵体

P 型喷油泵采用不开侧窗口的箱形封闭式喷油泵体,大大提高了喷油泵体的刚度,可以承受较高的喷油压力而不发生变形,以适应柴油机不断向大功率、高转速强化发展的需要。

2. 吊挂式柱塞套

P 型喷油泵的柱塞套与出油阀偶件是单独组装在一起的,形成组合件,固定于连接凸缘 2(图 6-32)上,再采用吊挂方式,从喷油泵体上方插入喷油泵体内,用柱塞套部件紧固螺钉 14(图 6-31)使之与喷油泵体固定,改善柱塞套和喷油泵体的受力。

吊挂式柱塞套如图 6-32 所示,柱塞套由压入连接凸缘的定位销 4 定位,出油阀由出油阀压紧座 1 固定于连接凸缘。

连接凸缘外侧安装有导流罩 6,以防止柱塞供油结束时,高压柴油高速回流冲击喷油泵体而造成穴蚀。

在导流罩 6 的下侧和连接凸缘 2 的上侧安装有两个 O 形圈 5,以保持低压油腔的密封,防止柴油流入喷油泵底部,稀释润滑油。此外,在出油阀压紧座上还安装有 O 形圈 3 和耐高压密封垫,以提高燃油的密封性能。

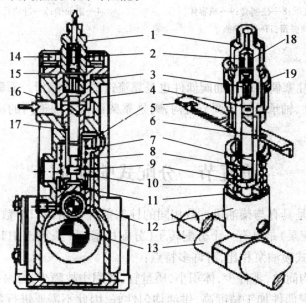

图 6-31 P 型喷油泵

1—出油阀压紧座;2—减容体;3—出油阀偶件;4—柱塞套;5—控制拉杆;6—钢球;7—控制套筒;
8—柱塞;9—柱塞榫舌;10—柱塞弹簧;11—弹簧座;12—挺住体部件;13—凸轮轴;
14—柱塞套部件紧固螺钉;15—调节垫片;16—导流罩;17—喷油泵体;18—出油阀弹簧;19—凸缘套筒

P 型喷油泵的柱塞偶件(图 6-33)的结构较有特点,柱塞套 1 内孔上端直径较大,可防止柱塞在上端卡死。柱塞套内孔中部加工有集油槽 4,从柱塞与柱塞套之间泄漏的燃油集中在这里,经回油孔 3 流回喷油泵体的低压油腔。在柱塞顶部还开有启动槽 6,使发动机启动时柱塞推迟关闭进油孔 5,推迟向气缸喷油,这时气缸温度较高,容易启动。

3. 拉杆套筒式油量控制机构

P 型喷油泵采用截面为 L 形的开槽控制拉杆 5,其槽内有钢球 6。当拉动拉杆时,便带动控制套筒 7 转动,从而带动柱塞转动,改变供油量(图 6-31)。其结构简单,工作可靠,配合间隙小。

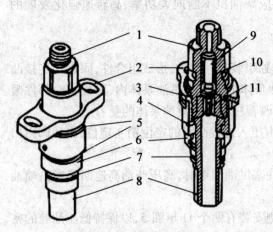 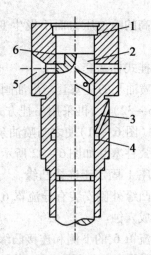

图 6-32 吊挂式柱塞套
1—出油阀压紧座;2—连接凸缘;3,5,7—O 形圈;
4—定位销;6—导流罩;8—柱塞套;9—减容体;
10—出油阀弹簧;11—出油阀

图 6-33 P 型喷油泵柱塞偶件
1—柱塞套;2—柱塞;3—回油孔;
4—集油槽;5—进油孔;6—启动槽

4. 压力润滑

P 型喷油泵的柱塞偶件和出油阀偶件也是靠流过的柴油润滑。而驱动机构中的油泵凸轮轴、挺柱体部件、轴承及油量调节机构,则是靠柴油机主油道内的压力机油来进行强制润滑,可靠性高。

第五节 分配式喷油泵

柱塞式喷油泵是具有与柴油机缸数相同的柱塞偶件和出油口个数的喷油泵,而分配式喷油泵(简称分配泵)是具有一个分配转子(分配柱塞)和多个出油口的喷油泵。

分配泵与柱塞式喷油泵相比,有许多特点:

(1)分配泵结构简单,零件少,体积小,质量轻,使用中故障少,容易维修。

(2)分配泵精密偶件加工精度高,供油均匀性好,因此不需要进行各缸供油量和供油定时的调节。

(3)分配泵的运动件靠喷油泵体内的柴油进行润滑和冷却,因此,对柴油的清洁度要求很高。

(4)分配泵凸轮的升程小,有利于提高柴油机转速。

分配泵按其结构特点可分为转子式(径向压缩式)和单柱塞式(轴向压缩式)两大类。下面以广泛用于轿车和轻型客车柴油机的单柱塞式分配泵(简称 VE 型分配泵,如图 6-34 所示)为例,说明分配泵的结构及工作原理。

VE 型分配泵由喷油泵体、泵盖、驱动机构、滑片式输油泵、泵油机构及断油电磁阀等组成(图 6-35)。此外,机械式调速器和液压式供油提前器也安装在分配喷油泵体内。

1. 喷油泵体和泵盖

喷油泵体 2 和泵盖 4 由铝合金铸成,支承着喷油泵的所有零部件。泵盖与喷油泵体之间用橡胶垫密封,不得漏油。泵盖上安装有回油电磁阀 8、调速手柄 5、高速限制螺钉、怠速螺钉、最大油量调整螺钉10等。

图6-34 VE型分配泵
1—回油电磁阀;2—调速手柄;3—进油口;4—驱动轴;5—喷油泵体;6—供油提前器;
7—泵头;8—出油阀紧座;9—断油电磁阀;10—回油管接头

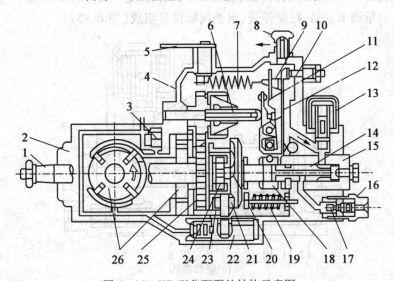

图6-35 VE型分配泵的结构示意图
1—驱动轴;2—喷油泵体;3—调节阀;4—泵盖;5—调速手柄;6—飞锤;7—调速弹簧;8—回油电磁阀;
9—怠速弹簧;10—最大油量调整螺钉;11—张力杆;12—调整杆;13—断油电磁阀;14—柱塞;15—柱塞套;
16—出油阀紧座;17—出油阀;18—油量调节套筒;19—柱塞弹簧;20—平面凸轮盘;21—滚轮;
22—供油提前器活塞;23—滚轮支架;24—十字联轴器;25—调速器驱动齿轮;26—滑片式输油泵

2. 驱动机构

驱动机构由驱动轴、调速器驱动齿轮、滚轮支架、滚轮、十字联轴器及平面凸轮盘等组成(图6-36)。

工作时,驱动轴由发动机曲轴通过中间传动装置驱动。传动轴一方面带动滑片式输油泵转动,同时通过调速器驱动齿轮2带动调速器工作。另一方面,传动轴右端通过十字联轴器5带动平面凸轮盘6转动;凸轮盘上的凸轮数与发动机气缸数相同,并紧靠在滚轮4上,滚轮支承在滚轮支架3上;平面凸轮盘6转动的同时,还受滚轮4作用,左右往复运动,驱动分配泵柱塞转动和做往复运动。

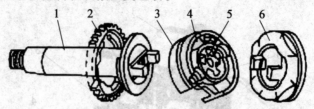

图6-36　VE型分配泵驱动机构
1—驱动轴；2—调速器驱动齿轮；3—滚轮支架；4—滚轮；5—十字联轴器；6—平面凸轮盘

3. 滑片式输油泵

滑片式输油泵26(图6-35)安装在VE型分配泵入口,由驱动轴1驱动,并由调节阀3(图6-35)调节压力,燃油充满整个泵腔,润滑冷却喷油泵体内部的所有运动零件,并为泵油机构提供一定压力的低压柴油。其基本结构原理见本章第三节。

4. 泵油机构

泵油机构是VE型分配泵的关键部件,用于定时、定量地产生高压油。它主要由柱塞、柱塞套、油量调节套筒、柱塞弹簧、出油阀偶件等组成(图6-37)。

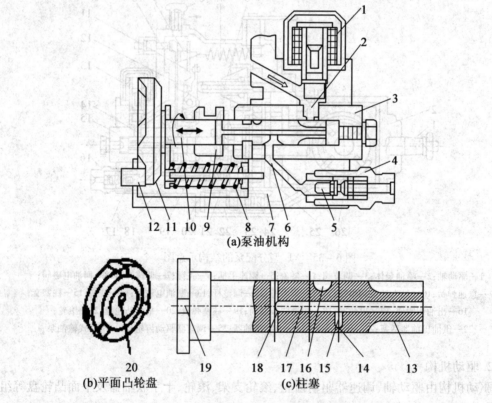

图6-37　VE型分配泵的泵油机构
1—断油电磁阀；2—进油孔；3—柱塞套；4—出油阀紧座；5—出油阀偶件；6—出油孔；7—泵头；8—柱塞弹簧；9—油量调节套筒；10—柱塞；11—平面凸轮盘；12—滚轮；13—进油槽；14—出油槽；15—出油孔；16—压力平衡槽；17—中心油道；18—泄油孔；19—定位槽；20—定位销

柱塞10与柱塞套3、柱塞10与油量调节套筒9是两对精密偶件。在柱塞的左端开有定位槽 19(图 6-37(c)),与平面凸轮盘 11 的定位销 20 相啮合(图 6-37(b))。平面凸轮盘的运动带动柱塞做相应的转动和往复运动。柱塞的右端开有 4 条相隔 90°的进油槽 13(图 6-37(c));中部开有一个出油孔 15、一条压力平衡槽 16 和一个泄油孔 18,柱塞中中心油道与各进出油孔及泄油孔相通。

柱塞套 3 被固定在泵头 7 上(图 6-37(a)),其右端有一个进油孔,位置与柱塞的 4 条进油槽相对应,柱塞每旋转一周,进油孔与各进油槽各接通一次;中部开有一个出油孔,柱塞每转一周,柱塞套出油孔与柱塞出油孔相通一次。

油量调节套筒 9 上的凹坑与调速器相连,可在柱塞上左右移动。当柱塞向右运动到露出泄油孔 18 时,柱塞中心油道上的高压油开始泄压。

现以四缸发动机配用的 VE 型分配泵为例,说明其工作原理(图 6-38)。

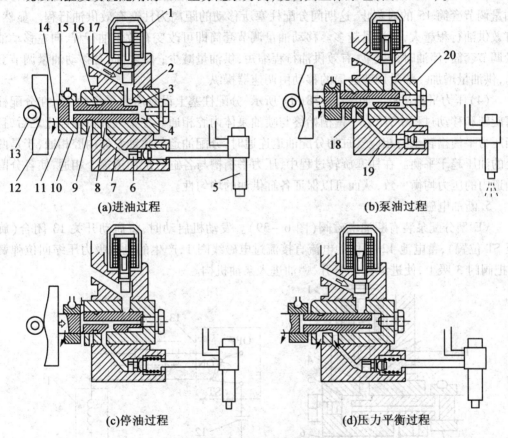

图 6-38　VE 型分配泵的工作原理
1—断油阀;2—进油孔;3—进油槽;4—柱塞腔;5—喷油器;6—出油阀;7—分配油道;8—出油孔;
9—压力平衡孔;10—中心油孔;11—泄油孔;12—平面凸轮盘;13—滚轮;14—分配柱塞;
15—油量调节套筒;16—压力平衡槽;17—进油道;18—燃油分配孔;19—喷油泵体;20—柱塞套

(1)进油过程。如图 6-38(a)所示,当平面凸轮盘 12 的凹下部分转至与滚轮 13 接触时,柱塞弹簧将分配柱塞 14 由右向左推移至柱塞下止点位置,这时分配柱塞上的进油槽 3 与柱塞套 20 上的进油孔 2 连通,柴油自喷油泵体 19 的内腔经进油道 17 进入柱塞腔 4 和中心油孔 10 内。

(2)泵油过程。如图 6-38(b)所示,当平面凸轮盘由凹下部分转至凸起部分与滚轮接触时,分配柱塞在凸轮盘的推动下由左向右移动。在进油槽转过进油孔的同时,分配柱塞将进油孔封闭,这时柱塞腔 4 内的柴油开始增压。与此同时,分配柱塞上的燃油分配孔 18 转至与柱塞套上的一个出油孔 8 相通,高压柴油从柱塞腔经中心油孔、燃油分配孔、出油孔进入分配油道 7,再经出油阀 6 和喷油器 5 喷入燃烧室。平面凸轮盘每转一周,分配柱塞上的燃油分配孔依次与各缸分配油道接通一次,即向柴油机各缸喷油器供油一次。

(3)停油过程。如图 6-38(c) 所示,分配柱塞在平面凸轮盘的推动下继续右移,当柱塞上的泄油孔 11 移出油量调节套筒 15 并与喷油泵体内腔相通时,高压柴油从柱塞腔经中心油孔和泄油孔流进喷油泵体内腔,柴油压力立即下降,供油停止。

从柱塞上的燃油分配孔 18 与柱塞套上的出油孔 8 相通的时刻起,至泄油孔 11 移出油量调节套筒 15 的时刻止,这期间分配柱塞所移动的距离为柱塞有效供油行程。显然,有效供油行程越大,供油量越多。移动油量调节套筒即可改变有效供油行程,向左移动油量调节套筒,停油时刻提早,有效供油行程缩短,供油量减少;反之,向右移动油量调节套筒,供油量增加。油量调节套筒的移动由调速器操纵。

(4)压力平衡过程。如图 6-38(d) 所示,分配柱塞上设有压力平衡槽 16,在分配柱塞旋转和移动过程中,压力平衡槽始终与喷油泵体内腔相通。在某气缸供油停止之后,且当压力平衡槽转至与相应气缸的分配油道连通时,分配油道与喷油泵体内腔相通,于是两处的油压趋于平衡。在柱塞旋转过程中,压力平衡槽与各缸分配油道逐个相通,使各分配油道内的压力均衡一致,从而可以保证各缸供油的均匀性。

5. 断油电磁阀

VE 型分配泵装有断油电磁阀(图 6-39)。发动机启动时,将启动开关 13 闭合(旋至 ST 位置),蓄电池 12 提供的电流直接流过电磁线圈 1,产生的电磁吸力压缩回位弹簧 2 把阀门 3 吸上,使进油孔 4 打开,燃油进入泵油机构。

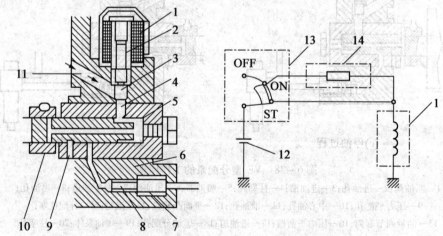

图 6-39 断油电磁阀
1—电磁线圈;2—回位弹簧;3—阀门;4—进油孔;5—柱塞套;6—泵头;7—出油阀弹簧;8—出油阀偶件;9—柱塞;10—油量调节套筒;11—进油道;12—蓄电池;13—启动开关;14—电阻

发动机启动后,将启动开关旋至 ON 位置,此时电路串联了电阻 14,电流减小,但由于有油压作用,因此阀门仍保持开启状态。

发动机需要停止运转时,将启动开关旋至 OFF 位置,电路断开,阀门在回位弹簧 2 的作用下落座,切断油路,停止供油。

6. 供油提前器

VE 型分配泵的供油提前器属于液压式,其结构如图 6-40 所示。

滚轮座 2 通过传动销 4 和连接销 10 与提前器活塞 9 相连接。活塞右端有一个小孔 A,与喷油泵体内腔燃油相通。活塞左端安装有弹簧 11,与滑片式输油泵进油腔相通。当发动机稳定运转时,活塞左右两端压力平衡,活塞和滚轮座不动。

当发动机转速升高时,滑片式输油泵运转加快,泵腔油压升高,使提前器活塞 9 的右端压力大于左端压力,压缩弹簧,使活塞左移,通过传动销 4 带动滚轮座 2 顺时针旋转,导致滚轮 3 提早顶起平面凸轮,提早供油和喷油。发动机转速越高,泵腔燃油压力越大,活塞左移越多,喷油也越早。

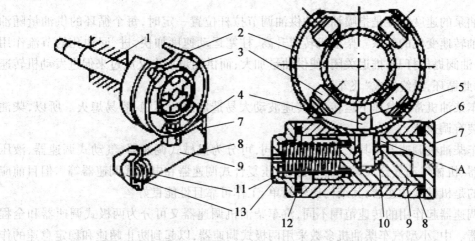

图 6-40 VE 型分配泵供油提前器的结构
1—驱动轴;2—滚轮座;3—滚轮;4—传动销;5—止动销;6,12—O 形圈;
7—侧盖板;8—喷油泵体;9—提前器活塞;10—连接销;11—弹簧;13—侧盖;A—油孔

第六节 调 速 器

一、调速器的作用

调速器是一种随柴油机负荷与转速的变化自动调节喷油泵供油量,以限制或稳定转速的装置。

柴油机不同于汽油机,其转矩特性(油量调节机构位置一定时,柴油机的转矩随转速而变化的关系)曲线比较平坦(图 6-41)。外界负荷有较小的变化 ΔT_C(从 T_{C_b} 增加到 T_{C_a})时,柴油机转速将产生较大的波动 Δn,工作稳定性差。尤其是柴油机高速工作突卸负荷极易产生"飞车"(柴油机转速急剧升高无法控制的现象),导致曲轴、连杆、气缸和活塞损坏的严重事故。柴油机"飞车"的产生还与柱塞式喷油泵的速度特性有关。

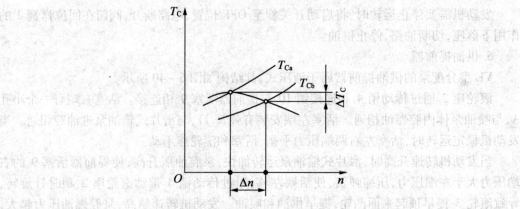

图 6-41 柴油机的转矩特性

喷油泵的速度特性是指喷油泵的供油调节拉杆位置一定时,每个循环的供油量随油泵凸轮轴转速变化的关系。柴油机转速升高,柱塞运动速度加快,进、回油孔的节流作用增强,出油阀提早打开,推迟关闭,使供油量加大;而供油量加大又反过来促进发动机转速升高,如此循环,最终造成"飞车"。

汽车柴油机常在怠速下运转,其转速波动大易造成怠速不稳,容易熄火。所以,柴油机都安装有调速器。

汽车柴油机调速器按其工作原理的不同,可分为机械式调速器、气动式调速器、液压式调速器、机械气动复合式调速器、机械液压复合式调速器和电子式调速器等。但目前应用最广的是机械式调速器,其结构比较简单、工作可靠且性能良好。

按调速器起作用的转速范围不同,汽车柴油机调速器又可分为两极式调速器和全程式调速器。中、小型汽车柴油机多数采用两极式调速器,以起到防止超速和稳定怠速的作用。在重型汽车上则多采用全程式调速器。这种调速器除具有两极式调速器的功能外,还能对柴油机工作转速范围内的任何转速起调节作用,使柴油机在各种转速下都能稳定运转。

二、全程式调速器

1. VE 型分配泵全程式调速器的基本结构

以本章所述 VE 型分配泵所配用的全程式调速器为例,其结构如图 6-42 所示。它主要由传动组件(调速器传动齿轮 18)、感应组件(飞锤支架 16、飞锤 17、调速套筒 5)、调速杠杆组件(张力杆 8、调整杆 11、启动杆 15)、弹簧组件(调速弹簧 4、怠速弹簧 6、启动弹簧 10)及调整机构(怠速调整螺钉 1、高速限制螺钉 3、油量调节螺钉 7)等组成。

4 块飞锤以相隔 90°安装在飞锤支架上,并由调速器传动齿轮驱动,当飞锤转动时,受离心力作用向外飞开,使调速套筒 5 向右移动。

调速套筒右端顶靠启动杆 15,启动杆下端的球头销嵌入油量调节套筒 13 的凹槽内,用于调节套筒位置,改变供油量。

启动杆 15、张力杆 8 和调整杆 11 通过销轴 N 连接在一起,并且可以分别绕销轴 N 摆动。调整杆 11 通过销轴 M 固定在分配喷油泵体上,其下端受回位弹簧推压,使上端紧靠在油量调节螺钉 7 上。

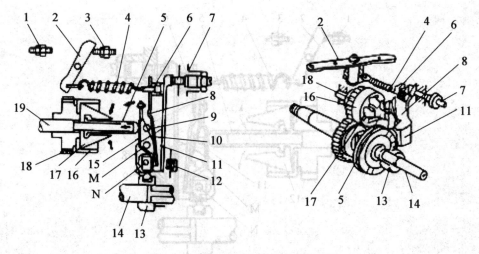

图6-42 VE型分配泵全程式调速器

1—怠速调整螺钉;2—调速手柄;3—高速限制螺钉;4—调速弹簧;5—调速套筒;6—怠速弹簧;
7—油量调节螺钉;8—张力杆;9—张力杆挡销;10—启动弹簧;11—调整杆;12—回位弹簧;
13—油量调节套筒;14—柱塞;15—启动杆;16—飞锤支架;17—飞锤;18—调速器传动齿轮;
19—调速器轴;M—调整杆支承销轴(固定);N—启动杆、张力杆及调整杆支承销轴(可动)

2. VE型分配泵全程式调速器的工作原理

(1)启动工况。

如图6-42所示,柴油机启动时,调速手柄2推靠至高速限制螺钉3,此时调速弹簧4被拉伸,拉动张力杆8以销轴N为支点逆时针摆动,并压缩启动弹簧10,带动启动杆15和调速套筒5左移,使飞锤处于完全闭合状态。与此同时,启动杆下端球头销将油量调节套筒13向右拨到启动加浓位置,供油量最大,有利于柴油机启动。

柴油机启动后,飞锤产生的离心力克服启动弹簧的弹力,将调速套筒推向右方,使启动杆以销轴N为支点顺时针摆动,直到抵靠到张力杆挡销9为止。此时,启动杆下端球头销将油量调节套筒向左拨,供油量自动减少,完成启动过程。这时,应将调速手柄推靠至怠速调整螺钉1,则启动杆、张力杆在飞锤离心力的轴向分力作用下,以销轴N为支点顺时针摆动,油量调节套筒左移,供油量减少,以防止柴油机高速空转。

(2)怠速工况。

如图6-43所示,柴油机怠速运转时,调速手柄推靠怠速调整螺钉1,油量调节套筒左移至最小供油量位置,此时调速弹簧的张力几乎为0,调速器飞锤产生的离心力与怠速弹簧力相平衡。

当柴油机转速下降时,飞锤的离心力减小,上述平衡被破坏,在怠速弹簧的作用下,张力杆、启动杆以销轴N为支点逆时针摆动,油量调节套筒右移,供油量增加,柴油机转速回升,保持怠速稳定,防止熄火。相反,若柴油机因某些原因而使转速上升时,调速器动作与上述相反,会自动减少油量,以保持怠速稳定。

(3)部分负荷及标定工况。

调速手柄处于怠速调整螺钉和高速限制螺钉之间的任一位置,发动机在部分负荷下工作,调速弹簧对张力杆的拉力与调速器飞锤离心力的轴向分力保持平衡,油量调节套筒也稳定在某中间供油量位置,发动机在某中间转速下稳定工作。

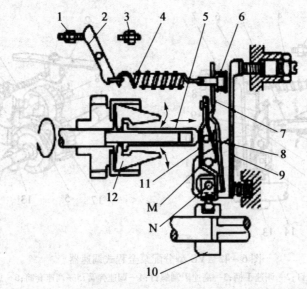

图 6-43 调速器怠速工况
1—怠速调整螺钉；2—调速手柄；3—高速限制螺钉；4—调速弹簧；5—调速套筒；6—怠速弹簧；
7—张力杆；8—张力杆挡销；9—调整杆；10—油量调节套筒；11—启动杆；12—飞锤；
M—调整杆支承销轴（固定）；N—启动杆、张力杆及调整杆支承销轴（可动）

工作中，若发动机外界负荷减小，发动机转速就会升高，飞锤离心力增大，原有的平衡被破坏，将克服调速弹簧拉力，调速套筒右移，推动启动杆、张力杆以销轴 N 为支点顺时针摆动，油量调节套筒左移，供油量减少，使柴油机转速回落，保持转速基本稳定。相反，若发动机外界负荷增加，调速过程与上述相反，应增加供油量，以适应外界负荷增加的需要，保持转速基本稳定。只要选定一个调速手柄位置，就有一个相应的发动机转速与其对应。当调速手柄推靠至高速限制螺钉，发动机在标定工况下工作时，发动机转速为标定转速。像这种在所有转速范围内都能根据发动机负荷变化自动改变供油量，以保持转速稳定的调速器就称为全程式调速器。

（4）高速控制。

如图 6-44 所示，当发动机在标定工况下完全卸载，发动机转速急速升高，达到最高空转转速，飞锤离心力达到最大值，克服调速弹簧拉力，推动启动杆、张力杆以销轴 N 为支点顺时针摆动，油量调节套筒左移，供油量减少，柴油机转速回落，防止发动机转速进一步升高而造成"飞车"。

（5）标定油量调节。

柴油机标定工况时的油量应符合要求，在喷油泵出厂和修理时都需要进行检查和调整。标定油量可通过喷油泵体外部的油量调节螺钉 7 进行调整。拧入调节螺钉时，调整杆以支承销 M 为轴逆时针转动，带动油量调节套筒右移，标定油量增加；反之，拧出调节螺钉，标定油量减少。

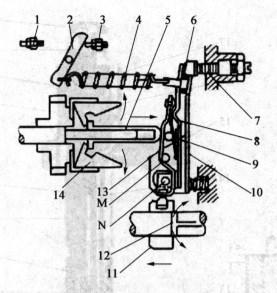

图 6-44 调速器的高速控制

1—怠速调整螺钉;2—调速手柄;3—高速限制螺钉;4—调速弹簧;5—调速套筒;6—怠速弹簧;7—油量调节螺钉;
8—张力杆;9—张力杆挡销;10—调整杆;11—油量调节套筒;12—柱塞;13—启动杆;14—飞锤;
M—调整杆支承销轴(固定);N—启动杆、张力杆及调整杆支承销轴(可动)

第七节 喷 油 器

喷油器是柴油机燃油供给系统中实现燃油喷射的重要部件,其功用是根据柴油机混合气形成的特点,将燃油雾化成细微的油滴,并将其喷射到燃烧室的特定部位。喷油器应满足不同类型燃烧室对喷雾特性的要求,需要有良好的雾化质量,而且在喷油结束时不发生滴漏现象。

一、喷油器的构造与工作原理

汽车柴油机广泛采用闭式喷油器。这种喷油器主要由喷油器体、调压装置及喷油嘴等部分组成。

汽车用柴油机喷油器大多采用孔式喷油器,其基本构造如图 6-45 所示。

喷油器的主要部件是一对精密偶件——喷油嘴偶件(图 6-45(a)),由针阀 11 和针阀体 13 组成,用优质轴承钢制造,其相互配合的滑动圆柱面间隙仅为 0.001~0.002 5 mm,通过高精密加工或研磨选配而得。不同喷油嘴偶件不可互换。该间隙过大,会使喷油压力下降,喷雾质量变差;间隙过小,针阀容易卡死。针阀中部的环形锥面(承压锥面)位于针阀体的环形油腔 12 中,其作用是承受由油压产生的轴向推力,使针阀上升。针阀下端的锥面(密封锥面)与针阀体相配合,起密封喷油器内腔的作用。针阀上部有凸肩,当针阀关闭时,凸肩与喷油器体下端面的距离 h 为针阀的最大升程,其大小决定了喷油量的多少,一般 h 为 0.4~0.5 mm。针阀体与喷油器体的结合处有 1~2 个定位销 8,以防止针阀体转动,以免进油孔错位。

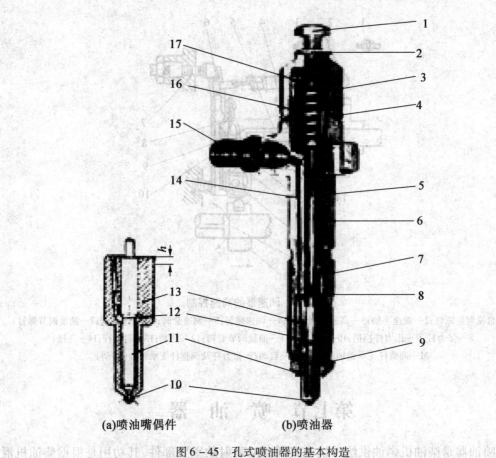

(a)喷油嘴偶件　　　　(b)喷油器

图6-45　孔式喷油器的基本构造
1—回油管螺钉;2—回油管垫片;3—调压螺钉护帽;4—垫片;5—顶杆;6—喷油器体;
7—紧固螺套;8—定位销;9—喷油嘴垫;10—喷孔;11—针阀;12—环形油腔;
13—针阀体;14—进油道;15—进油管接头;16—调压弹簧;17—调压螺钉

　　喷油器工作时,来自喷油泵的高压柴油经进油管接头15进入喷油器体上的进油道14,再进入针阀体中部的环形油腔12,作用在针阀承压锥面上,对针阀形成一个向上的轴向推力。此推力大于喷油器调压弹簧16的预压力时,针阀上移,打开喷孔10,高压柴油随即喷入燃烧室中。喷油泵停止供油时,高压油道内压力迅速下降,针阀在调压弹簧作用下及时回位,将喷孔关闭,停止喷油。

　　进入针阀体环形油腔12的少量柴油,经喷油嘴偶件配合表面之间的间隙流到调压弹簧端,进入回油管,流回滤清器,用来润滑喷油嘴偶件。

　　针阀的开启压力(喷油压力)的大小取决于调压弹簧的预紧力。不同的发动机有不同的喷油压力要求,可通过调压螺钉17调整,旋入时压力增大,旋出时压力减小。

　　有的喷油器调压弹簧的预紧力,是由调整垫片9调整(图6-46)。其结构特点是调压弹簧8下置,使顶杆7行程大为缩短,减少了顶杆的质量和惯性力,减轻了针阀跳动,有利于喷油,这种喷油器也称为低惯量孔式喷油器。

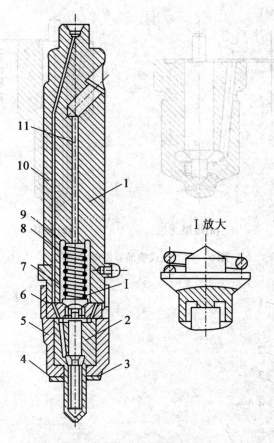

图 6-46 低惯量孔式喷油器
1—喷油器体；2—喷油嘴偶件；3—弹性垫圈；4—密封垫圈；5—紧固螺套；
6—结合座；7—顶杆；8—调压弹簧；9—调整垫片；10—进油道；11—回油道

二、喷油器的分类

根据喷油嘴偶件结构形式的不同，闭式喷油器又可分为孔式喷油器和轴针式喷油器两种，分别用于不同类型的燃烧室。

1. 孔式喷油器

孔式喷油器的特点是喷油嘴偶件中的针阀不直接伸出喷孔，喷油嘴头部的喷孔小且多，一般喷孔有 1~7 个，直径为 0.2~0.5 mm。孔式喷油器的喷油嘴偶件根据其长短可分为短型和长型两种（图 6-47）。长型孔式喷油嘴的针阀导向圆柱面远离燃烧室，减少了针阀受热变形卡死在针阀体中的情况，可用于热负荷较高的柴油机中。

2. 轴针式喷油器

轴针式喷油器的特点是其喷油嘴偶件中的针阀伸出喷孔（图 6-48），喷孔一般只有一个，直径也较大，可达 13 mm，工作时轴针在喷孔中上下运动，能自动清除喷孔积炭。针阀头部制成各种形状（图 6-49），使柴油以不同油束锥角喷入气缸，可适应不同发动机的需要。

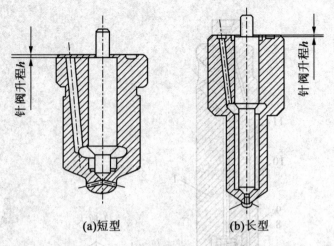

图6-47 孔式喷油器的喷油嘴偶件

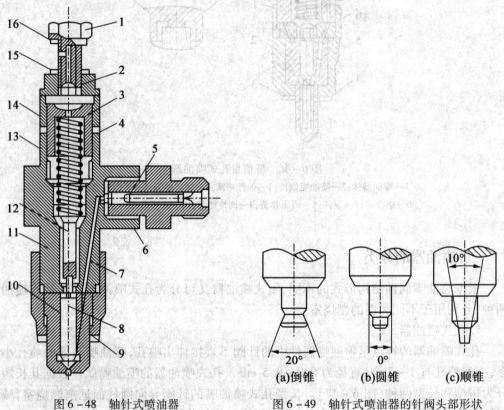

图6-48 轴针式喷油器
1—回油管螺钉;2—调压螺钉护帽;3—调压螺钉;
4,9,13,15,16—垫圈;5—滤芯;6—进油管接头;
7—紧固螺套;8—针阀;10—针阀体;11—喷油器体;
12—顶杆;14—调压弹簧

图6-49 轴针式喷油器的针阀头部形状

轴针式喷油器的喷油嘴偶件根据其结构形式不同又可分为普通型、节流型和分流型3种(图6-50)。节流型喷油嘴是指节流升程 L 较大(一般大于0.3 mm)的一种轴针式喷油嘴,由于喷油时的节流影响,降低了初期喷油速率,减少了初期喷入燃烧室内的燃油量,降低了柴油机压力升高率和最高燃烧压力,使柴油机工作柔和、噪声小。

分流轴针式喷油嘴的主要特点是在主喷孔旁有一个约为 0.2 mm 的副喷孔。在启动时,由于柴油机转速低,进入喷油器的油压低,针阀升程很小,主喷孔的油流截面很小,喷出的油量很少,但这时副喷孔已全部打开,大部分燃油由此喷入燃烧室空间,改善了柴油机的启动性能。

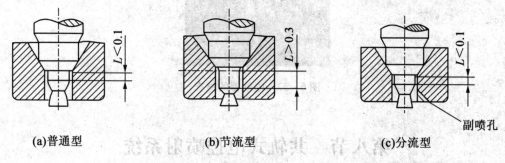

图 6-50　轴针式喷油器的喷油嘴类型

三、不正常喷射

常见的不正常喷射有二次喷射、隔次喷射和不规则喷射。

二次喷射是指喷油器下一个工作循环开始之前又出现一次不需要的燃油喷射现象,其针阀升程如图 6-51(a)所示。二次喷射将使整个喷射延续期拉长,后燃现象严重,柴油机经济性能下降,热负荷增加。不正确换用高压油管等将导致二次喷射。

隔次喷射是指喷油泵两次供油,喷油器才有一次喷射的现象(图 6-51(b))。当喷油嘴偶件磨损严重时,常会引起隔次喷射。

不规则喷射是指喷油时间、喷油压力、喷油量不断变化的喷射(图 6-51(c))。喷油嘴偶件针阀磨损阻滞等,会引起不规则喷射。

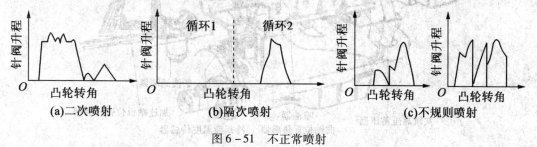

图 6-51　不正常喷射

四、喷油器的检查调整

喷油嘴偶件使用中容易因磨损而导致燃油喷射不良,影响发动机功率和油耗,严重时将无法工作,所以应定时检查其喷油压力和雾化质量。

实验应在专用的喷油器实验器上按要求进行,以 60~80 次/min 速度压油,观察喷油时的压力应符合使用说明书要求,若不符合,可以通过调整喷油器调压螺钉或调整垫片来达到要求;同时要求喷出的燃油呈雾状(图 6-52),不应有明显肉眼可见的雾状偏斜和飞溅油粒、连续的油柱和极易判别的局部浓稀不均匀现象;喷射应干脆,具有喷油嘴偶件结构相应的响声；多次喷射后，针阀体端面或头部不得出现油液积聚现象。全面检查（图6-52）时，还要进行偶件密封性及喷雾锥角等检查。

图6-52 喷油器的检查

第八节 共轨式电控喷射系统

共轨式电控喷油技术于20世纪90年代中期开始推向市场。如图6-53所示，它摒弃了以往传统使用的泵-管-嘴脉动供油的形式，取而代之用一个高压油泵在柴油机的驱动下，以一定的速度比例连续地将高压柴油输送到共轨内，高压柴油再由共轨送入各个喷油器。在这里，高压油泵并不直接控制喷油量，而仅仅是向共轨供油以维持所需的共轨压力，并通过连续调节共轨压力来控制喷射压力。采用压力-时间式柴油计量原理，用高速电磁阀控制喷射过程。喷射压力、喷油量及喷油定时由电控单元灵活控制。

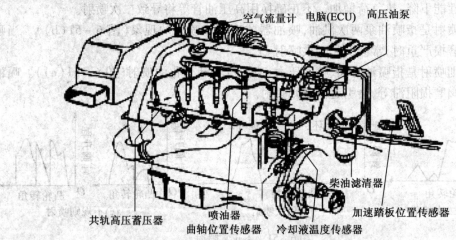

图6-53 Bosch高压共轨柴油喷射系统元件位置图

一、共轨式电控喷射系统类型

共轨技术不仅是指用一个公共油轨(简称共轨)给各缸喷油器输送柴油,还包括用高压(或中压)输油泵、压力传感器和电脑(ECU)组成的闭环系统独立控制喷油压力的供油方式。在共轨式电控柴油喷射系统(以下简称共轨系统)中，由高压(或中压)输油泵将高压柴油输送到公共油轨，ECU对共轨内的油压和喷油时间进行控制。保持喷油压力一定，通过控制喷油时间来控制喷油量，即称为时间-压力控制方式；保持喷油时间一定，通过控制喷油压力来控制喷油量,即称为压力控制方式。

按照共轨中的压力高低,共轨系统可分为高压共轨和中压共轨两种基本类型。按控制喷油器喷油的电控执行元件不同,共轨系统可分为电磁阀式和压电式两种类型。

二、电子控制高压共轨柴油系统

图6-54所示为电子控制高压共轨柴油系统组成,该系统是博世(Bosch)公司生产的,主要由电子控制系统及柴油供给系统等组成。电子控制系统包括传感器、ECU和电磁阀;柴油供给系统包括输油泵、高压泵、共轨组件及喷油器等。共轨系统高压泵产生的高压柴油输送到公共油道(共轨)内,各缸喷油器通过油管与共轨相连。发动机ECU根据传感器信号,直接对喷油器进行控制,实现喷油压力、喷油时间、喷油量和喷油率的自由调节。

高压共轨电控柴油喷射系统的部件按其作用不同,可分为低压油路、高压油路等几部分。

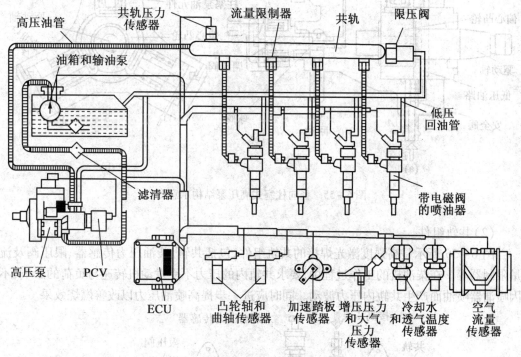

图6-54 电子控制高压共轨柴油系统组成

1. 低压油路

低压油路由柴油箱、输油泵、柴油滤清器等组成。输油泵负责将柴油从油箱中抽出送到高压泵,高压泵将柴油压力提高后送入共轨。输油泵有机械式和电动式两种,机械式输油泵通常与高压泵集成在一起,由传动轴驱动,如美国德尔福高压共轨电控柴油喷射系统;小型轿车和轻型车上常用电动式输油泵,电动式输油泵有两种,一种装在柴油箱外面,在柴油箱和滤清器之间的输油管路上,并固定在汽车底板总成上;另一种装在油箱内,电动机和液压元件都在油箱里,如博世高压共轨电控柴油喷射系统。

滤清器串联安装在柴油系统的低压油路中,其功用是滤除柴油中的杂质和水分。轿车常用的柴油滤清器一般为整体不可拆式。

2. 高压油路

高压油路由高压泵、共轨组件、调压阀及电磁喷油器等组成。

(1) 高压泵。

高压泵的作用是产生高压油。径向柱塞式高压泵结构示意图,如图 6-55 所示。它采用 3 个径向布置的柱塞泵油元件,相互错开 120°,由偏心凸轮驱动,出油量大,受载均匀,体积小,结构紧凑。

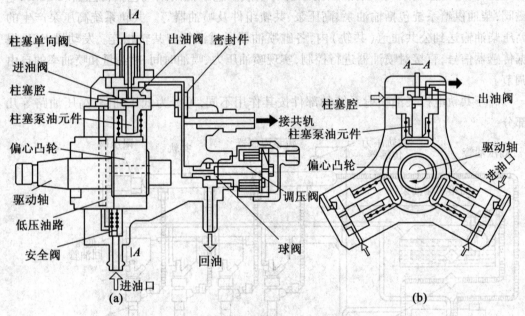

图 6-55 径向柱塞式高压泵结构示意图

(2) 共轨组件。

图 6-56 所示是高强度激光焊接的共轨组件,包括共轨、柴油压力传感器、限压阀及流量限制器等。在柴油机的工作过程中,要求共轨内的压力不受发动机转速与负荷的影响,不因喷油器喷油而产生共轨内压力波动。同时应进一步提高喷油压力以改善燃烧效果。

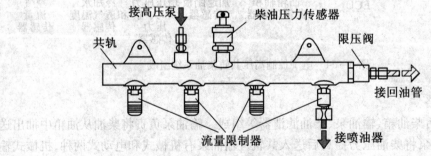

图 6-56 高强度激光焊接的共轨组件

(3) 调压阀。

如图 6-57 所示,调压阀安装在高压泵旁边的出油口或共轨管上,其功用是根据 ECU 的指令通过泄流的方式对共轨压力进行闭环控制,保持共轨压力的稳定,避免由于共轨压力不稳而影响喷油器的喷油量。但是过多的泄漏会使柴油的温度升高,同时还会造成供油泵不必要的功率消耗。

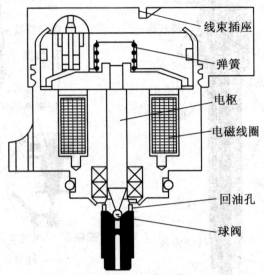

图6-57 调压阀示意图

在采用时间-压力控制方式的共轨系统中,ECU主要根据柴油压力传感器的信号控制调压阀工作,通过调压阀保持共轨压力(即喷油压力)不变。在采用压力控制方式的共轨系统中,ECU首先根据各种传感器的信号确定循环喷油量,并根据循环喷油量与共轨压力的函数关系,利用调压阀调节共轨压力,使之达到预定喷油量所需要的目标值。

柴油机工作时,调压阀始终处于通电状态,电磁线圈产生的电磁力和弹簧力通过电枢共同作用在球阀上,共轨的柴油压力则作用在球阀的底部;当共轨压力大于电磁力和弹簧力时,球阀开启共轨回油通道,使共轨压力下降;当共轨压力小于电磁力和弹簧力时,球阀关闭共轨回油通道,使共轨压力升高;当共轨压力与电磁力和弹簧力平衡时,球阀保持一定开度,使共轨压力保持稳定,此稳定的共轨压力取决于电磁力,电磁力越大,共轨压力越大。电磁线圈产生的电磁力与通电占空比成正比,共轨系统对共轨压力的控制就是由ECU通过调整电磁线圈的通电占空比来实现的。

调压阀不通电或通电占空比保持不变时,实际上就是一个限压阀。调压阀不通电时的限制压力一般为10 MPa。

调压阀与限压阀的主要区别是响应速度快、调压范围大。限压阀是机械控制阀,不仅响应速度慢,而且只能在其限制的最高压力附近很小的范围内调节压力,使压力保持基本稳定。因此,即使在采用时间-压力控制方式的共轨系统中,要保持共轨压力不变,也不能只安装限压阀。在部分共轨系统中,既装有调压阀,也装有限压阀,主要是为了加强工作的可靠性。

(4)电磁喷油器

电磁喷油器是共轨柴油喷射系统的核心部件,其作用是根据ECU的控制信号,将共轨内的高压柴油以最佳的喷油定时、喷油量和喷油率喷入发动机燃烧室中。

电磁喷油器结构原理如图6-58、图6-59所示。

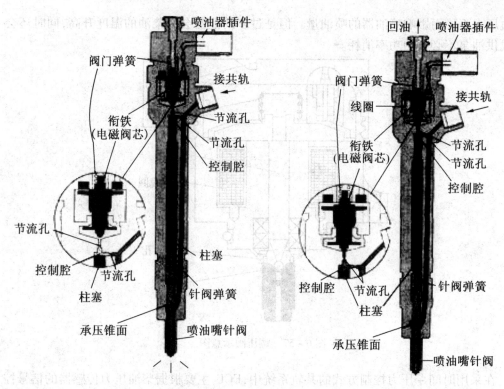

图 6-58 电磁喷油器关闭(复位状态)　　图 6-59 电磁喷油器打开

三、压电式高压共轨柴油系统

高压共轨电控喷油系统基本上采用的都是高速电磁开关阀控制的喷油器。这种高速电磁开关阀固有的电感效应使其响应速度、控制精度等都已不能满足喷油特性的进一步需要。为了满足排放法规的高要求，高压共轨喷油系统的喷射压力正在从 120～150 MPa 的水平，向 180～200 MPa 甚至更高的水平发展。高压喷射在改善排放的同时，由于其燃烧急速而使气缸燃烧压力急剧上升，发动机噪声和振动急剧增大。这种噪声和振动对于车用柴油机，尤其轿车柴油机是不可容忍的。为此，必须在柴油的主喷射之前，有适当的、多次的预喷射，以此来控制预燃速度，减缓气缸燃烧压力的上升速率。为了有效地减少炭烟和微粒的排放，在主喷射之后，还需要有适当的、多次的后喷射。这些喷射特性要求喷油系统必须有更高的响应速度及更精确的控制精度。为此，德国 Siemens 公司、Bosch 公司相继开发了采用压电晶体驱动器的新一代高压共轨电控喷油系统，其目的是以压电晶体驱动的高速开关阀取代高速电磁开关阀，用来驱动电控喷油器，进而实现了精确控制、多次预喷射和后喷射，并使高压共轨喷油系统的特性有了明显的改善。

采用压电晶体驱动器的新一代高压共轨电控喷油系统，除了喷油器外，其余部件基本与采用高速电磁阀控制的高压共轨系统相同，因此以下只简单介绍压电晶体驱动高压共轨电控喷油器。

图 6-60 所示的压电晶体驱动高压共轨电控喷油器，是采用压电晶体驱动的高速开关阀控制的高压共轨电控喷油器典型产品。图 6-61 为其结构示意图。其工作原理如下：高压柴油从共轨管道进入喷油器后分为两路：一路由管道进入喷油器盛油槽，作用于

针阀锥面上;另一路通过节流孔进入活塞顶的油腔 B 内。当压电晶体堆不通电时,单向阀 B 关闭,油腔 B 中的柴油通过推动活塞杆,关闭喷油嘴,喷油器不喷油;当压电晶体堆通电后,压电晶体伸长,推动大活塞压缩油腔 A 中的柴油,再推动小活塞。由于这一对大、小活塞的面积比大于1,因此小活塞位移被放大,而小活塞位移将单向阀 B 中的钢球推离锥面,形成了具有一定过流断面的流道,从而使高压油腔中的柴油经过通道 B、单向阀 B 及通道 A 回到油箱。活塞杆上部卸压,在针阀盛油槽中的柴油压力作用下,克服回位弹簧的弹力,向上运动,从而打开喷油嘴,使柴油喷出。若压电晶体堆断电,单向阀 B 落座,油腔 B 中的柴油压力升高,活塞杆向下运动,关闭喷油嘴。单向阀 A 是为了补充油腔 A 中泄漏的柴油,以保证喷油嘴工作可靠。

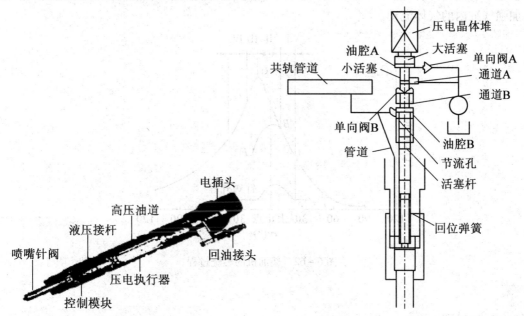

图 6-60　压电晶体驱动高压共轨电控喷油器　　图 6-61　压电晶体驱动高压共轨电控喷油器的结构示意图

对比高速电磁阀控制的高压共轨喷射系统,压电晶体驱动的高压共轨电控喷油器最明显的优点是响应速度快,因此其最小喷油量小,可小于 1.5 mm^3/行程;预喷射与主喷射之间的时间间隔可小于 100 μs;喷油速率可以更加灵活可调;各缸喷油量与喷射始点变动很小,重复精度非常高。

第九节　柴油机的燃烧过程

一、柴油机燃烧过程的各阶段

根据柴油机燃烧过程进展的实际特征,可以将燃烧过程分为以下 4 个阶段。

1. 着火延迟期

着火延迟期是指从喷油开始(A 点)到柴油开始着火(B 点)的时期,如图 6-62 中 Ⅰ 所示。这个时期主要进行柴油着火前的物理化学准备过程(雾化、吸热、扩散、蒸发、氧化、分解);同时,燃料不断喷入,占循环喷油量的30%~40%。

着火延迟期时间虽短(0.000 7~0.003 s),但对整个燃烧过程影响很大。若着火延迟期长,则喷出的油量多,导致速燃期压力急剧升高,柴油机工作粗暴;但着火延迟期过短,又会导致可燃混合气形成困难,柴油机动力经济性能恶化。

2. 速燃期

速燃期是指从柴油开始着火(B点)到气缸内最高压力点(C点)的时期,如图6-62中Ⅱ所示。

在速燃期,燃料燃烧得非常迅速,气缸压力和温度急剧升高,是对外做功的关键时期;在这个时期,针阀仍然开启,燃料继续喷入,燃烧条件变差,所以要控制该时期的喷油量和加强气缸内的气体流动。

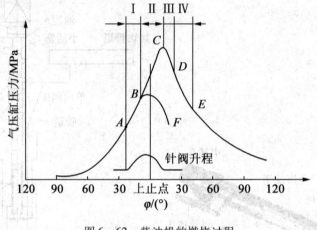

图6-62 柴油机的燃烧过程

3. 缓燃期

缓燃期是指从最高压力点(C点)到最高温度点(D点)的时期,如图6-62中Ⅲ所示。

在缓燃期,由于活塞下行,气缸容积变大,氧气变少,废气增多,因此混合气燃烧速度减缓,气缸内压力增加不显著,而温度却继续上升;若此时喷油还在继续,由于燃烧恶化,燃料易裂解成黑烟排出。

4. 后燃期

后燃期是指从缓燃期终点(D点)到燃料基本燃烧完为止(E点)的时期,如图6-62中Ⅳ所示。

在后燃期,气缸内未燃的油料继续燃烧,燃烧条件恶化,使燃烧不完全,排气冒黑烟,放出的热无法通过做功传给机体,而使发动机过热,因此应尽量减少后燃,并加强这个时期气缸内的气体流动。

二、供油提前角对燃烧过程的影响

供油提前角是指喷油泵开始供油瞬时到活塞行至上止点所转过的曲轴转角。它是影响柴油机动力性能、经济性能、运转性能和排放性能的一个重要且敏感的因素。

供油提前角过大,这时气缸温度较低,导致燃烧的着火延迟期长,柴油机工作粗暴,常出现"敲缸"现象;同时,还使上行的活塞受阻,启动困难,压缩负功增加,动力经济性能下降。

相反,供油提前角过小,燃料不能在上止点附近迅速燃烧完全,后燃期延长,导致柴油机排气冒黑烟,冷却液温度过高,机体过热,动力经济性能下降。

柴油机在使用中,精密偶件、各传动部件、油量控制部件、供油提前器等的磨损或松动,都会使供油提前角发生变化,因此应经常进行检查调整。

第十节　发动机的进排气系统

一、发动机的进气系统

进气系统的功用是尽可能多地和尽可能均匀地向各气缸供给空气与燃油的混合气或洁净的空气。

一般进气系统主要包括空气滤清器和进气歧管。在燃油喷射式发动机中,进气系统还包括空气流量计或进气歧管压力传感器,以便对进入气缸的空气量进行计量。

1. 空气滤清器

(1)空气滤清器的功用。

燃油燃烧需要大量的空气,以普通轿车为例,每消耗 1 L 汽油需要消耗 5 000 ~ 10 000 L 空气。如此数量的空气进入气缸,若不将其中的杂质或灰尘滤除,必然会加速气缸的磨损,缩短发动机的使用寿命。实践证明,发动机不安装空气滤清器,其寿命将缩短 2/3。

空气滤清器的功用主要是滤除空气中的杂质或灰尘,让洁净的空气进入气缸。另外,空气滤清器也有消减进气噪声的作用。

(2)空气滤清器的结构。

空气滤清器一般由进气导流管、空气滤清器盖、空气滤清器外壳及滤芯等组成。目前,广泛用于汽车发动机上的空气滤清器有多种结构形式。

①油浴式空气滤清器。

油浴式空气滤清器用于多尘条件下工作的发动机,如越野汽车发动机。如图 6 - 63 所示,油浴式空气滤清器包括滤清器外壳 1、滤芯 2、密封圈 3 及滤清器盖 4 等。外壳底部是储油池,其中盛有一定量的润滑油。当发动机工作时,环境空气经外壳与滤清器盖之间的狭缝进入滤清器,并沿着滤芯与外壳之间的环形通道向下流到滤芯底部,再折向上通过滤芯后进入进气管。当气流转弯时,空气中粗大的杂质被甩入润滑油中被润滑油黏附,细小的杂质被滤芯滤除。黏附在滤芯上的杂质被气流溅起的润滑油所冲洗,并随润滑油一起流回储油池。油浴式空气滤清器的优点是滤芯清洗后可以重复使用。

②纸滤芯空气滤清器。

纸滤芯空气滤清器广泛应用于汽车发动机上,其结构如图 6 - 64 所示。由经过树脂处理的微孔滤纸制成的滤芯 1 安装在滤清器外壳 2 中,滤芯的上、下表面是密封面,当拧紧蝶形螺母 4 把滤清器盖 3 紧固在滤清器上时,滤芯上密封面 9 和下密封面 8 分别与滤清器盖及滤清器外壳底部的配合面贴紧密合。滤纸打褶,以增加滤芯的滤过面积和减小滤芯阻力。滤芯外面是多孔金属网6，用来保护滤芯在运输和保管过程中不使滤纸破损。在滤芯的上、下端浇上耐热塑料溶胶，以保持滤纸、金属网和密封面相互间的位置固定，并保持其间的密封。在发动机工作时，空气从滤芯的四周穿过滤纸进入滤芯中心，随后流入进气管，杂质被滤芯阻留在滤芯外面。

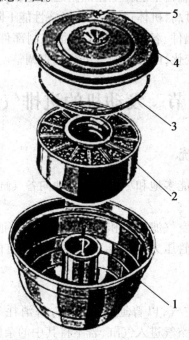

图6-63 油浴式空气滤清器的结构
1—滤清器外壳；2—滤芯；3—密封圈；4—滤清器盖；5—蝶形螺母

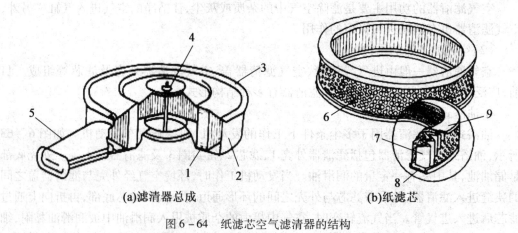

(a)滤清器总成　　　　　　　　　(b)纸滤芯

图6-64 纸滤芯空气滤清器的结构
1—滤芯；2—滤清器外壳；3—滤清器盖；4—蝶形螺母；5—进气导流管；
6—金属网；7—打褶滤纸；8—滤芯下密封面；9—滤芯上密封面

纸滤芯空气滤清器具有质量轻、成本低及滤清效果好等优点。纸滤芯有干式和湿式两种。干式纸滤芯可以反复使用。纸滤芯经过浸油处理后即为湿式纸滤芯，其主要优点是使用寿命长、吸附杂质的能力强和滤清效率高，但它不能反复使用，需定期更换。

③离心式空气滤清器。

离心式空气滤清器多用于大型货车上。在许多自卸车或矿山用汽车上还使用离心式与纸滤芯式相结合的双级空气滤清器(图 6-65)。双级空气滤清器的上体是纸滤芯空气滤清器,下体是离心式空气滤清器。空气首先从滤清器下体 14 周围的进气孔 16 进入离心式空气滤清器内的旋流管 21。由于空气切向地进入旋流管,因此在旋流管内产生高速旋转运动。在离心力的作用下,空气中的大部分灰尘被甩向旋流管壁,空气则从旋流管顶部的出口经接管 22 进入纸滤芯空气滤清器。空气中残存的细微杂质经纸滤芯 8 滤除。

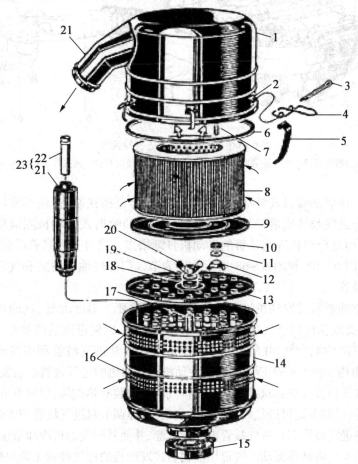

图 6-65 双级空气滤清器

1—滤清器上体;2—卡环座;3—开口销;4—卡环;5—卡簧;6—密封圈;7—螺栓;8—纸滤芯;9—托板;
10、18—橡胶垫圈;11、19—平垫圈;12、20—蝶形螺母;13—旋流管支持板;14—滤清器下体;
15—灰盘盖;16—进气孔;17—中心螺栓;21—旋流管;22—接管;23—旋流管组件;24—进气管

2. 空气滤清器进气导流管

在现在的轿车上,为了增强发动机的谐振进气效果,空气滤清器进气导流管需要有较大的容积。但是导流管不能太粗,以保证空气在导流管内有一定的流速。因此,进气导流管只能做得很长,如图 6-66 所示。

3. 进气歧管

对于节气门体汽油喷射式发动机,进气歧管指的是节气门体之后到气缸盖进气道之前的进气管路。它的功用是将空气与燃油混合气从节气门体分配到各缸进气道。对于气道燃油喷射式发动机或柴油机,进气歧管只是将洁净的空气分配到各缸进气道。进气歧管必须将空气与燃油混合气或洁净空气尽可能均匀地分配到各个气缸,为此进气歧管内气体流道的长度应尽可能相等。为了减小气体流动阻力,提高进气能力,进气歧管的内壁应该光滑。

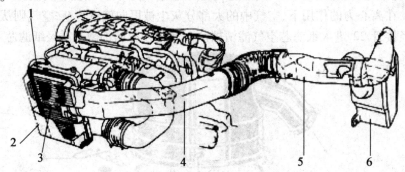

图 6-66 空气滤清器进气导流管
1—空气滤清器外壳;2—空气滤清器盖;3—滤芯;4—后进气导流管;5—前进气导流管;6—谐振室

一般节气门体燃油喷射式发动机的进气歧管由合金铸铁制造,轿车发动机多用铝合金制造。铝合金进气歧管质量轻、导热性好。气道燃油喷射式发动机除应用铝合金进气歧管外,近来采用复合塑料进气歧管的发动机日渐增多。这种进气歧管质量极轻,内壁光滑,无需加工。图 6-67 和图 6-68 所示分别为节气门体燃油喷射式和气道燃油喷射式发动机的进气歧管。

节气门体燃油喷射式发动机进气歧管的温度很重要。温度太低,汽油将在管壁上凝结。因此,对这类发动机的进气歧管应进行适当的加热,以促进汽油的蒸发。但是加热过度将减少进入气缸的混合气,并使发动机功率下降。通常进气歧管利用发动机排气或循环冷却液进行加热。图 6-69 所示为利用发动机排气加热的进气歧管。当发动机工作时,高温排气流过进气歧管底部并对其加热。在排气歧管内装有热控阀,根据季节的不同,改变热控阀的位置,可以调节流过进气歧管底部的废气量,即调节对进气歧管的加热程度。利用循环冷却液加热进气歧管需在进气歧管内设置水套,并使其与发动机冷却系统连通,让冷却液在进气歧管的水套内循环流动。气道燃油喷射式发动机的进气歧管无须加热。

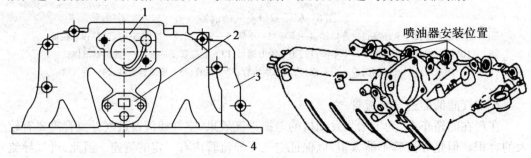

图 6-67 节气门体燃油喷射式发动机的进气歧管
1—节气门体安装面;2—废气再循环阀安装面;
3—循环冷却液管;4—进气歧管安装面

图 6-68 气道燃油喷射式发动机的进气歧管

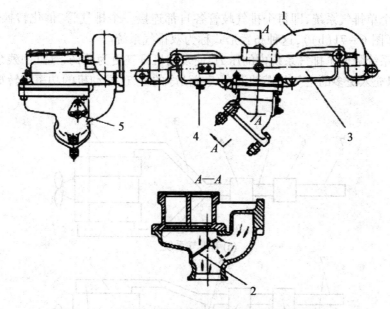

图6-69 利用发动机排气加热的进气歧管(BF492QA)
1—排气歧管;2—热控阀;3—进气歧管;4—放油螺塞;5—热控阀调节手柄

二、发动机的排气系统

排气系统的作用是以尽可能小的排气阻力和噪声,将气缸内的废气排到大气中。排气系统主要包括排气歧管、排气管和消声器。

1. 单排气系统及双排气系统

直列型发动机在排气行程期间,气缸中的废气经排气门进入排气歧管,再由排气歧管进入排气管、催化转换器和消声器,最后由排气尾管排到大气中。这种排气系统称为单排气系统(图6-70)。

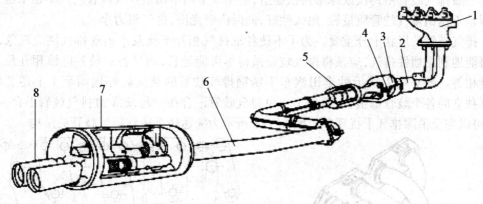

图6-70 单排气系统的组成
1—排气歧管;2—前排气管;3—催化转换器;4—排气温度传感器;
5—副消声器;6—后排气管;7—主消声器;8—排气尾管

V型发动机有两个排气歧管。在大多数装配V型发动机的汽车上,仍采用单排气系统,即通过一个叉形管将两个排气歧管连接到一个排气管上。来自两个排气歧管的废气经同一个排气管、同一个消声器和同一个排气尾管排出(图6-71(a))。但有些V型发动机采用两个单排气系统,即每个排气歧管各自都连接一个排气管、催化转换器、消声器和排气尾管(图6-71(b)),这种布置形式称为双排气系统。

双排气系统降低了排气系统内的压力,使发动机排气更为顺畅,气缸中残余的废气较少,因此可以充入更多的空气与燃油混合气或洁净的空气,发动机的功率和转矩都相应地有所提高。

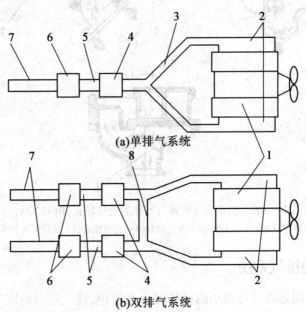

图6-71 V型发动机排气系统示意图

1—发动机;2—排气歧管;3—叉形管;4—催化转化器;5—排气管;6—消声器;7—排气尾管;8—连通管

2. 排气歧管

一般排气歧管由铸铁或球墨铸铁制造,近年来采用不锈钢排气歧管的汽车越来越多,原因是不锈钢排气歧管质量轻、耐久性好,同时内壁光滑,排气阻力小。

排气歧管的形状十分重要。为了不使各缸排气相互干扰及不出现排气倒流现象,并尽可能地利用惯性排气,应该将排气歧管做得尽可能地长,而且各缸歧管应该相互独立,长度相等。图6-72所示的丰田汽车不锈钢排气歧管的结构较好地满足了上述要求。相互独立的各个歧管都很长,而且1、4缸排气歧管汇合在一起,2、3缸排气歧管汇合在一起,可以完全消除排气干扰现象。图6-73所示为捷达轿车铸铁排气歧管的结构。

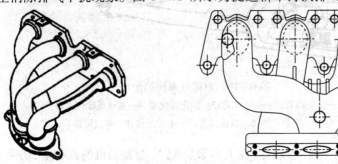

图6-72 丰田汽车不锈钢排气歧管的结构　　图6-73 捷达轿车铸铁排气歧管的结构

3. 消声器

发动机的排气压力为 0.3~0.5 MPa,温度为 500~700 ℃,这表明排气有一定的能量。同时,由于排气的间歇性,在排气管内引起排气压力的脉动。如果将发动机排气直接排放到大气中,势必产生强烈的噪声。排气消声器的功用就是通过逐渐降低排气压力和衰减排气压力的脉动来消减排气噪声。

消声器用镀铝钢板或不锈钢板制造。通常消声器由共振室、膨胀室和一组多孔的管子构成。有的还在消声器内充填耐热的吸声材料,吸声材料多为玻璃纤维或石棉。排气经多孔的管子流入膨胀室和共振室,在此过程中排气不断改变流动方向,逐渐降低和衰减其压力和压力脉动,消耗其能量,最终使排气噪声得到消减。图 6-74 所示为捷达轿车主消声器的结构,它包括消声器外壳、内壳、外隔板、内隔板及进口管、出口管等。消声器外壳由双层钢板焊合而成,其间留有夹层。内壳为波纹状并与外壳的内壁形成排气通道。这种结构有利于声压的衰减和声波的漫射,可以增强消声的效果。

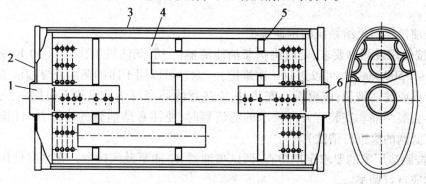

图 6-74 捷达轿车主消声器的结构
1—进口管;2—外隔板;3—外壳;4—内壳;5—内隔板;6—出口管

有时只靠消声器仍达不到汽车排气噪声的标准,这时便需在排气系统中安装类似于小型消声器的谐振器。谐振器与消声器串联,可以进一步降低噪声水平。消声器安装在催化转换器与排气尾管中间且靠近汽车中心的位置。但有时因空间的限制,常把消声器安装在汽车尾部。这时消声器温度较低,会有较多的水蒸气在消声器内凝结为水,使消声器生锈。

第十一节 柴油机燃料供给系统的使用维护与常见故障

一、柴油的清洁

柴油必须保持高度清洁,才能保证流动畅通,并延长供油系统精密偶件的使用寿命,为此,在使用前柴油要经过严格的净化(储存沉淀与过滤)。

1. 柴油的沉淀

柴油加注到汽车燃油箱以前,必须经过长时间的静置(一般要求静置 100~120 h),以使其中的固体杂质和水分下沉,与柴油分离。储油罐底部设有螺塞,应定期清除罐底部的杂质和水分,并清洗油罐内壁。

2. 柴油的过滤

柴油注入油箱前,还必须经过滤清器才能使用,一般采用加压过滤法,这样效率高、过滤质量好。用油泵将柴油压入滤清器内,经过滤芯,流入油桶或油罐,以备使用。维护发动机时,粗、细滤清器必须按时洗刷、更新。

二、柴油机燃料供给系统的维护

1. 柴油机燃料供给系统的日常维护

(1)每天例行检查燃料供给系统的各紧固螺钉(喷油泵的紧固螺钉、喷油器的紧固螺钉或螺母、联轴器的连接螺钉、各缸高压油管的连接螺母、喷油泵壳体上的外部螺钉和螺母)有无松动。

(2)检查燃料供给系统的密封状况,各接头、油管不得有漏油、进气的现象。

(3)检查润滑状况。每天应检查喷油泵、调速器、供油提前装置中的润滑油质量和数量。

2. 柴油机燃料供给系统的定期维护

(1)按使用说明书要求,定时维护柴油滤清器(一般柴油机工作累积 50 h 或汽车行驶 1 500~2 500 km 时,可以进行一次维护)。滤芯可以用干净的柴油或煤油清洗。如滤芯堵塞严重或滤芯破裂,应更换。安装时,应注意滤芯密封垫的位置不得偏斜;否则,柴油滤清器会漏柴油。安装有方向要求的滤清器时,要注意柴油管的连接方向(输油泵进油口处有滤网的应进行清洗)。

(2)按制造厂家的要求定期检查、调试喷油器、喷油泵及调速器。在平时使用中不能轻易拆卸或自行调整。

三、柴油机燃料供给系统的常见故障诊断与排除

柴油机燃油系统的常见故障有:发动机不能启动或启动困难、发动机动力不足、发动机怠速不稳、柴油机工作粗暴;排气烟色不正常及发动机超速等。

1. 发动机启动困难

对于柴油机发动机来说,如果能满足适当的燃油供给条件(喷油量及喷油雾化质量、喷油时间等)、充分的压缩压力和足够的启动转速(150~300 r/min),则能正常启动。在分析故障原因时应首先考虑这些条件。

(1)故障现象。

启动机正常工作而发动机不能启动,多是由燃油系统工作不良引起的,常见的故障现象如下:

①发动机无启动迹象,排气管无烟排出。

②发动机有启动迹象,排气管冒白烟,但不能发动。

(2)故障原因。

①属于低压油路的原因。

a. 油箱内无油或存油不足。

b. 油箱至喷油泵间管路堵塞。

c. 油箱至输油泵间管路中有漏气部位,使油路中进入空气。

d. 柴油滤清器或输油泵滤网堵塞。

e. 喷油泵溢流阀不密封。
f. 油路中渗进了水或使用的柴油牌号不对。
②属于高压油路的原因。
a. 喷油泵柱塞偶件磨损过甚,造成内泄漏大,使供油量达不到启动时的需要。
b. 喷油泵油量调节机构卡滞,柱塞不能转动或转动量过小。
c. 出油阀密封不良,造成不供油或供油不足。
d. 喷油器针阀积碳或烧结而不能开启。
e. 喷油器针阀开启压力调整过高。
f. 喷油器喷孔堵塞。
g. 高压油管中有空气或接头松动。
③其他方面的原因。
a. 低温启动预热装置失效,发动机气缸内温度过低。
b. 空气滤清器堵塞,或排气管排气不畅。
c. 供油时间过早或过迟。
d. 喷油雾化不良。
e. 气缸压缩压力过低,压缩终了的温度和压力达不到柴油的燃点。

(3) 故障诊断与排除方法。

发动机启动时无着车迹象,排气管不排烟,说明柴油没有进入气缸,重点检查供给系统的堵塞、漏气现象和某些零部件的损坏。首先应确定故障出自低压油路还是高压油路。

将喷油泵放气螺钉松开,扳动手油泵,观察放气螺钉处是否流油,若不流油或流出泡沫状柴油,而且长时间扳动手油泵也排不尽,表明低压油路有故障。如果流油正常,则说明高压油路有故障。

①低压油路的故障诊断。

a. 若松开喷油泵放气螺钉,扳动手油泵,放气螺钉处无油流出,说明油箱中无油或油路堵塞。首先检查油箱中存油是否足够,油箱盖空气孔是否堵塞。若拉手油泵拉钮时,明显感到有吸力,松手后又自行回位,说明油箱至输油泵的油路堵塞;若拉手油泵拉钮时感觉正常,但压下去比较费力,说明输油泵到喷油泵的油路堵塞,可检查柴油滤清器是否堵塞。如果上下拉动手油泵拉钮时,均无正常的泵油阻力,说明手油泵失效,应检查手油泵进出油阀是否关闭不严等。在寒冷地区严寒季节,柴油牌号选用不当或油中有水,容易造成柴油凝结或油中的水结冰而堵塞油管。

b. 若松开喷油泵放气螺钉,扳动手油泵,放气螺钉处流出泡沫状柴油,而且长时扳动手油泵也是如此,说明油箱至输油泵之间的管路漏气,燃油系中渗进空气发生了气阻。首先检查油管有无破裂、输油泵至油箱一段油管接头是否松动或油箱内上油管的上部是否开裂等。

②高压油路故障诊断。

松开喷油泵放气螺钉,扳动手油泵,放气螺钉处出油正常,但各气缸喷油器无油喷出,可推断故障出自高压油路。

诊断高压油路故障时,应首先确定故障出自喷油泵还是喷油器。可在发动机转动时,用手触试各缸高压油管,若感到有喷油"脉动",说明故障不在喷油泵而在喷油器;若无"脉动"或"脉动"甚弱,说明故障在喷油泵。

a. 喷油泵故障的检查。

(a) 接通启动机,查看喷油泵输入轴是否转动,联轴节是否连接可靠,否则应检查联轴节有无断裂,半圆键是否完好。

(b) 拆开喷油泵侧盖,检查供油调节拉杆是否总处于不供油位置,若总处于不供油位置,应检查踏板拉杆、供油拉杆或调速器的卡滞故障。

(c) 检查供油调节机构是否工作不良。踏下加速踏板,观察柱塞是否转动,若不转动,应检查调节叉或扇形小齿轮的固定螺钉是否松动,调节臂有无从中脱出或柱塞与柱塞套筒是否卡滞。

(d) 检查喷油泵出油阀是否密封不严。拆下高压油管,用手油泵泵油,若出油阀溢油,说明出油阀密封不良。

(e) 检查溢油阀的密封情况。

b. 喷油器故障的检查。

喷油器可在喷油器实验器上进行实验。若就车检查,可将喷油器从气缸盖上拆下接上高压油管,然后启动发动机,观察其喷油情况。若雾化良好又不滴油,说明无故障;若雾化不良,应解体检查喷油器针阀是否卡滞、弹簧弹力、喷孔是否堵塞等。

高压油路的诊断故障树如图 6-75 所示。

柴油发动机若在低温(特别是冬季)启动时排气管排出白烟,但在温度升高后排烟正常,这是正常现象。若发动机启动困难,虽有启动迹象但不能发动,或启动后又熄火,排气管冒出大量白烟,则是有故障。故障原因一般有两种情况:一是气缸中进了水或柴油中有水,燃烧后排气管排出大量水汽白烟;二是因为混合气形成条件差,气缸内温度较低,燃油不能很好地形成混合气而没有燃烧便排出去,一般是白色烟雾。

① 气缸内进水。

如果排出白烟,用手接近排气管消声器出口处,发现手上留有水珠,说明有水进入燃烧室。首先拔出油尺,观察曲轴箱机油油面是否升高,机油中是否有水(机油颜色发白说明机油被水乳化),并在启动发动机时观察水箱上部有无气泡冒出。若机油有水和水箱上部在启动发动机时有大量气泡冒出,应检查气缸垫有无烧穿漏水、气缸盖螺栓有无松动、气缸盖或气缸体有无破裂漏水等。否则,应检查柴油中是否有水,可将油箱及柴油滤清器放污塞打开,放出水和沉淀物。

② 燃油燃烧不良。

发动机启动困难,排气管冒白烟,经诊断气缸内没有进水,重点应考虑燃油燃烧条件不足等原因。诊断步骤如下:

a. 检查启动预热装置是否损坏。

b. 检查进气通道是否堵塞。

c. 检查和调整喷油正时。

d. 检查喷油器喷油雾化是否不良。

e. 检查气缸压力是否过低。

f. 检查喷油泵供油是否过多或过少。

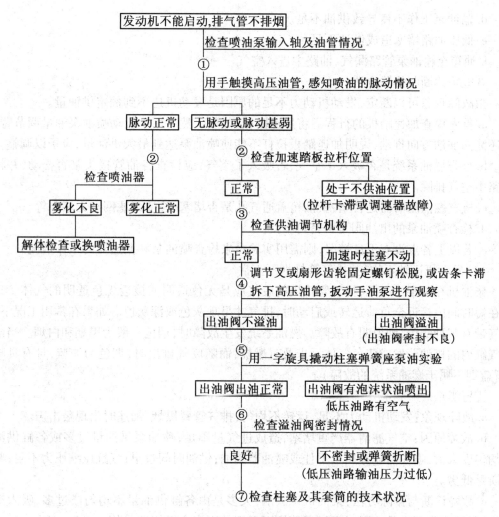

图 6-75 高压油路的诊断故障树

2. 发动机动力不足

常见的发动机动力不足表现为：发动机运转均匀，无高速，排气管排气量过少；发动机运转不均匀，排气管排烟不正常等。

(1) 发动机运转均匀，无高速，排气管排气量过少。

① 故障现象。

汽车行驶动力不足，加速不灵敏，踩下加速踏板后，转速不能提高到规定值，排气管排气量过少。

② 故障原因。

a. 加速踏板拉杆行程不能保证供给最大供油量。

b. 调速器调整不当或调速弹簧过软，喷油泵不能保证最大供油量。

c. 喷油泵供油不足，原因是：

(a) 喷油泵油量调节拉杆（或齿条）达不到最大供油位置。

(b) 喷油泵出油阀密封不良。

(c) 喷油泵柱塞磨损过度。

d. 输油泵工作不良导致供油不足。
e. 低压油路堵塞造成供油不足。
f. 油箱至输油泵管路漏气,油路中进入空气。
③故障诊断与排除方法。
由故障现象可以断定,发动机动力不足的原因是发动机达不到额定供油量。
a. 首先检查加速踏板的行程。将加速踏板踩到底,然后用手扳动喷油泵油量调节臂,若还能向加油方向推动,说明加速踏板拉杆不能使喷油泵达到最大供油量,应予以调整。
b. 检查燃油系统是否吸入了空气,若吸入了空气,应检查各油管接头是否松动,并将油路中空气排除。
c. 检查燃油滤清器是否堵塞,油箱盖通气孔是否堵塞、输油泵滤网有无堵塞等。
d. 检查喷油泵的出油阀是否密封不良。
e. 若以上各点没有不良情况,则需用实验台来检查喷油泵和调速器的工作情况。
(2)发动机运转不均匀,排气管排烟不正常。
柴油机在正常工况下,排气管排出的废气应是无色透明或接近无色透明的气体。只有在短时间内接近全负荷运转或启动时,排气才呈现灰色或深灰色。如果在常用工况下,废气带有某种颜色,则说明有故障。燃油系统发生故障时,烟色一般为黑烟和白烟。当窜入气缸内的机油蒸发成蓝色气体后未及时燃烧,而随废气排出时,烟色为淡蓝,且有臭味(冒蓝烟不属于燃油系统的故障)。
①冒黑烟。
a. 故障现象:发动机动力不足,运转不均匀,排气管冒黑烟,加速时出现敲击声。
b. 故障原因:空气滤清器严重堵塞,造成进气量不足;喷油泵供油量过多或各缸供油不均匀度太大;喷油器喷雾质量不佳或喷油器滴油;供油时间过早;气缸压缩压力不足;柴油质量低劣。
c. 故障诊断与排除方法:柴油机冒黑烟,大多是由各缸供油量不均匀或过多、吸入空气量不足、雾化不良及喷射时间过早等原因引起的不完全燃烧造成的。
(a)拆下空气滤清器,观察排气烟色。若冒黑烟情况好转,故障系空气滤清器滤芯堵塞造成的。
(b)检查供油时间是否过早,若过早应调整。
(c)在发动机运转时,可逐缸断油实验。当某缸断油时,发动机转速降低,黑烟明显减少,敲击声变弱或消失,说明该缸供油量过多。若发动机转速变化小而黑烟消失,说明该缸喷油器喷雾质量差。找出有故障的单缸后,拆检喷油器。必要时,可换装新喷油器进行对比,若用新喷油器时故障消失,则说明原喷油器有故障。
(d)用上述方法仍不能排除故障时,对于喷油泵滚轮传动件具有调整螺钉的,应检查各缸供油间隔角是否一致,必要时进行调整。
(e)在实验台上检查喷油泵供油量和供油不均匀度是否符合标准。
(f)若以上各项均无问题,应对有故障的单缸测试压缩压力,以判断是否因气缸、活塞、活塞环等磨损漏气或气门密封不良等造成压缩压力不足。
②冒白烟。
a. 故障现象:发动机动力不足且运转不均匀,排气管冒出大量白烟。
b. 故障原因:供油时间过迟;柴油中有水或气缸垫烧穿,缸盖破裂漏水等原因造成气缸进水；气缸温度过低或气缸压缩压力不足；喷油器喷雾质量不佳。

c. 故障诊断与排除方法：

（a）首先检查发动机温度，若温度过低则应检查冷却强度调节装置，如节温器、百叶窗及保温被等工作是否正常。在冬季，柴油机冷启动后往往冒白烟，但当发动机温度正常后白烟能自行消失，则属于正常现象。

（b）若发动机温度正常，排气管排水蒸气烟雾时，将手靠近排气管口处，当白烟掠过，手面留有水珠，则应检查柴油中是否有水或缸垫烧穿、缸盖破裂漏水等。

（c）发动机动力不足，排气管排灰白色烟雾，一般是供油时间过迟，应检查和调整供油时间。

（d）检查喷油器的喷雾质量。首先采用单缸断油的方法，找出工作不良的气缸。拆下喷油器，在缸外仍连接到原来的高压油管上，启动柴油机运转，观察喷雾质量。若喷雾质量不佳，应对喷油器检查和调整，必要时更换喷油器。

（e）若发动机刚启动时冒白烟，温度升高后冒黑烟，通常是气缸压力过低造成的。

3. 柴油机工作粗暴

柴油机工作粗暴是指柴油机工作时，气缸内燃烧的混合气的温度和压力急剧升高。由于压力升高率太大，因此爆炸性压力波相互撞击并撞击燃烧室壁和活塞顶，产生一种类似金属敲击的响声，称为"着火敲击"。

柴油机的供油时间应随转速的增加而提前。有些没有供油提前角自动调节装置的发动机，其供油提前角只适合于额定转速，在低速和怠速时就显得供油时间过早，会发出均匀的敲击声，这是正常现象。如果发生下列现象，则为柴油机工作粗暴故障。

（1）故障现象：发动机产生有节奏的（清脆的）类似金属的敲击声，急加速时响声更大，排气管冒黑烟；气缸内发出低沉不清晰敲击声；敲击声没有节奏并冒黑烟。

（2）故障原因：喷油时间过早；喷油雾化不良；进气通道堵塞或空气滤清器堵塞；各缸喷油不均；喷油器滴油；选用的柴油牌号不当。

（3）故障诊断与排除方法。

当柴油机产生类似敲缸声时，应首先确定是着火敲击还是机件敲击。

① 急减速实验：着火敲击声暂无，随后又出现；机件敲击声则连续发出。在异响的同时观察排烟，着火敲击的同时排气管排黑烟或灰白烟；机件敲击时排气管不排烟或排蓝烟。

如果响声均匀，说明各缸工作情况差不多。其故障原因与喷油正时、进气情况、柴油性能等方面有关。

② 急加速实验：若响声尖锐，排气管冒黑烟，通常是喷油时间过早；若加速困难、声调低沉，排气管冒白烟，是喷油时间过迟，应检查并调准供油提前角。

若调整供油正时的效果不明显，则应检查空气滤清器是否堵塞、进气通道是否畅通。

若进气通道畅通，仍有响声，应考虑柴油牌号选择得是否适当。

如果响声不均匀，说明各缸工作情况不一致。可用单缸断油的方法找出工作不良的气缸。若怀疑某喷油器工作不良，可用一个标准喷油器或与他缸调用喷油器，倘若这时声响消失（或转移他缸）则表明故障就在喷油器。若怀疑某缸供油量过大，可用减油法实验，减油之后响声和排烟应消失。若减油之后故障减弱并不消失，只有断油才完全消失，则说明故障原因是喷油时间过早。

4. 发动机超速

柴油机的转速失去控制,疾转不止的现象称为超速(俗称"飞车")。

(1)故障现象。

柴油机在汽车运行或自身空转中,尤其是全负荷或超负荷运转突然卸荷后,转速自动升高,超过额定转速而失去控制。

(2)故障原因。

引起发动机超速的主要原因有两个方面:一方面是喷油泵和调速器的故障,使调速失灵;另一方面是柴油机在运转过程中有额外的柴油或机油进入燃烧室燃烧。

①喷油泵和调速器的故障。

a. 加速踏板拉杆或喷油泵供油调节齿杆卡滞,使其在额定供油位置上回不来。

b. 油量调节齿杆和调速器拉杆脱节。

c. 柱塞的油量调节齿圈固定螺钉松动使柱塞失去控制。

d. 调速器的高速限制螺钉或最大供油量调整螺钉调整不当。

e. 调速器内润滑油过多或机油太脏、黏度过大,使飞锤甩不开。

f. 调速器因飞锤组件出现卡滞、锈污、松旷或解体等失去效能或效能不佳。

②燃烧室进入额外燃料。

a. 气缸窜油,使润滑油进入燃烧室燃烧。

b. 带增压器的柴油机由于增压器油封损坏,机油进入燃烧室燃烧。

(3)故障诊断与排除方法。

"飞车"的故障一般很少见,但喷油泵调速器调整不当或使用时盲目调整调速器的重要部位(如加有铅封的调整螺钉),则"飞车"故障时有发生。无论是正在行驶的汽车还是停驶的汽车,一旦出现"飞车",首先要采取紧急措施,设法立即熄火,避免事故发生。然后再诊断并排除故障。

①紧急措施。

a. 若汽车在运行中,千万不要脱挡或踩下离合器,应紧急制动直至发动机熄火。

b. 若汽车静止发动机空转时,则立即采用断油或断气的方法使发动机熄火,包括:迅速将加速踏板收回到停车位置,拉出灭火拉扭;供油拉杆或齿杆外露的喷油泵,可迅速将拉杆推向停油位置;松开各缸高压油管或低压油路的油管接头以停止供油;及时挂入高速挡,踩下制动踏板,缓抬离合器,使发动机熄火。

②诊断。

a. 发动机熄火后,反复踩动加速踏板或搬动喷油泵操纵臂,从喷油泵外部或拆下侧盖从内部检视供油拉杆(或齿杆)的轴向活动情况。若供油拉杆(或齿杆)不能轴向活动,故障是由供油拉杆(或齿杆)在其承孔内因缺油、锈蚀等出现卡滞而不能回位造成的。

b. 打开调速器上盖,检查调速器飞锤组件与供油拉杆(或齿杆)的连接是否脱开,调速器内机油是否加得太多或机油黏度太大,调速器飞锤组件是否出现卡滞、锈滞、松旷或解体。

c. 拆下喷油泵调速器总成,在实验台上进行检修与调试,合格后再装机。

d. 若燃油系统良好,应检查气缸有无额外进入燃料。例如,空气滤清器或增压器的机油能否漏入气缸;气缸是否窜机油等。

发动机熄火后,必须找出造成超速事故的原因,并做彻底排除后,方允许再次启动发动机,否则发动机启动后,又将出现"飞车"现象。

本 章 小 结

(1) 我国柴油按质量可分为优等品、一等品和合格品3个等级,每个等级又按柴油的凝点分为5、0、-10、-20、-35和-50六个牌号。选用柴油时,要求柴油的凝固点低于气温5℃以上。

(2) 柴油机可燃混合气是在气缸内以极短的时间形成,需要通过柴油的高压喷射和组织空气的适度涡流,并配以合适的燃烧室来完成。混合气形成分空间雾化混合和油膜蒸发混合两种基本方式。燃烧室分直喷式燃烧室和分隔燃烧室两大类。两者相互匹配,可以有效提高柴油机的动力性、经济性和排放性能。

(3) 柴油机燃料供给系统由低压油路(油箱、油水分离器、柴油滤清器、输油泵等)和高压油路(喷油泵、调速器、喷油器、高压油管等)组成。油水分离器和柴油滤清器分别用来清除柴油中的水和杂质,应注意日常维护。输油泵根据喷油泵需要提供一定压力的柴油,有活塞式、膜片式和滑片式几种形式。

(4) 喷油泵的作用是定时定量地产生高压柴油,有柱塞式和分配式两大类。它一般由喷油泵体、传动机构、泵油机构、油量调节机构、供油提前器和润滑冷却系统组成。泵油机构是喷油泵的核心,由多对精密偶件组成,对柴油机工作性能影响较大。

(5) 调速器的作用是根据柴油机负荷与转速的变化,自动调节喷油泵供油量,以限制或稳定转速。目前柴油汽车常用的是全程式或两极式调速器。机械式调速器主要由传动组件、感应组件、调速杠杆组件、弹簧组件及调整组件等组成。

(6) 喷油器的作用是将柴油以一定的喷油压力、喷雾细度、喷油规律、射程和喷雾锥角喷入燃烧室特定位置。由于喷油嘴偶件工作条件差、容易磨损,应经常进行喷油压力和喷雾质量检查调整。

(7) 柴油机燃烧过程分着火延迟期、速燃期、缓燃期和后燃期4个阶段。供油提前角及喷油规律都对燃烧过程有重要影响。

(8) 供油提前角是指喷油泵开始供油瞬时到活塞行至上止点时所转过的曲轴转角。它是影响柴油机的工作性能重要而敏感的因素。使用中零部件磨损或松动,会使供油提前角产生变化,应经常进行检查调整。

(9) 柴油机燃料供给系统应注意柴油使用的高度清洁、日常维护及定期维护。

(10) 柴油机常见故障诊断与排除主要有发动机不能启动或启动困难、发动机动力不足、发动机怠速不稳、柴油机工作粗暴、排气烟色不正常及发动机超速等。

思 考 题

6-1 柴油机的可燃混合气形成有什么特点?有哪两种基本方式?如何实现?

6-2 柴油机燃烧室分哪两大类?各有什么特点?根据所拆装的柴油机,分析其可燃混合气的形成过程。

6-3 柴油机燃料供给系统由哪些主要部件组成?各部件的主要作用是什么?

6-4 输油泵有哪几类?其结构与工作原理各是什么?

6-5 喷油泵的作用是什么?分哪几大类?

6-6 拆装 A 型喷油泵,并讲述其基本结构与工作原理。

6-7 拆装 VE 型分配泵,并讲述其基本结构与工作原理。

6-8 与 A 型泵相比,P 型泵有什么结构特点?

6-9 柴油机的供油提前角过大或过小会导致什么后果?

6-10 调速器的基本作用是什么?如何分类?

6-11 拆装 VE 型分配泵的全程式调速器,并讲述其基本结构与工作原理。

6-12 喷油器的基本作用是什么?如何分类?

6-13 拆装喷油器(孔式喷油器和轴针式喷油器),叙述其基本结构与工作原理。

6-14 如何检查调整喷油器的喷油压力和喷雾质量?

6-15 比较柴油机电控喷射系统两种控制(位置控制和时间控制)类型的优缺点。

6-16 叙述高压共轨电控柴油喷射系统的基本组成、各部件的基本结构与工作原理。

6-17 柴油机燃料供给系统在使用中应注意哪些问题?

6-18 柴油机发生"飞车"时,应如何采取紧急措施进行处理?

第七章

发动机有害排放物的控制系统

教学目标与要求

1. 了解发动机有害排放物的组成。
2. 掌握排放控制系统的组成。
3. 掌握发动机排放控制装置的分类及工作原理。

教学重点

发动机排放控制装置的工作原理。

教学难点

发动机排放控制装置的工作原理。

随着汽车工业的发展和汽车保有量的增加,其排放对大气环境的污染日趋严重。据有关资料介绍,大气中所含 CO 的 75%、HC 和 NO_x 的 50% 来源于汽车发动机的排放。特别是在汽车密度较大的国家,汽车发动机的排气污染早已严重危害环境。因此,世界各国已相应地制定了汽车排放控制法规标准,而且随着节能和环保意识的提高,对汽车排放控制的法规标准日趋强化。为了适应这种日趋严格的排放控制法规标准,十几年来开发研制出许多汽车排放控制新技术和新装置,这些已成为目前汽车发动机不可缺少的一部分。

第一节 汽车发动机的有害排放物

汽车发动机的有害排放物主要有尾气排放物、燃油系统蒸发物和噪声。其中尾气排放物,由于汽车发动机的燃料主要是汽油或柴油,它们是多种碳氢化合物的混合物,在发动机气缸内与空气混合并燃烧,大部分生成 CO_2 和 H_2O,依据燃烧条件,还有一部分不完全燃烧而生成 CO 和 HC 化合物。此外,当燃烧温度很高时,空气中的氮与未燃烧的氧发生反应,生成 NO_x。对于汽油机有害排放物主要指 CO、HC 和 NO_x;而对于柴油机,除 CO、HC 和 NO_x 以外,有害排放物还有颗粒物。这些尾气排放物对人类和环境都会造成很大危害。

一、一氧化碳（CO）

CO 是一种无色无味的气体。其熔点为 -205.0 ℃，沸点为 -191.5 ℃，发火点为 651.0 ℃。它对血液中血红素的亲和力是氧气的 300 倍，当人吸入 CO 后，血液吸收和运送氧的能力降低，会出现头晕、头痛等中毒症状。当吸入 CO 气体的体积分数达到 0.3% 时，可致人死亡。

在实际燃烧过程中，不仅空气不足时燃烧生成物中有 CO，在空气充足时燃烧产物中也含有 CO。其原因是混合气的形成与分配不均。另外，在使用稀混合气时，在高温下燃烧生成的 CO_2 和 H_2O，也可能有一小部分发生如下的分解反应：

$$2CO_2 \Longrightarrow 2CO + O_2$$
$$2H_2O \Longrightarrow 2H_2 + O_2$$

分解反应生成的 H_2 又会使 CO_2 还原成 CO，即

$$CO_2 + H_2 \Longrightarrow CO + H_2O$$

所以，在发动机排气中，总会有 CO 存在。尽管如此，排放物中 CO 的浓度基本上取决于空燃比。

二、碳氢化合物（HC）

HC 作为燃烧产物，大体上可分为不含氧的 HC 和醛类等含氧的 HC 两大类。

HC 化合物在阳光照射下会发生光化学反应，产生臭氧（O_3）、PAH（多环芳香族 HC）等具有强氧化特性的物质，形成光化学烟雾。它不仅可降低大气的能见度，使橡胶开裂，植物受害，刺激人的眼睛和喉咙，而且 HC 中的 PAH 是致癌物质，会导致碳烟产生。

HC 的来源主要有未完全燃烧生成的 HC、由燃料供给系统泄漏产生的 HC 以及未燃燃料从燃烧室直接排出的 HC 3 种。其中引起未完全燃烧的原因是燃烧室内的氧气量不足，燃烧室壁面温度过低，以及混合气形成不充分或燃烧室内局部混合气过浓等。

在汽油机中，缸壁激冷也是排气中 HC 的主要来源。HC 的排放原理如图 7-1 所示，当火焰传播到接近气缸壁面附近时，由于壁面的冷却作用，火焰不能完全传播到缸壁表面，使 0.05~0.4 mm 厚度上的混合气烧不着。通常把这层烧不着的混合气称为激冷层。另外，气缸体和气缸盖接合面之间的缝隙、活塞顶部与第一道气环之间的空隙、火花塞磁芯周围的空隙等，火焰也不能传播过去。上述激冷层和气隙中的混合气没有燃烧就随废气排出。在排气初期，靠近排气门附近的那一部分激冷层中的未燃气体首先随废气排出，在排气后期，活塞把气缸壁面的激冷层也卷进排气中，使 HC 的排放浓度大大增加。

HC 化合物的控制方法主要有采用碳含量少的代用燃料；或采用电控技术改善燃烧，保证混合气的浓度和燃烧温度最佳等。

三、氮氧化合物（NO_x）

NO_x 也是一种燃烧生成物，是 NO 和 NO_2 的总称。其中绝大部分是 NO（约占 95%），在燃烧后期或排气过程中，部分 NO 氧化成 NO_2。

NO_x 对大气环境、植物生长乃至人类身体健康有极大的危害。NO 在大气层中，与 O_3 反应急速生成 NO_2，直接破坏大气层。此外，NO_2 是呈红褐色的有害气体，有强烈的刺激味，对肺和心肌等都有很强的损害作用。同时，NO_x 和 HC 一样也是形成光化学烟雾的主

要因素之一。

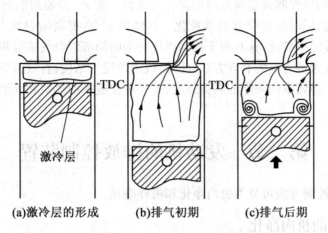

(a)激冷层的形成　　(b)排气初期　　(c)排气后期

图 7-1　HC 的排放原理

在发动机工作中,无论是进行完全燃烧反应,还是不完全燃烧反应,其最初燃烧反应所产生的热必将使空气中的氧分子裂解为氧原子,并与空气中的氮分子发生反应而生成 NO 和氮原子,而氮原子又与空气中氧分子发生反应生成 NO 和氧原子,这部分氧原子又可与空气中氮分子重新反应,产生 NO,其反应式为

$$O_2 = 2O$$
$$N_2 + O = NO + N$$
$$N + O_2 = NO + O$$

在这些反应中,燃烧温度越高,燃烧过程中氧气浓度越大,高温下的持续时间越长,NO 的生成量就越多。

控制 NO_x 产生的主要方法有:降低混合气中氧的浓度,降低燃烧温度,缩短在高温燃烧带内的滞留时间及改善混合气的形成等。

四、微粒

微粒(碳烟)是柴油机的主要有害排放物之一,由可溶性有机成分(Soluble Organic Fractions,SOF)和不可溶成分组成。柴油机排气中的微粒尺寸比较小,可长期悬浮在大气中,不仅降低了大气的可见度,而且易于被人吸入肺部,同时微粒中的 SOF 是致癌物。

碳烟是碳氢系列燃料的燃烧产物,所以其产生与 CH 系列燃料的燃烧状态直接有关。对预混合火焰,在燃料过多的浓混合气下,混合气接近火焰带时受到火焰面的高温热辐射而分解成碳烟。产生碳烟的另一个条件就是温度场。对预混合火焰,当温度在 2 100 ~ 2 400 K 时碳烟生成量最大,火焰温度进一步升高时,碳烟生成量反而减少。在扩散火焰区内,产生碳烟的主要原因是缺氧。

柴油机的燃烧过程一般包括预混合燃烧和扩散燃烧。由于在柴油机燃烧室内混合气极不均匀,尽管总体上是富氧燃烧,但局部缺氧,特别是燃烧后半期随活塞的下移,缸内温度和压力降低,使燃烧过程不稳定,不能保证碳烟的充分氧化时间,最终导致碳烟的生成。控制碳烟的方法主要有两条基本途径:其一就是提高火焰温度,但这种方法与控制 NO_x 排放量互相矛盾;其二就是控制火焰领域内的混合气浓度,避免过浓状态。为此,对预混合火焰需要供给充分的氧气;而对于扩散火焰,需要促进混合气的形成。因此,控制碳烟最基本的原理就是如何控制火焰领域内的混合气浓度。为此,需要组织燃烧室内的气流运动,促进紊流混合,同时促进喷雾的微粒化。具体措施有:提高喷射速率,或进行高压喷射,由此促进喷雾的微粒化,这有利于控制燃烧初期的局部混合气浓度和燃烧中后期的紊流扩散火焰,是改善混合气的有效方法;此外,改进燃烧室结构,有效组织燃烧室内的气流运动,特别是保证燃烧室内一定的涡流强度,是一种促进扩散燃烧和碳烟氧化的很有效的措施。

第二节 发动机的排放控制装置

发动机排放控制方法可分为机内净化和机外净化。

一、发动机的机内净化

通过改善可燃混合气的品质和燃烧状况,抑制有害气体的产生,使排气中的有害气体成分减至最少,这种方式称为机内净化。机内净化是治理汽车发动机排气污染的根本方法。

1. 改善发动机的燃烧状况

改善发动机的燃烧状况是通过配气相位、点火时刻等的优化调整和燃烧室、火花塞等的优化设计、配置来实现的。

配气相位(特别是气门重叠时间)对 NO_x、HC 排放量的影响很大。实验结果表明,气门重叠时间较长时,因排气彻底、进气充足、气缸内温度低,NO_x 的排放量将减少,而 HC 的增加量并不多;当气门重叠时间较短时,HC 的量将减少,而 NO_x 的量却增加较多。

延迟点火时刻可降低燃烧最高温度,因此 NO_x 的排放量减少;同时,由于燃烧持续时间较长,促进氧化作用,使 HC 减少。

减小燃烧室的表面积和容积之比(面容比)可减少 HC 的排放量。浴盆形、盆形、楔形、半球形燃烧室的面容比依次减小。改变燃烧室设计、加强气体的涡紊流、优化火花塞配置,都可对发动机排放产生影响。

2. 改善可燃混合气的品质

采用恒温进气空气滤清器和废气再循环装置是改善可燃混合气品质的两种常用方式。

(1)恒温进气空气滤清器可以在发动机冷启动之后,供给发动机热空气,从而既减少了 CO 和 HC 的排放,又改善了发动机低温下的运转性能。

(2)废气再循环是将 5%~20% 的废气再引入进气管,与新鲜混合气一起进入燃烧室,使最高燃烧温度降低,从而减少 NO_x 的生成量。目前,汽车广泛使用的废气再循环装置,如图 7.2 所示。

EGR 阀 1 膜片的下部通大气,装有弹簧的另一侧为真空室,其真空度由 EGR 电磁阀控制。增大真空室的真空度使膜片克服弹簧力上拱,则阀的开度增大,废气再循环量增大。当上部失去真空度时,膜片在弹簧力的作用下向下拱使阀关闭,阻断废气再循环。

EGR 电磁阀(图 7-3)有 3 个通气口,不通电时,弹簧将阀体 1 向上压紧,通大气阀口被关闭。这时,EGR 电磁阀使进气管与 EGR 阀真空室相通;当 EGR 电磁阀线圈通电时,产生的电磁力使阀体下移,阀体下端将通进气管的真空通道关闭,而上端的通大气阀口打开,使 EGR 阀的真空室与大气相通。

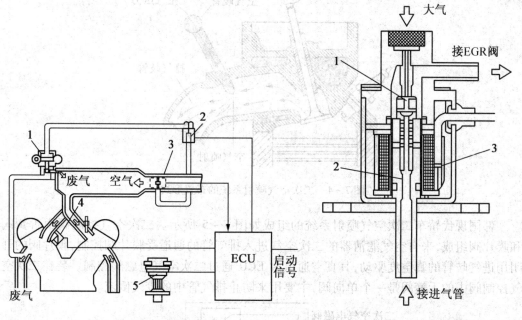

图 7-2 废气再循环装置
1—EGR 阀;2—EGR 电磁阀;3—节气门;
4—冷却液温度传感器;5—曲轴位置传感器

图 7-3 EGR 电磁阀
1—阀体;2—空气通道;3—电磁阀线圈

ECU 根据各有关传感器的信号确定废气再循环流量后,通过输出相应的占空比脉冲信号,控制 EGR 电磁阀在相应的占空比下工作,将 EGR 阀真空室的压力调节到相应值,使 EGR 阀有相应的开度。

当需要增大废气再循环流量时,ECU 输出的占空比减小,EGR 电磁阀相对通电时间减少,EGR 阀真空室通进气管的相对时间增大,其真空度增大而使阀开度增大,使废气再循环流量相应增加。

当 ECU 输出占空比为 0 的信号(持续低电平)时,EGR 电磁阀断电。这时,EGR 电磁阀真空室与进气管持续相通,其真空度达到最大(直接取决于进气管的真空度),EGR 电磁阀的开度最大,废气再循环流量也达到最大。

当不需要废气再循环时,ECU 输出占空比为 100% 的信号(持续高电平),使 EGR 电磁阀常通电,EGR 电磁阀真空室与大气常通通道关闭,阻断了废气再循环。

二、发动机的机外净化

用设置在发动机外部的附加装置将排出的废气净化后再排入大气的措施称为机外净化。机外净化常用以下方法。

1. 二次空气喷射

二次空气喷射(Air Injection,AI)是在一定工况下,将一定量的新鲜空气送入排气管(图 7-4),促使发动机排出废气中的 CO 和 HC 进一步氧化,从而降低汽车废气中有害物的排放量。在启动工况下,二次空气喷射系统还可以加快三元催化转换器的升温,使发动机尽快进入空燃比闭环控制过程,从而改善发动机的工作性能。

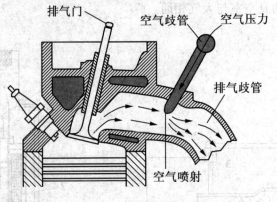

图 7-4 二次空气喷射系统的布置形式

韩国现代轿车二次空气喷射系统的组成如图 7-5 所示。二次空气控制阀由舌簧阀和膜片阀组成,来自空气滤清器的二次空气进入排气管的通道受膜片阀控制,膜片阀的开闭用进气歧管的真空度驱动,其真空通道由 ECU 通过二次空气电磁阀控制。装在二次空气控制阀中的舌簧阀是一个单向阀,主要用来防止排气管中的废气倒流。

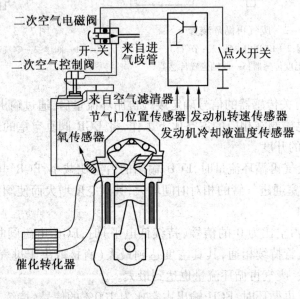

图 7-5 韩国现代轿车二次空气喷射系统的组成

点火开关接通后,蓄电池即向二次空气电磁阀供电,ECU 控制二次空气电磁阀的搭铁回路。二次空气电磁阀不通电时,关闭通向膜片阀真空室的真空通道,膜片阀弹簧推动膜片下移,关闭二次空气供给通道,不允许向排气管内提供二次空气。ECU 给二次空气电磁阀通电时,电磁阀开启膜片阀真空室的真空通道,进气管真空度将膜片阀吸起,排气管内的脉动真空即可吸开舌簧阀,使二次空气进入排气管。

2. 催化转换器

催化转换器是利用催化剂的作用,使排气中的有害成分 CO、HC 和 NO_x 尽量发生化学反应而转化为对人体无害的 CO_2、H_2O 和 N_2 的一种排气净化装置,也称为催化转化净化器。

催化转换器有氧化还原型催化转换器和三元催化转换器。氧化型催化转换器在金属铂、钯或铑等催化剂的作用下,可将排气中的 CO 和 HC 氧化成 CO_2 和 H_2O,因此这种催化转换器也称为二元催化转换器。使用时须向氧化型催化转换器供给二次空气作为氧化剂,才能使其有效地工作。三元催化转换器可同时减少 CO、HC 和 NO_x 的排放,它以排气中的 CO 和 HC 作为还原剂,把 NO_x 还原为 N_2 和 O_2,而 CO 和 HC 在还原反应中被氧化为 CO_2 和 H_2O。当同时采用两种转换器时,常把两者放在同一个转换器壳内,且把三元催化转换器置于氧化催化转换器前面。排气经过三元催化转换器之后,部分未被氧化的 CO 和 HC 继续在氧化催化转换器中进行氧化反应。

催化转换器有两种结构形式。一种是颗粒型催化转换器(图 7-6(a)),其中由 100 个直径为 2~3 mm 的多孔性陶瓷小球构成反应床,排气从反应床流过。另一种是整体型催化转换器(图 7-6(b)),其是一个有很多蜂窝状小孔的陶瓷块,排气从蜂窝状小孔流过。陶瓷小球或陶瓷块均装在不锈钢外壳内,小球或陶瓷块小孔表面有一层薄薄的铂、钯或铑的镀层。与颗粒型催化转换器相比,**整体型催化转换器体积小,与排气接触的表面积大,排气阻力也较小**。

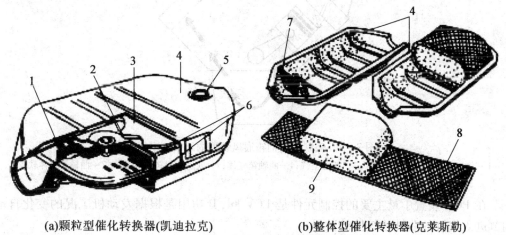

(a)颗粒型催化转换器(凯迪拉克)　　(b)整体型催化转换器(克莱斯勒)

图 7-6　三元催化转换器结构

1—陶瓷小球保持架;2—内壳;3—隔热层;4—外壳;5—填料孔螺塞;
6—陶瓷小球;7—分流器;8—金属网;9—带蜂窝状小孔的陶瓷块

催化转换器有相当严格的使用条件:

(1)装用催化转换器的发动机只能使用无铅汽油,否则铅会覆盖在催化剂表面而使其失效。

(2)只有当温度超过 350 ℃时,催化转换器才起催化作用,温度低时转换器的转换效率很低,因此催化转换器都安装在温度较高的排气歧管后面。

(3)必须向装有三元催化转换器的发动机供给理论混合比的混合气,才能保证有较好的转换效果,否则 CO 和 HC 的氧化反应或 NO_x 的还原反应不可能进行得很完全。

(4)发动机调节不当,如混合气过浓或气缸缺火,都将引起转换器严重过热。

3. 曲轴箱强制通风装置

发动机工作时,有部分可燃混合气和燃烧产物会经气缸、活塞环窜入曲轴箱内。当发动机在低温下运行时,还可能有液态燃油漏入曲轴箱。这些物质如不及时清除,将加速机油变质并使机件受到腐蚀。而窜入曲轴箱内的气体中含有 HC 及其他污染物,所以不能把这种气体排放到大气中。如今汽车发动机采用的强制式曲轴箱通风装置就是防止曲轴箱气体排放到大气中的净化装置。

强制式曲轴箱通风装置的组成如图 7-7 所示。当发动机工作时,进气管真空度作用到 PCV 阀 6,此真空度还吸引新鲜空气 3 经空气滤清器 1、空气软管 2 进入气缸盖罩 5 内,再经由气缸盖和机体上的孔道进入曲轴箱。在曲轴箱内新鲜空气 3 与曲轴箱气体混合后经气缸盖罩 5、PCV 阀 6 和曲轴箱气体软管 7 进入进气管,最后经进气门进入燃烧室燃烧。

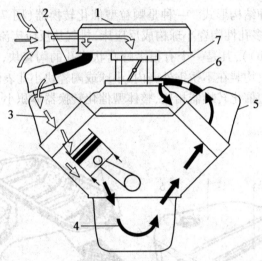

图 7-7 强制式曲轴箱通风装置的组成(福特)
1—空气滤清器;2—空气软管;3—新鲜空气;4—曲轴箱气体;5—气缸盖罩;6—PCV 阀;7—曲轴箱气体软管

在 PCV 装置中最主要的控制元件是 PCV 阀,其功用是根据发动机工况的变化自动调节进入气缸的曲轴箱气体的数量。

(1)发动机不工作(图 7-8(a))时,PCV 阀中的弹簧 3 将锥形阀 2 压在阀座 1 上,关闭了曲轴箱与进气歧管的通路。

(2)发动机怠速或减速(图 7-8(b))时,进气管真空度很大,真空度克服弹簧力把锥形阀吸向右端,使锥形阀与 PCV 阀体 4 之间只有很小的缝隙。PCV 阀开度虽小,但窜入曲轴箱的气体很少,足以使曲轴箱气体流出。

(3)发动机部分节气门开度(图 7-8(c))时,进气管真空度比怠速时小,在弹簧的作用下锥形阀与阀体间的缝隙增大。较大的 PCV 阀开度,可以使窜入到曲轴箱较多的气体被吸入进气管。

(4)发动机在大负荷工作时,发动机节气门大开(图 7-8(d)),进气管真空度较小,弹簧将锥形阀进一步向左推移,使 PCV 阀的开度更大。只有 PCV 阀的开度很大时,才能使大量的曲轴箱气体全部流进进气管。

进气管回火时进气管压力增高,锥形阀落在阀座上,如同发动机不工作时一样,以防止回火进入曲轴箱而引起发动机爆炸。

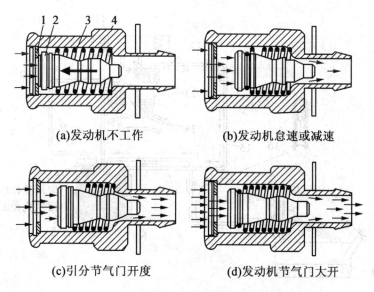

图 7-8 发动机各种工况下的 PCV 阀开度
1—阀座;2—锥形阀;3—弹簧;4—PCV 阀体

当活塞或气缸磨损严重时,将有过多的气体窜入曲轴箱,这时即使 PCV 阀开度最大也不足以使这些气体都流入进气管。在这种情况下,曲轴箱压力将会升高,部分曲轴箱气体经空气软管进入空气滤清器,再随同新鲜空气一起流入气缸(图 7-7)。

4. 汽油蒸发控制系统

汽油蒸发控制系统的功能是将燃油箱和浮子室内蒸发的汽油蒸气收集和储存在炭罐内,在发动机工作时再将其送入气缸燃烧。

图 7-9 所示为汽油蒸发控制系统结构原理图。碳罐 5 内填满活性炭 6。当发动机停机后,燃油箱 1 中的汽油蒸气经油气分离器 3 和汽油蒸气管 4 进入碳罐 5。浮子室 12 中的汽油蒸气则经汽油蒸气管 15 进入碳罐。汽油蒸气进入碳罐后,被其中的活性炭吸附。当发动机启动之后,进气管真空度经真空软管 10 传送到限流阀 8,在进气管真空度的作用下,限流阀膜片上移并将限流孔开启。与此同时,新鲜空气自碳罐底部经滤网 7 向上流过碳罐,并携带吸附在活性炭表面的汽油蒸气,经限流孔和汽油蒸气管 9 进入进气管。

碳罐外壳一般由塑料制成,内填有活性炭颗粒。碳罐顶部有限流阀,用来控制进入进气管的汽油蒸气及空气的数量。发动机怠速时,传送到限流阀膜片室的真空度很小,致使孔径为 1.40 mm 的限流孔关闭,只有少量的汽油蒸气及空气从孔径为 0.76 mm 的限流孔流入进气管,以免破坏怠速时混合气的空燃比。发动机在大负荷或高转速工作时,作用在限流阀膜片上的真空度增大,限流阀全开,大量的汽油蒸气及空气同时经两个限流孔流入进气管。

5. 柴油机微粒过滤器

柴油机排放的最突出问题是排气冒黑烟,其处理方法主要靠微粒过滤器过滤。柴油机微粒过滤器的基本结构如图 7-10 所示,其主要由过滤器滤芯 4 及燃烧室 5 等组成。

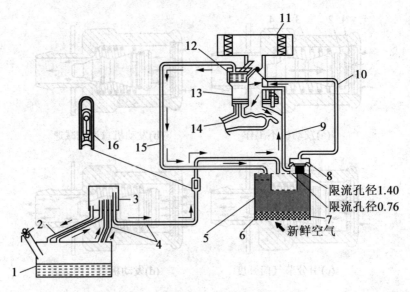

图7-9 汽油蒸发控制系统结构原理图

1—燃油箱；2—回油管；3—油气分离器；4,9,15—汽油蒸气管；5—碳罐；6—活性炭；7—滤网；
8—限流阀；10—真空软管；11—空气滤清器；12—浮子室；13—化油器；14—进气歧管；16—节流阀

工作时，柴油机排气经排气歧管1流经过滤器滤芯4。由于滤芯是采用微孔陶瓷材料制成的，因此能够有效地过滤柴油机排气微粒，达到净化目的。

为了清除积存在过滤器滤芯上的微粒，以恢复其工作能力和减少排气阻力，在过滤器入口处设置了一个燃烧室5，燃油2经喷油器6喷入燃烧室，经电热塞3点火，将积存在过滤器滤芯上的碳烟颗粒燃烧掉。

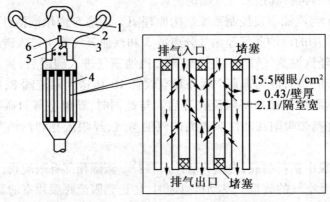

图7-10 柴油机微粒过滤器的基本结构

1—排气歧管；2—燃油；3—电热塞；4—过滤器滤芯；5—燃烧室；6—喷油器

本 章 小 结

（1）发动机排放的CO主要是因为燃料不完全燃烧形成的；HC产生的原因除燃料不完全燃烧外，缸壁淬冷是排气中HC的主要来源；NO_x是发动机燃烧温度过高时残留的氧气与氮气发生反应的产物，燃烧温度越高，生成的NO_x就越多。

(2) 发动机排气污染的控制方式可分为机内净化和机外净化。机内净化通过优化配气相位、点火提前角、燃烧室设计、进气管预热、废气再循环等方法达到。机外净化常采用二次空气喷射、催化转换器、曲轴箱强制通风装置、汽油蒸发控制系统等附加装置。

(3) 废气再循环是将 5%～20% 的废气再引入进气管，与新鲜混合气一起进入燃烧室，使最高燃烧温度降低，从而减少 NO_x 的生成量。

(4) 二次空气喷射方法是将新鲜空气喷射到排气门附近，使高温废气和空气混合，以使未燃的 HC、CO 进一步燃烧。

(5) 催化转换器是利用催化剂的作用，使排气中的有害成分 CO、HC 和 NO_x 尽量进行化学反应而转化为对人体无害的 CO_2、H_2O 和 N_2 的一种排气净化装置。

(6) 汽油蒸发控制系统的功能是将燃油箱和浮子室内蒸发的汽油蒸气收集和储存在碳罐内，在发动机工作时再将其送入气缸燃烧。

(7) 柴油机的黑烟排放主要通过微粒过滤器过滤。

思 考 题

7-1 名词解释：机内净化、机外净化、废气再循环、二次空气喷射和催化转换器。

7-2 试说明发动机各种排气污染产生的原因。

7-3 控制发动机的排气污染可采取哪些措施？

7-4 废气再循环装置的基本结构和工作原理是怎样的？

7-5 催化转换器的基本结构和工作原理是怎样的？

第八章

发动机冷却系统

教学目标与要求

1. 掌握冷却液的分类与选用。
2. 掌握冷却水的工作循环。
3. 掌握冷却系统的基本组成和工作原理。
4. 掌握冷却系统的拆装。

教学重点

1. 掌握冷却系统的基本组成和工作原理。
2. 掌握冷却系统的拆装。

教学难点

冷却系统的工作原理。

第一节 冷却系统的作用及类型

一、冷却系统的作用

冷却系统的作用是使发动机在所有工况下都保持在适当的温度范围内。冷却系统既要防止发动机过热,也要防止冬季发动机过冷。在冷态下启动发动机之后,冷却系统还要保证发动机迅速升温,尽快达到正常的工作温度。目前,汽车上广泛采用的水冷式发动机的正常工作温度(冷却液温度)一般为 80~90 ℃。

发动机工作期间,气缸内的气体温度可高达 2 500 ℃,即使在急速或中等转速下,燃烧室的平均温度也在 1 000 ℃ 以上,若不及时冷却,会使零部件温度过高,受热膨胀过大,影响正常的配合间隙,导致活塞"咬缸"、轴瓦"抱轴"、柴油机因柱塞卡死而"飞车"等严重事故;还会使发动机工作过程恶化,容易产生爆燃;零部件的机械强度下降;润滑油变质,润滑不良,零件磨损加剧等。最终导致发动机动力性、经济性、可靠性、耐久性及排放性能的全面下降。

发动机工作温度过低时,会造成着火燃烧条件变差,启动困难;发动机工作粗暴;散热损失及摩擦损失增加;零件磨损加剧;CO 及 HC 排放增加,排放恶化等;导致发动机功率下降及燃油消耗率增加。

二、冷却系统的类型

发动机的冷却系统有水冷系统与风冷系统之分。以冷却液为冷却介质的称为水冷系统;以空气为冷却介质的冷却系统称为风冷系统。汽车发动机,尤其是轿车发动机,大都采用水冷系统,只有少数汽车发动机采用风冷系统。

1. 水冷系统

汽车发动机的冷却系统为强制循环水冷系统,即利用水泵提高冷却液的压力,强制冷却液在发动机中循环流动。强制循环水冷系统一般由水泵、散热器、百叶窗、冷却风扇、节温器、冷却液温度传感器、补偿水桶、发动机机体、气缸盖中的水套以及其他附属装置等组成,如图 8-1 所示。

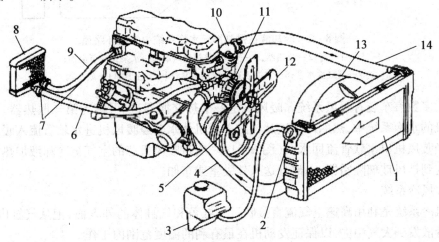

图 8-1 汽车发动机水冷系统的组成
1—散热器;2—散热器盖;3—补偿水桶;4—散热器出水软管;5—风扇传动器;6—暖风机出水软管;7—管箍;8—暖风机芯;9—暖风机进水软管;10—节温器;11—水泵;12—冷却风扇;13—护风圈;14—散热器进水软管

冷却液在强制循环水冷系统中的循环路径如图 8-2 所示。冷却液在水泵 5 中增压后,经分水管 10 进入发动机的机体水套 9。冷却液从水套壁周围流过并从水套壁吸热而升温;然后向上流入气缸盖水套 7,从气缸盖水套壁吸热之后经节温器 6 及散热器进水软管流入散热器 2;在散热器中,冷却液向流过散热器周围的空气散热而降温;最后冷却液经散热器出水软管返回水泵,如此不断循环。在汽车行驶时或冷却风扇工作时,空气从散热器周围高速流过,以增强对冷却液的冷却。无论是铜制或不锈钢制的分水管,还是直接铸在机体上的分水道,都沿纵向开有出水孔,并与机体水套相通,离水泵越远,出水孔越大,其数目通常与气缸数相同。分水管或分水道的作用是使多缸发动机各气缸的冷却强度均匀一致。

有些发动机的水冷系统,其冷却液的循环流动方向与上述相反,可称为逆流式水冷系统。在这种水冷系统中,温度较低的冷却液首先被引入气缸盖水套,然后才流过机体水套。由于它改善了燃烧室的冷却而允许发动机有较高的压缩比,从而可以提高发动机的热效率和功率。

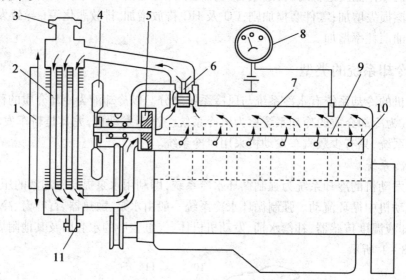

图 8-2 冷却液在强制循环水冷系统中的循环路径
1—百叶窗；2—散热器；3—散热器盖；4—风扇；5—水泵；6—节温器；
7—气缸盖水套；8—水温表；9—机体水套；10—分水管；11—放水阀

大多数汽车装有暖风系统。暖风机是一个热交换器，也可称为第二散热器。在装有暖风机的水冷系统中，热的冷却液从气缸盖或机体水套经暖风机进水软管流入暖风机芯，然后经暖风机出水软管流回水泵（图 8-1）。吹过暖风机芯的空气被冷却液加热之后，一部分送到挡风玻璃除霜器，一部分送入驾驶室或车厢。

2. 风冷系统

风冷系统是利用高速空气流直接吹过气缸盖和气缸体的外表面，把从气缸内部传出的热量散发到大气中去，以保证发动机在最有利的温度范围内工作。

图 8-3 所示为发动机风冷系统结构图。发动机气缸体和气缸盖采用传热较好的铝合金铸成，为了增大散热面积，各缸一般都分开制造。气缸盖和气缸体的表面均布有散热片 2、3，它与气缸体或气缸盖铸成一体，以增大散热面积，利用汽车行驶时的高速空气流，把热量吹散到大气中。

安装气缸导流罩 5 是为了保证气缸背风面冷却的需要，更有效地利用空气流，加强冷却。有的风冷发动机还安装有分流板，保证各缸冷却均匀。

虽然风冷系统具有结构简单、质量轻、故障少、使用维修方便等优点，但它存在对材料质量要求高，冷却不够可靠、工作噪声大及对气温变化不敏感等缺点，目前在汽车上很少使用。本章只介绍水冷系统的结构与工作原理。

三、冷却液

冷却液是发动机冷却系统中最重要的工作介质，汽车常用的冷却液有水及加有防冻剂的防冻液。

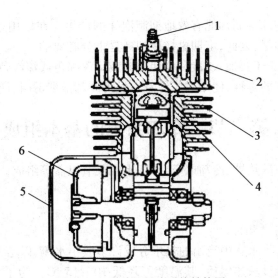

图 8-3 发动机风冷系统结构图
1—火花塞；2—气缸盖散热片；3—气缸体散热片；4—活塞；5—气缸导流罩；6—风扇及带轮

1. 水冷却液

水冷却液是指直接将水作为冷却液，它具有简单方便的优点。但是，水的沸点低，易蒸发，需经常添加。冷却液不宜添加河水、井水等含矿物质的水，以免产生水垢，致使冷却系统散热不良，要求添加雨水、雪水或离子交换水，这又给冷却液的添加造成困难。更值得注意的是，水在严寒冬季易结冰，需放水过夜，否则水结冰时体积膨胀会造成机体及气缸盖胀裂等严重事故。

2. 防冻液

在水中加入防冻剂制成防冻液（冷却液），以防止循环冷却水冻结。最常用的防冻剂是乙二醇。防冻液中水与乙二醇的比例不同，其冰点也不同（表 8-1）。50% 的水与 50% 的乙二醇混合而成的防冻液，其冰点约为 -35.5 ℃。

在水中加入防冻剂同时还提高了防冻液的沸点。例如，含 50% 的乙二醇的防冻液在大气压力下的沸点是 103 ℃。因此，防冻剂有防止防冻液过早沸腾的附加作用。

表 8-1 防冻液的冰点与乙二醇质量分数的关系

冷却液冰点/℃	乙二醇的质量分数/%	水的质量分数/%	密度/(kg·m^{-3})
-10	26.4	73.6	1.034 0
-20	36.2	63.8	1.050 6
-30	45.6	54.4	1.062 7
-40	52.3	47.7	1.071 3
-50	58.0	42.0	1.078 0
-60	63.1	36.9	1.083 3

防冻剂中通常含有防锈剂和泡沫抑制剂。防锈剂可延缓或阻止发动机水套壁及散热器的锈蚀或腐蚀。防冻液中的空气在水泵叶轮的搅动下会产生很多泡沫，这些泡沫将妨

碍水套壁的散热。泡沫抑制剂能有效地抑制泡沫的产生。在使用过程中,防锈剂和泡沫抑制剂会逐渐消耗殆尽,因此,定期更换冷却液是十分必要的。

在防冻液中,一般还要加入着色剂,使防冻液呈深绿色或深红色,以便识别,但是这也会使防冻液具有一定的毒性,使用时应注意。发现冷却液泄漏时,应及时检查。

第二节　冷却系统的基本组成

冷却系统主要由散热器、冷却风扇、冷却水泵及节温器等组成。

一、散热器

1. 散热器的功用

散热器的功用是将水套中流出的热水分成许多股小水流,以增大散热面积,加速冷却液的冷却。冷却液经过散热器后,其温度可降低 10～15 ℃。为了将散热器传出的热量尽快带走,散热器一般用铜和铝制成,在散热器后面装有风扇与散热器配合工作。

2. 散热器的构造

散热器由进水室、出水室及散热器芯3部分构成,如图8-4所示。冷却液在散热器芯内流动,空气在散热器芯外通过。热的冷却液由于向空气散热而变冷,冷空气则因为吸收冷却液散出的热量而升温,所以散热器是一个热交换器。

按照散热器中冷却液流动的方向,可将散热器分为纵流式和横流式两种。纵流式散热器芯竖直布置,上接进水室,下连出水室,冷却液由进水室自上而下地流过散热器芯进入出水室(图8-4(a))。横流式散热器芯横向布置,左右两端分别为进、出水室,冷却液自进水室经散热器芯到出水室横向流过散热器(图8-4(b))。大多数新型轿车均采用横流式散热器,这可以使发动机机罩的外廓较低,有利于改善车身前端的空气动力性。

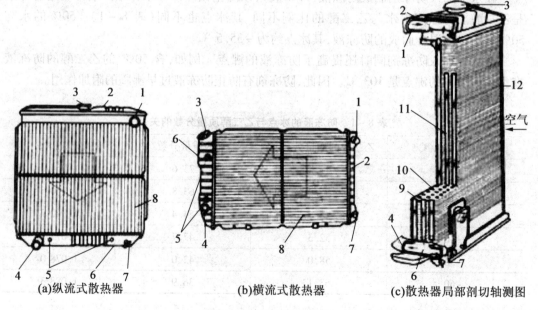

图 8-4　散热器结构

1—进水口;2—进水室;3—散热器盖;4—出水口;5—自动变速器油冷却器进、出口;6—出水室;
7—放水阀;8—散热器芯;9—内部水道;10—横隔板;11—芯部;12—肋片

散热器芯有多种结构形式,如图8-5所示。管片式散热器芯由散热管和散热片组成。散热管是焊在进、出水室之间的直管,作为冷却液的通道,有扁管也有圆管(图8-5(a)和(b))。扁管与圆管相比,在容积相同的情况下有较大的散热表面,铝散热器芯多为圆管。在散热管的外表面焊有散热片以增加散热面积,增强散热能力,同时还增大了散热器的刚度和强度。管片式散热器的优点有散热面积大、气流阻力小、结构刚度好及承压能力强等。

铝散热器芯多为圆管。在散热管的外表面焊有散热片以增加散热面积,增强散热能力,同时还增大了散热器的刚度和强度。管片式散热器的优点是散热面积大、气流阻力小、结构刚度好及承压能力强等。

管带式散热器芯(图8-5(c))由散热管及波形散热带组成。散热管为扁管并与波形散热带相间地焊在一起。为增强散热能力,在波形散热带上加工有鳍片。与管片式散热器芯相比,管带式的散热能力强,制造简单,质量轻,成本低,但结构刚度差。

板式散热器芯(图8-5(d))的冷却液通道由成对的金属薄板焊合而成。这种散热器芯散热效果好,制造简单,但焊缝多,不坚固,容易沉积水垢,且不易维修。

管片式及管带式散热器芯有单列、双列(图8-5(b)和(c))及三列(图8-5(a))散热管之分。实践证明,双列散热管散热器能在有限的空间内获得最好的散热效果,因此在轿车上获得了广泛的应用。

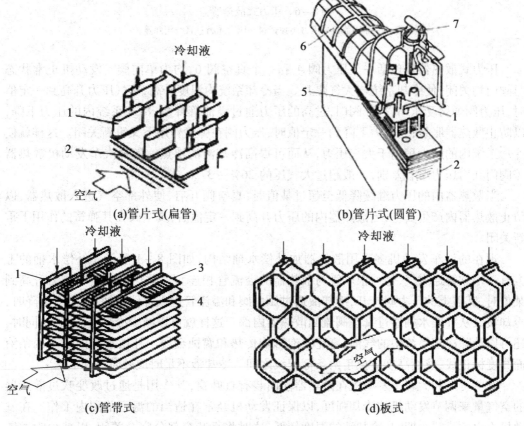

图8-5 散热器芯的结构

1—散热管;2—散热片;3—散热带;4—鳍片;5—环氧树脂密封;6—进水室(塑料制);7—放气阀

传统的散热器芯由黄铜制造,但近年来更多的是由铝制造,而且有些散热器的进、出水室由复合塑料制成,使散热器质量大为减轻。

目前,汽车发动机强制循环水冷系统都用散热器盖严密地盖在散热器加冷却液口上,使水冷系统成为封闭系统,通常称这种水冷系统为闭式水冷系统。其优点是:

(1)闭式水冷系统可使系统内的压力提高 98~196 kPa,冷却液的沸点相应地提高到 120 ℃左右,从而扩大了散热器与周围空气的温差,提高了散热器的换热效率。由于散热器散热能力的增强,可以相应地减小散热器尺寸。

(2)闭式水冷系统可减少冷却液外溢及蒸发损失。

散热器盖的作用是密封水冷系统并调节系统的工作压力。现在的汽车发动机多采用压力式散热器盖(图8-6)。

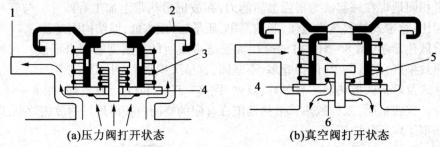

图 8-6 压力式散热器盖
1—溢流管;2—加压盖;3—压力阀弹簧;4—压力阀;5—真空阀弹簧;6—真空阀

压力式散热器盖包括一个压力阀 4 和一个真空阀 6,均为单向阀。发动机正常状态时阀门均关闭,使冷却系统与大气隔开。当冷却系统内温度升高,蒸气压力升高到一定值时,压力阀弹簧受压缩,打开阀门,过高的压力通过溢流管释放,冷却系统内的压力下降,以防止散热器胀裂;当压力下降到一定值时,压力阀在弹簧作用下又重新关闭。这样就使冷却系统内的压力稍高于大气压力,从而可提高冷却液的沸点。各种汽车发动机散热器盖阀门开启压力略有差别,一般超过大气压的 26%~37%。

当散热器内的压力继续降低至超过某值时,真空阀开启,使外部空气进入散热器,以防止散热器内产生真空;当散热器内的压力升高到一定值后,真空阀在其弹簧的作用下重新关闭。

现在的汽车发动机多采用散热器加补偿水桶结构,如图 8-1 所示。补偿水桶的上方有一根软管通大气,另一根软管与散热器的溢流管相连。当散热器内蒸气压力升高到某值时,其盖上的压力阀打开,冷却液通过压力阀和溢流管进入补偿水桶;当温度下降时,冷却液又从补偿水桶通过真空阀流回散热器内部。这样就可以减少冷却液的损失,同时,还可以消除冷却系统中的气泡,避免气泡影响传热和腐蚀金属。补偿水桶内部有两条液面高度标记线,液面高度应位于两条标记线之间。冷却液不足时应及时添加。

有些货车和大客车发动机在散热器前面装有百叶窗,其作用是通过改变吹过散热器的空气量来调节发动机的冷却强度,以保证发动机经常在适当的温度范围内工作。在发动机冷启动或暖车期间,冷却液的温度较低,这时将百叶窗部分完全关闭,以减少吹过散热器的空气流量,使冷却液的温度迅速升高。

百叶窗可由驾驶员通过驾驶室内的手柄来操纵其开闭,也可使用感温器自动控制。

图 8-7 所示为货车上使用的散热器百叶窗的自动控制系统。控制系统的感温器 2 安装在散热器进水管上,用来感受来自发动机的冷却液温度。在发动机冷启动或暖机期间,百叶窗关闭。当发动机达到正常工作温度后,感温器打开空气阀,使制动空气压缩机 3 产生的压缩空气进入空气缸,并推动空气缸内的活塞连同调整杆 5 一起下降,带动杠杆使百叶窗 9 开启。

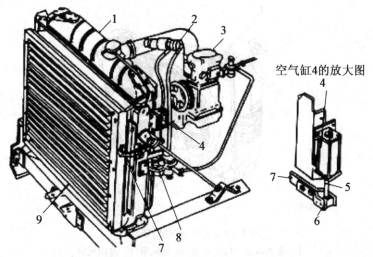

图 8-7　货车上使用的散热器百叶窗的自动控制系统
1—散热器;2—感温器;3—制动空气压缩机;4—空气缸;
5—调整杆;6—调整螺母;7—杠杆;8—空气滤清器;9—百叶窗

二、冷却风扇

冷却风扇安装在水泵轴上,并由驱动水泵和发电机的同一根传动带传动。

1. 冷却风扇的作用

当风扇旋转时,吸进空气,使其通过散热器,以增强散热器的散热能力,加速冷却液的冷却,达到散热的目的。

2. 冷却风扇的结构

汽车发动机水冷系统多采用低压头、大风量、高效率的轴流式风扇,即风扇旋转时空气沿着风扇旋转轴的轴线方向流动。在风扇外围设有导风罩 3,使冷却风扇 4 吸进的空气全部通过散热器 1,以提高风扇效率,如图 8-8 所示。

风扇的转速与发动机在各种工况下的运行有很大关系。当发动机转速较慢时,不易得到足够快的风扇转速;而当发动机转速较高,即汽车高速行驶时,或者在天气寒冷时,则不希望风扇的转速过高,以免增加发动机的功率损失和风扇噪声。

3. 电动风扇

电动风扇(图 8-9)是指电动机驱动的风扇,它不用发动机做直接动力源,而是使用蓄电池的电能,所以其转速与发动机转速无关。它只在冷却液温度超过一定值时才开始工作。因此,电动风扇无动力损失,构造简单,总体布置方便,为大多数轿车所使用。

电动机一般有高速和低速两个挡位,其工作状态通过温度传感器(开关)由冷却液温度控制。当散热器出口冷却液温度为 92~97 ℃时,温控开关接通电动机 Ⅰ 位(低速挡),

风扇开始运转,保证有足够的空气流经散热器;当冷却液温度在 99～105 ℃时,温控开关接通电动机Ⅱ位(高速挡),风扇以更高的转速运转,以提高冷却强度,防止发动机过热;当冷却液温度下降到 91～98 ℃时,风扇电动机恢复Ⅰ位(低速挡)运转;当冷却液温度下降到 84～91 ℃,风扇电动机停止工作。为了达到更好的散热效果,越来越多的汽车应用双电子扇,即同时使用两个电动风扇,其工作原理与单电动风扇相同。

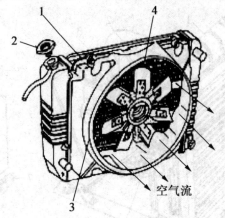

图 8-8 冷却风扇与导风罩
1—散热器;2—散热器盖;3—导风罩;4—冷却风扇

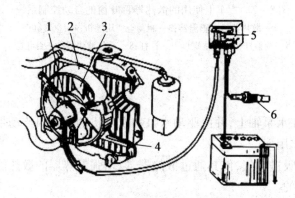

图 8-9 电动风扇
1—电动机;2—护风罩;3—风扇叶片;
4—风扇框架;5—继电器;6—温度传感器(开关)

三、冷却水泵

1. 冷却水泵的功用与基本工作原理

冷却水泵的功用是对冷却液加压,使冷却液在冷却系统内循环流动,以离心式水泵为例,其基本工作原理如图 8-10 所示。

水泵的叶轮 3 固定在水泵轴 2 上,水泵壳体 1 安装在发动机缸体上。发动机工作时,冷却系统内充满冷却液,曲轴通过传动带驱动水泵轴并带动叶轮转动,从而使水泵腔内的冷却液也一起转动,在离心力作用下,冷却液被甩向叶轮边缘,以切线方向从出水管 5 泵出。同时,叶轮中心部位形成一定真空,将散热器内冷却液经进水管 4 吸入泵腔,使整个冷却系统内的冷却液循环流动。

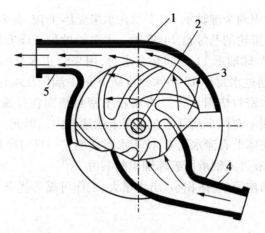

图 8-10 离心式水泵的基本工作原理
1—水泵壳体;2—水泵轴;3—叶轮;4—进水管;5—出水管

2. 冷却水泵的结构

以离心式水泵为例,汽车发动机常用的离心式水泵的结构如图 8-11 所示。

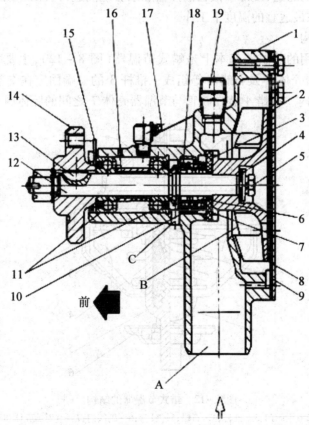

图 8-11 离心式水泵的结构
1—水泵壳体;2—叶轮;3—密封垫圈;4,8—衬垫;5—螺栓;6—水封皮碗;7—弹簧;9—水泵盖;
10—水封座圈;11—球轴承;12—水泵轴;13—半圆键;14—凸缘盘;15—轴承卡环;16—隔离套;
17—润滑脂嘴;18—水封环;19—管接头;A—进水口;B—水泵内腔;C—泄水孔

水泵轴 12 的一端用两个球轴承 11 支承在水泵壳体 1 内,其伸出壳体以外的部分用半圆键 13 与安装风扇带轮的凸缘盘 14 连接。水泵轴的另一端安装水泵叶轮 2,并用螺栓 5 紧固。在叶轮 2 与球轴承 11 之间装有水封,用来防止水泵内的冷却液沿水泵轴渗漏。水封中的弹簧 7 通过水封环 18 将水封皮碗 6 的一端压在水封座圈 10 上,而将皮碗的另一端压在夹布胶木密封垫圈 3 上。夹布胶木密封垫圈在弹簧压力下与水泵叶轮毂的端面贴合。密封垫圈上有两个凸耳卡在水泵上的槽孔内。因此,在水泵工作时,水封不随水泵轴旋转。水泵壳体上有泄水孔 C,位于水封之前。一旦有冷却液漏过水封,可从泄水孔泄出,以防止冷却液进入轴承而破坏轴承的润滑。

离心式水泵具有结构简单、体积小、出水量大、工作可靠等优点,因此在汽车上得到广泛的应用。

四、节温器

1. 节温器的功用

节温器是控制冷却液流动路径的阀门,能根据发动机冷却液温度的高低,打开或关闭冷却液通向散热器的通道,使冷却液在散热器和水套之间进行大循环或小循环,调节冷却强度,保证发动机在最适宜的温度下工作。

2. 节温器的结构

汽车发动机装用的节温器基本上是蜡式节温器(图 8 - 12),主要由主阀门 2、副阀门 6、推杆 3、节温器壳体 7 及石蜡 4 等组成。推杆 3 的一端固定在支架 1 上,另一端插入胶管 5 的中心孔内。石蜡 4 装在胶管与节温器壳体 7 之间的腔体内。

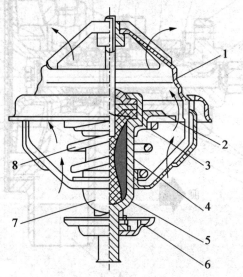

图 8 - 12 蜡式节温器的结构
1—支架;2—主阀门;3—推杆;4—石蜡;5—胶管;6—副阀门;7—节温器壳体;8—弹簧

3. 节温器的工作原理

温度较低时,石蜡呈固态,主阀门 2 被弹簧 8 推向上方与阀座压紧,处于关闭状态,此时,副阀门开启,冷却液进行小循环,如图 8 - 13(a)所示,来自发动机水套的冷却液经副阀门 6、小循环水管直接进入水泵,被泵回到发动机水套内。

温度升高时,石蜡逐渐熔化成液态,体积膨胀,迫使胶管收缩对推杆端部产生向上的推力,由于推杆固定在支架上,推杆对胶管、节温器壳体 7 产生向下的反推力。

当冷却液温度升高到一定值时,反推力克服弹簧 8 的弹力使胶管、节温器壳体向下运动,主阀门 2 开始开启,同时副阀门 6 开始关闭。当冷却液温度进一步升高到一定值时,主阀门 2 完全开启,而副阀门 6 也正好关闭小循环水路(图 8 – 13(b)),此时来自发动机水套的冷却液全部经过散热器进行大循环。冷却液温度在主阀门开始开启温度与完全开启温度之间时,主阀门和副阀门均部分开启,在整个冷却系统内,部分冷却液进行大循环,部分冷却液进行小循环。

主阀门从开始开启到开至最大时的温度随车型不同而不同,如桑塔纳 JV 型发动机节温器,主阀门开始开启的温度为 85 ℃,完全开启时的温度应为 105 ℃。一般载货汽车发动机节温器的开启温度较低,如 CA6102 发动机节温器,主阀门开始开启的温度应为 76 ℃,完全开启时的温度应为 86 ℃。

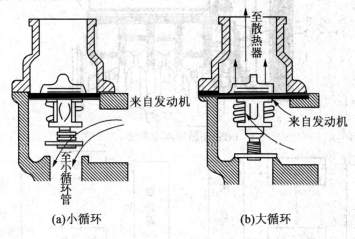

图 8 – 13 蜡式节温器的工作原理

第三节 冷却系统的工作原理

一、冷却系统的水路

目前,汽车发动机冷却系统的水路大致相同。以解放 CA6102 型及东风 EQ6100 – 1 型汽车发动机为例,阐述冷却系统的工作原理,如图 8 – 14 所示。该系统是一个强制循环水冷系统,冷却水的循环路线如图中箭头所示,冷却液经过水泵 6 加压后进入各气缸周围的水套,带走发动机产生的热量,流经位于气缸盖出水处的节温器 5 后进入散热器 2,由散热器把热量带到大气中,通过这样不断循环来保持发动机最适宜的工作温度。

二、冷却系统的工作循环

1. 小循环

当发动机冷却液温度较低(如奥迪 100 型轿车低于 85 ℃)时,节温器主阀门关闭、副阀门打开。冷却液经水泵增压后,从发动机机体水套壁周围流过并从水套壁吸热而升温,然后向上流入气缸盖水套,从气缸盖水套壁吸热之后流经节温器,经小循环通道 3 返回发动机机体水套,进行小循环(图 8-14(b))。

2. 大循环

当发动机冷却液温度升高到一定值(如奥迪 100 型轿车高于 105 ℃)时,节温器主阀门完全开启、副阀门关闭。冷却液经节温器及散热器进水软管流入散热器,在散热器中,冷却液向流过散热器周围的空气散热而降温,最后冷却液经散热器出水软管返回水泵,进行大循环(图 8-14(c))。

当发动机冷却液温度处于大、小循环的温度范围(如奥迪 100 型轿车,处于 85 ~ 105 ℃)时,节温器主阀门和副阀门都部分开启,冷却液大、小循环都同时存在,以调节发动机温度,使其基本稳定在最适宜的工作范围。

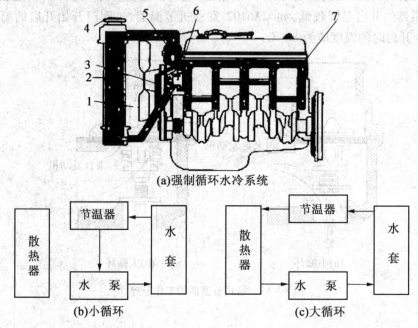

图 8-14 冷却系统的工作原理
1—风扇;2—散热器;3—小循环通道;4—散热器盖;5—节温器;6—水泵;7—水套

第四节　变速器机油冷却液

装有自动变速器的汽车必须装备变速器机油冷却器,因为自动变速器中的润滑油可能过热。润滑油过热会降低变速器性能,甚至造成变速器损坏。

变速器机油冷却器通常就是一根冷却管,置于散热器的出水室内,如图 8-15 所示,由冷却液对流过冷却管的变速器润滑油进行冷却。在变速器和冷却器之间用金属管或橡胶软管连接。

当汽车牵引挂车时,需要对变速器润滑油进行附加冷却。在这种情况下,可在变速器机油冷却器的管路中串接一个外部变速器机油附加冷却器,并置于散热器前面。

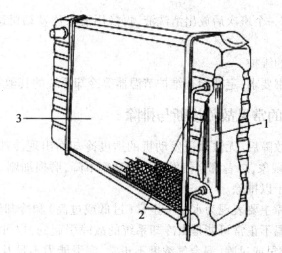

图 8-15 自动变速器机油冷却器
1—变速器机油冷却器；2—冷却器进、出油管；3—散热器

第五节 冷却系统的使用维护与常见故障

一、冷却系统的使用与维护保养

1. 冷却液使用

(1) 每天出车前应检查冷却液是否足够，不足应添加。带膨胀散热器的正确液面位置应在上限标记与下限标记之间。

(2) 使用的冷却液应经软化处理，减少水垢的产生。提倡使用防冻液，以防止冬季冷却系统结冰。使用防冻液时，添加的防冻液颜色应与原先使用的相同。

(3) 行车中检查或添加冷却液时必须使发动机处于冷态，以防人被烫伤和损坏发动机。

(4) 冬季来临前应检查一次防冻液浓度，并按规定调配，保证防冻液具有足够的防冻能力。

(5) 汽车每行驶 40 000 km（两年）或防冻液中出现锈红色，就应更换防冻液。更换缸盖、缸垫、散热器等，必须更换冷却液，放出的冷却液不宜再使用，需妥善处理。

2. 冷却系统外部渗漏检查与调整

经常检查冷却系统外部是否有冷却液渗漏，如发现渗漏，应检查冷却系统管路紧固情况、管接头垫片是否损坏、水泵是否损坏漏水等，并及时排除。

3. 散热器的维护

经常清除散热器外部的杂物和油泥，可通过火烧或用水清理。发现冷却管破裂漏水时应及时修理。

4. 水垢的清洗

为了保证发动机能在正常温度下工作，应定期地清除冷却系中的水垢，否则，发动机会出现"开锅"的现象。

清洗水套和散热器水垢的方法比较简单：先将冷却系统的冷却液放空，然后加入配制的水垢清洗液,工作一个班次后放出清洗液,再换用清水让发动机运行一个班次后放出,直至水清洁无混浊。

5. 其他零部件的维护

按照使用说明书要求,定期检查维护节温器等冷却系统的其他零部件。

二、冷却系统的常见故障诊断与排除

水冷系出现故障后,无法保证发动机的适度冷却而出现冷却不足(水温高),或冷却过度(水温低)的现象,二者都会使发动机的功率下降,磨损加剧。因此,应及时诊断出故障发生的部位并予以排除。

水冷系统的故障主要表现为水温不正常(过低或过高)和冷却液泄漏(内漏或外漏)两个方面。其中水温不正常可能是由冷却系统的故障引起的,也可能是其他系统的故障所致(如发火时间过早或过晚、混合气浓度不正常、润滑能力不足及发动机长时间超负荷等),应进行综合诊断。其中冷却系统故障诊断与排除的方法如下。

1. 水温过高

(1) 故障现象。

①水温表指针指示在 373 K(100 ℃)以上,散热器有开锅现象。

②发动机产生爆燃,不易熄火。

③活塞膨胀,发动机熄火后,不易启动。

(2) 故障诊断和排除方法。

①冷却液不足。检查散热器或补偿水桶的冷却液是否充足,若不充足补加冷却液。

②水温表指示值过高。观察散热器水温是否过热或开锅,如水温正常,即为水温传感器或水温表故障,应先更换传感器;更换后若水温表的指示值还是高,则是水温表损坏。

③风扇不转。若检测风扇端口线路正常,发动机水温达到一定值时,风扇不转,则电动风扇损坏。

④节温器故障。若发动机温度过高,而散热器的温度并不高,可能是节温器的阀门没打开或阀门升程太小,应检查更换节温器。

⑤水泵损坏。可将水箱盖打开,操纵油门,突然改变发动机转速,从加水口观察冷却液面有无变化,若无搅动现象,则为水泵工作不正常,应检查排除水泵故障。

⑥散热器性能下降。原因多为散热器内部被水垢或泥沙堵塞,或散热片之间被堵塞,应清洗、疏通散热器。

⑦散热器盖损坏。若冷却液的沸点未提高,发动机冷却后散热器内的真空度未形成,补偿水桶的液面无变化,则为散热器盖损坏,应修复或更换。

⑧其他故障。例如,护风罩损坏或不起作用,百叶窗打不开等。

2. 水温过低

(1) 故障现象。

①暖机后水温表指示值在 353 K(80 ℃)以下。

②发动机加速困难、无力。

(2) 故障诊断和排除方法。

①节温器故障。发动机冷车升温时间长,节温器失效后其主阀门常开,冷却液没有小循环,应检查更换节温器。

②冬季保温措施不良,百叶窗、挡风帘关闭不严。

③水温表或水温传感器故障。实际水温与指示值有误差时,多为水温传感器或水温表故障,更新水温表后无效果,则为水温传感器故障,应更换传感器。

3.冷却液泄漏

(1)故障现象。

①冷却液外漏。一般是散热器与进、出水橡胶管或水泵向外流水或滴水,多是气缸垫坏和气缸体的水堵处漏水等。

②冷却液内漏。表现为油水相通、水套漏水、气缸套漏水等。其现象是:水箱的冷却液减少,但不见冷却液外流,而在油底壳中发现有冷却液时,均属内漏。

③零件损坏造成的漏水,如气缸盖、气缸体、气缸套裂纹等引起的漏水。

(2)故障诊断和排除方法。

①外漏通过表面观察,便可判断出渗漏的部位,需根据渗漏原因进行修理,如对于因水封失效而引起的水泵漏水,应更换水封等。

②内漏应抽油样检查,如发现机油中有较多的冷却液,应解体检查:气缸盖和气缸体是否有裂纹及平面是否翘曲;气缸垫及气缸套阻水圈是否损坏等。找出内漏原因后,更换有关零件,按要求进行组装和实验。

本 章 小 结

(1)发动机冷却系统用于保持发动机处在合适的温度下工作。冷却方式有水冷式和风冷式两种。

(2)发动机水冷系统主要由散热器、风扇、水泵及节温器等组成。

(3)节温器是根据发动机冷却液温度的高低,打开或关闭冷却液通向散热器的通道,使冷却液在散热器和水套之间进行大循环或不通往散热器进行小循环,调节冷却强度,保证发动机在最适宜的温度下工作。

(4)冷却系统的工作原理:当发动机工作温度较低时,节温器主阀门关闭、副阀门打开,冷却液经节温器返回发动机机体水套,进行小循环;当发动机工作温度高于一定值时,节温器主阀门开启、副阀门关闭,冷却液经节温器及散热器进水软管流入散热器,在散热器中,冷却液向流过散热器周围的空气散热而降温,最后冷却液经散热器出水软管返回水泵,进行大循环;当发动机冷却液温度处于大小循环的温度范围内,节温器主阀门和副阀门都部分开启,冷却液大小循环同时存在时,调节发动机温度使其基本稳定在最适宜的工作范围。

(5)注意冷却系统的日常维护和定期维护。

思 考 题

8-1 名词解释:水冷发动机、风冷发动机、大循环和小循环。

8-2 发动机为什么要冷却?最佳冷却液温度范围一般是多少?

8-3 试阐述水冷系统的基本组成及工作过程。

8-4 若发动机正常工作一段时间后停机,冷却系统中的冷却液会发生什么现象?

8-5 水冷系统中为什么要安装节温器？它是如何工作的？

8-6 如果蜡式节温器中的石蜡漏失，节温器将处于怎样的工作状态？发动机会出现什么故障？

8-7 比较水冷和加防冻液发动机冷却系统的工作特点。

8-8 如何对发动机冷却系统进行日常维护？

第九章

发动机润滑系统

教学目标与要求

1. 了解润滑油的循环路线。
2. 掌握润滑油的主要性能、分类与选用。
3. 掌握润滑系统的基本组成和工作原理。
4. 掌握润滑系统的作用与分类。
5. 掌握润滑系统主要部件的拆装。

教学重点

1. 掌握润滑系统的基本组成和工作原理。
2. 掌握润滑系统的拆装。

教学难点

润滑系统的使用维护与常见故障诊断。

第一节 润滑系统的作用及组成

一、润滑系统的作用

任何相互运动的摩擦表面都存在磨损,都需要进行润滑。汽车发动机有众多相互运动件,如曲轴主轴颈与主轴瓦、曲柄销与连杆瓦,曲轴以 5 000~7 000 r/min 高速旋转,一旦缺少润滑,马上烧熔"抱轴";活塞与活塞环在气缸中高速往复运动,其线速度高达 17~23 m/s,若无有效润滑,极容易造成发热而"拉缸"。尤其对于新出厂的发动机,虽然工作表面经过精细的加工,但微观看这些表面却是粗糙不平的,工作压力集中,更容易造成"拉缸、抱轴"现象。所以,汽车发动机必须设有润滑系统,将清洁的润滑油不断输送到相互摩擦表面,以保证发动机可靠工作,减小摩擦阻力,降低功率消耗,减轻机件磨损。

除此之外,润滑油流经摩擦表面,带走表面热量,也带走零件磨损留下的磨屑,所以发动机润滑系统还兼有冷却和清洁功能。润滑油涂布在气缸与活塞和活塞环之间,还起着增加活塞环的密封作用。同时,润滑油还具有防止金属零件表面被氧化锈蚀、降低噪声的功能。在换气系统中的液压挺柱和可变气门升程控制中,润滑油还起传力和控制作用。

二、润滑方式

由于发动机传动件的工作条件不尽相同,因此,对负荷及相对运动速度不同的传动件采用不同的润滑方式。

1. 压力润滑

压力润滑是以一定的压力将润滑油供入摩擦表面的润滑方式。这种方式主要用于主轴承、连杆轴承及凸轮轴轴承等负荷较大的摩擦表面润滑。

2. 飞溅润滑

利用发动机工作时运动件溅泼起来的油滴或油雾润滑摩擦表面的润滑方式称为飞溅润滑。该方式主要用来润滑负荷较小的气缸壁面和配气机构的凸轮、挺柱、气门杆,以及摇臂等零件的工作表面。

3. 润滑脂润滑

通过润滑脂嘴定期加注润滑脂来润滑零件的工作表面,如水泵及发电机轴承等。

三、润滑系统的组成

润滑系统总体组成因发动机不同而有所不同,但一般由油底壳、机油集滤器、机油泵、安全阀、机油滤清器、机油冷却器(此部件见图9-8)等组成。图9-1所示为本田轿车发动机润滑系统的组成。

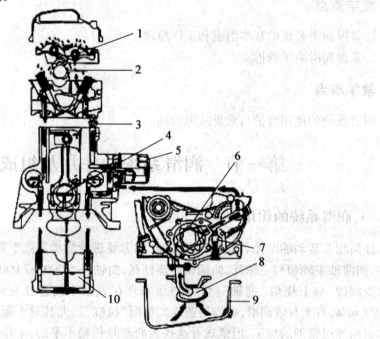

图9-1 本田轿车发动机润滑系统的组成
1—摇臂轴;2—凸轮轴;3—节流孔;4—曲轴;5—机油滤清器;
6—机油泵;7—限压阀;8—机油集滤器;9—油底壳;10—曲轴主轴承

1. 油底壳

油底壳用于存储润滑油。它由薄钢板冲压而成,为防止润滑油渗漏,其与机体结合面之间加垫片和密封胶密封。

2. 机油集滤器

机油集滤器安装在油底壳润滑油的入口,用来滤除润滑油中粗大的杂质。机油集滤器有浮式和固定式两种。浮式机油集滤器(图9-2(a))的浮筒3能随着油底壳机油平面高低浮动,始终浮在油面上,以吸入上层干净的润滑油。滤网2采用金属丝编织,有弹性,中央有环口,一般情况下,借助滤网弹性,环口压紧在浮筒罩1上。浮筒罩边缘有缺口,浮筒罩与浮筒装合后形成进油狭缝。

正常工作时,润滑油从油底壳经进油狭缝、滤网进入吸油管(图9-2(b)),大杂质被滤网滤除。当滤网被杂质堵塞时,滤网上方真空度提高,将滤网吸向上方,环口离开浮筒罩,润滑油经进油狭缝和环口直接进入吸油管(图9-2(c)),以防供油中断。

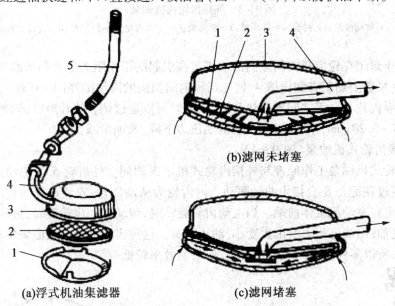

图9-2 浮式机油集滤器分解图
1—浮筒罩;2—滤网;3—浮筒;4—吸油管;5—固定油管

浮式集滤器由于浮在润滑油面上,容易吸入汽油表面的泡沫而使润滑油压力下降,可靠性差。固定式集滤器的浮筒淹没在油面下,其结构与浮式集滤器类似,工作可靠,但容易吸入油底壳底部杂质。

3. 机油泵

机油泵用于将油底壳中的润滑油吸出,并以一定压力压向各润滑部位。按其结构不同,机油泵可分为齿轮式和转子式两种,齿轮式又分为外接齿轮式和内接齿轮式两种。

(1)外接齿轮式机油泵(图9-3)。

在机油泵喷油泵体1内有一对外啮合齿轮6和2,6为主动齿轮,受发动机机油泵齿轮驱动,2为被动齿轮。齿轮与机油喷油泵体和泵盖形成了进油腔A、过渡油腔B和出油腔C。当主动齿轮带动被动齿轮旋转时,进油腔的容积由于轮齿逐渐脱离啮合而增大,腔内产生一定真空度,润滑油从油底壳被吸入进油腔,随后被轮齿带到过渡油腔,再进入出油腔C,出油腔由于轮齿逐渐进入啮合而容积减小,使润滑油压力升高,被送往各润滑油道。

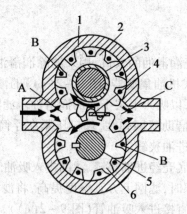

图9-3 外接齿轮式机油泵

1—喷油泵体;2—被动齿轮;3—衬套;4—卸压槽;5—驱动轴;6—主动齿轮;A—进油腔;B—过渡油腔;C—出油腔

为了防止封闭在轮齿径向间隙内的油压过高引起的工作阻力加大和机油泵轴衬套磨损的加快,在泵盖上加工有卸压槽4,使轮齿径向间隙内的润滑油经卸压槽流入出油腔。

在机油泵齿轮与泵盖之间加有垫片密封,同时可以通过调整垫片厚度,调整齿轮端面间隙在0.05~0.20 mm,该间隙过大,润滑油压力下降,泵油量减少。

(2)内接齿轮式机油泵(图9-4)。

内接齿轮式机油泵工作原理与外接齿轮式机油泵相同。外齿轮5为主动齿轮,套在曲轴前端,通过花键套8直接由曲轴驱动。内齿轮为从动齿轮,安装在机油喷油泵体内,喷油泵体固定在发动机机体前端。当主动齿轮旋转时,带动从动齿轮旋转,进油容积由小变大,不断进油;出油容积不断由大变小,油压升高。这种齿轮泵直接由曲轴驱动,无须中间传动机构,所以零件少、体积小、成本低,但泵油效率较低。

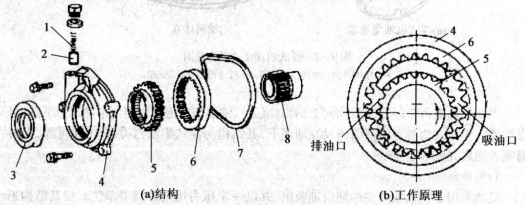

图9-4 内接齿轮式机油泵

1—安全阀弹簧;2—安全阀柱塞;3—曲轴前油封;4—机油喷油泵体;
5—主动外齿轮;6—从动外齿轮;7—O形密封圈;8—花键套

(3)转子式机油泵(图9-5)。

转子式机油泵由内外转子等零件组成。内转子4有多个凸齿,外形为次摆线,固定在机油泵传动轴上,由机油泵齿轮驱动。外转子3比内转子多一个凹齿,它自由地安装在机油泵喷油泵体2内,并与内转子啮合转动。内外转子有一定偏心距,它们与机油喷油泵体和泵盖组成了进油腔 A、过渡油腔 B 和出油腔 C。

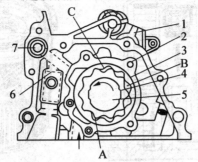

图 9-5 转子式机油泵
1—发动机体;2—喷油泵体;3—外转子;4—内转子;5—驱动轴;6—安全阀;7—出油孔;
A—进油腔;B—过渡油腔;C—出油腔

机油泵工作时,内转子带动外转子旋转,进油腔容积不断由小变大,腔内产生一定真空度,润滑油从油底壳被吸入进油腔 A,随后经过过渡油腔 B,再进入出油腔 C,出油腔容积由大变小,使润滑油压力升高,再送往各润滑油道。

4. 安全阀

机油泵由发动机驱动,当发动机转速升高时,机油泵运转速度加快,输油量增加,机油压力升高。为了防止压力过高,在润滑油路中(有的直接在机动泵上或滤清器上)设置有安全阀 6(图 9-5)。当润滑油压力超过规定值时,安全阀打开,多余的润滑油经安全阀流回油底壳。

5. 机油滤清器

机油滤清器用来滤除润滑油中的金属屑、机械杂质和润滑油氧化物。

机油滤清器若串联安装在机油泵与主油道之间,所有机油经过滤清器过滤,称该滤清器为全流式滤清器。若滤清器与主油道并联安装,只有一部分机油经过滤清器过滤,称该滤清器为分流式滤清器。有的发动机中两种滤清器都有(如重型货车发动机),全流式滤清器作为粗滤器,滤除润滑油中直径为 0.05 mm 以上的较大杂质后,再进入主油道,润滑各运动零件表面;分流式滤清器作为细滤清器,滤除润滑油中直径为 0.001 mm 以上的细小杂质后,再返回油底壳。

全流式滤清器(图 9-6)外壳内安装有纸滤芯 2,机油泵来的润滑油从滤芯外围进入滤清器中心,过滤后的干净润滑油经出油口进入主油道。

滤清器使用一定时间后,滤芯外留下了较多杂质,应该按说明书要求及时更换新滤清器。为了防止用户未及时更换新滤清器造成滤芯堵塞、发动机缺润滑油的严重后果,在滤清器中设置有安全阀 1,当滤芯堵塞,润滑油压力升高时,能克服弹簧的压力,顶开安全阀,直接进入主油道。

滤清器的滤芯材料有纸质、锯末和金属等,纸质滤芯因结构简单、质量小、体积小、滤清效果好、成本低、保养方便,得到广泛应用。

为了提高润滑油过滤效果,有的发动机采用双滤芯,称为复合滤清器(图 9-7)。正常情况下,从机油泵来的润滑油经进油口进入外(粗)滤芯 6,再进入内(细)滤芯 7,然后经中心油道从出油口流向主油道。

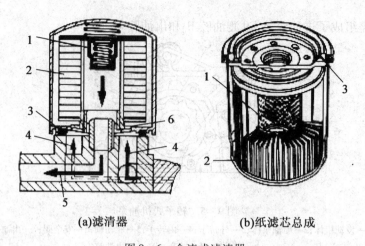

(a)滤清器　　　　　　　(b)纸滤芯总成

图9-6　全流式滤清器

1—安全阀;2—纸滤芯;3—密封圈;4—来自机油泵的润滑油;5—过滤后的润滑油;6—防漏阀

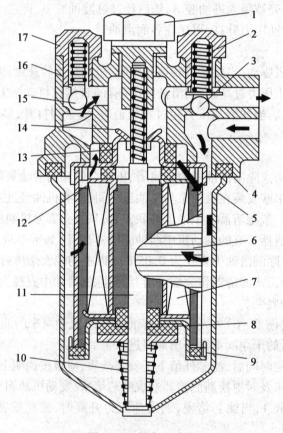

图9-7　复合滤清器

1—拉杆螺母;2—安全阀弹簧;3—安全阀;4—橡胶垫;5—壳体;6—外(粗)滤芯;
7—内(细)滤芯;8—橡胶下油封;9—橡胶密封圈;10—滤芯底座弹簧;11—拉杆螺栓;
12—橡胶上油封;13—密封圈;14—锁紧螺母;15—旁通阀;16—旁通阀弹簧;17—滤清器盖

当内滤芯堵塞时,内滤芯前后压差达 0.09~0.1 MPa 时,旁通阀 15 打开,润滑油从旁通阀流向主油道;当外滤芯堵塞时,外滤芯前后压差达 0.2~0.25 MPa 时,安全阀 3 打开,润滑油从安全阀流向主油道。

6. 机油冷却器

润滑油在发动机机体内循环,温度高达 95 ℃ 以上,尤其是热负荷较高的发动机。过高的温度使润滑油黏度下降,不利于在摩擦表面形成油膜润滑,同时加快润滑油氧化变质,失去作用,所以有些发动机带有机油冷却器。

机油冷却器分为风冷式和水冷式两种。风冷式机油冷却器安放在发动机前部,其结构与冷却系统的散热器相似,靠汽车行驶时迎面风对润滑油进行冷却。

水冷式机油冷却器靠冷却液冷却。如图 9-8 所示,全流式机油滤清器 4 上带有水冷式机油冷却器,从冷却系统散热器出水管引来的冷却液在冷却器芯 2 的外面流过,而从机油泵来的润滑油经冷却器芯进入机油滤清器过滤,再经冷却器芯流出,在冷却器内进行热交换。

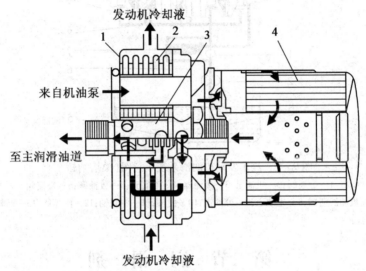

图 9-8 水冷式机油冷却器
1—冷却器壳体;2—冷却器芯;3—安全阀;4—机油滤清器

四、润滑系统油路

现在的汽车发动机的润滑系统油路大致相同。如图 9-9 所示,以桑塔纳轿车 JV 型 1.8 L 发动机润滑系统为例,在此系统中,曲轴的主轴颈、曲柄销、凸轮轴轴颈及中间轴(分电器和机油泵的传动轴)轴颈均采用压力润滑,其余部分则采用飞溅润滑或润滑脂润滑。

如果油压太高,润滑油经机油泵上的溢流阀 6 返回机油泵入口。全部润滑油经滤清器滤清之后进入发动机主油道 8。滤清器盖上设有旁通阀 1,当滤清器堵塞时,润滑油不经过滤清器滤清,而由旁通阀直接进入主油道。润滑油经主油道进入 5 条分油道 9,分别润滑 5 个主轴承。然后,润滑油经曲轴上的斜油道,从主轴承流向连杆轴承润滑曲柄销。主油道中的部分润滑油经第六条分油道供入中间轴 11 的后轴承。中间轴的前轴承由机油滤清器出油口的一条油道供油润滑。主油道的另一条分油道直通凸轮轴轴承润滑油道,此油道也有 5 个分油道,分别向 5 个凸轮轴轴承供油。在凸轮轴轴承润滑油道的后端,也就是整个压力润滑油路的终端,装有最低润滑油压力报警开关。当发动机启动之后,润滑油压力较低,最低油压报警开关触点闭合,油压指示灯亮。当润滑油压力超过 31 kPa 时,最低油压报警开关触点断开,指示灯熄灭。另外,在机油滤清器上也装有润滑油压力开关。当发动机转速超过 2 150 r/min 时,润滑油压力若低于 180 kPa,则开关触点闭合,报警灯闪亮,同时蜂鸣器也鸣响报警。

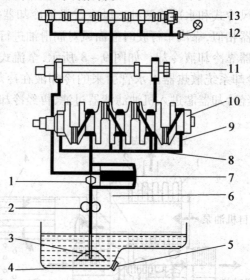

图 9-9　汽车发动机润滑系统示意图(桑塔纳轿车)
1—旁通阀;2—机油泵;3—集滤器;4—油底壳;5—放油塞;6—溢流阀
7—机油滤清器;8—主油道;9—分油道;10—曲轴;11—中间轴;12—限压阀;13—凸轮轴

第二节　润　滑　剂

汽车发动机润滑剂包括润滑油(机油)和润滑脂(黄油)两种。

一、润滑油使用特性及润滑油添加剂

汽车发动机润滑油在润滑系统内循环流动,每小时循环次数可达 100 次。润滑油的工作条件十分恶劣,在循环过程中,润滑油与高温的金属壁面及空气频频接触,不断氧化变质。窜入曲轴箱内的燃油蒸气、废气及金属磨屑和积炭等,使润滑油受到严重污染。另外,润滑油的工作温度变化范围很大:在发动机启动时,其为环境温度;在发动机正常运转时,曲轴箱中润滑油的平均温度可达 95 ℃或更高;同时,润滑油还与 180~300 ℃的高温零件接触,被加热。因此,作为汽车发动机的润滑油,必须具备优良的使用性能。目前,汽车发动机广泛使用的润滑油以从石油中提炼出来的润滑油为基础油,再向其加入各种添加剂混合而成。汽车发动机使用的润滑油应具有下列使用性能。

1. 适当的黏度

油的黏度对发动机的工作有很大影响。黏度过小,在高温、高压下容易从摩擦表面流失,不能形成足够厚度的油膜;黏度过大,冷启动困难,润滑油不能被泵送到摩擦表面。

润滑油的黏度随温度变化而变化,温度升高,黏度减小;温度降低,黏度增大。为了使

润滑油在较宽的温度范围内都有适当的黏度,必须在基础油中加入增稠剂。添加增稠剂之后,可以使润滑油在高温时保持足够的黏度,且在低温时黏度增加得不多。

2. 优异的氧化安定性

氧化安定性是指润滑油抵抗氧化作用不使其性质发生永久变化的能力。当润滑油在使用与储存过程中与空气中的氧气接触而发生氧化作用时,润滑油的颜色变暗,黏度增加,酸性增大,并产生胶状沉积物。氧化变质的润滑油将腐蚀发动机零件,甚至破坏发动机的工作。

汽车发动机(尤其是高性能发动机)的润滑油经常在高温下与氧气接触,这就要求润滑油具有优异的热氧化安定性。因此,要在润滑油中添加氧化抑制剂。

3. 良好的防腐性

润滑油在使用过程中不可避免地被氧化而生成各种有机酸。这类酸性物质对金属零件有腐蚀作用,可能使铜铅和镉镍一类的轴承表面出现斑点、麻坑或使合金层剥落。

为提高润滑油的防腐性,除增加润滑油的精制程度外,还要在润滑油中加入防腐添加剂。

4. 较低的起泡性

由于润滑油在润滑系统中快速循环和飞溅,必然会产生泡沫。如果泡沫太多,或泡沫不能迅速消除,将造成摩擦表面供油不足。控制泡沫生成的方法,是在润滑油中添加泡沫抑制剂。

5. 强烈的清净分散性

润滑油的清净分散性是指润滑油分散、疏松和移走附着在零件表面上的积炭和污垢的能力。为使润滑油具有清净分散性,必须加入清净分散添加剂。

6. 高度的极压性

在摩擦表面之间的油膜厚度小于 $0.3\ \mu m$ 的润滑状态,称为边界润滑。习惯上,把高温、高压下的边界润滑称为极压润滑。润滑油在极压条件下的抗摩性称为极压性。目前汽车发动机的轴承及配气机构等零件的润滑即为极压润滑。为了提高润滑油的极压性,避免在极压润滑的条件下润滑油被挤出摩擦表面,必须在润滑油中加入极压添加剂。极压添加剂与金属表面起化学反应,形成强韧的油膜,以提供对零件的极压保护。

二、润滑油的分类

国际上广泛采用美国 SAE 黏度分类法和 API 使用分类法,而且它们已被国际标准化组织(International Organization for Standardization,ISO)确认。

美国工程师学会(Society of Automotive Engineers,SAE)按照润滑油的黏度等级,将润滑油分为冬季用润滑油和非冬季用润滑油。冬季用润滑油有 6 种牌号:SAE0W、SAE5W、SAE10W、SAE15W、SAE20W 和 SAE25W。非冬季用润滑油有 4 种牌号:SAE20、SAE30、SAE40 和 SAE50。号数较大的润滑油黏度较大,适于在较高的环境温度下使用。

上述牌号的润滑油只有单一的黏度等级,当使用这种润滑油时,汽车驾驶员需根据季节和气温的变化随时更换润滑油。目前使用的润滑油大多数具有多黏度等级,其牌号有 SAE5W-20、SAE10W-30、SAE15W-40、SAE20W-40 等。例如,SAE10W-30 在低温下使用时,其黏度与 SAE10W 一样;而在高温下使用时,其黏度又与 SAE30 相同。因此,一种润滑油冬夏都可用。

API 使用分类法是美国石油学会(American Petroleum Institute, API)根据润滑油的性能及其最适合的使用场合,把润滑油分为 S 系列和 C 系列两类。S 系列为汽油机油(汽油机用润滑油),目前有 SA、SB、SC、SD、SE、SF、SG 和 SH 共 8 个级别。C 系列为柴油机油(柴油机用润滑油),目前有 CA、CB、CC、CD 和 CE 共 5 个级别。级号越靠后,使用性能越好,适用的机型越新或强化程度越高。其中,SA、SB、SC 及 CA 等级别的润滑油,除非汽车制造厂特别推荐,否则已不再使用。

我国的润滑油分类法参照 ISO 分类方法。《内燃机油分类》(GB/T 7631.3—1995)规定,按性能和使用场合,润滑油可分为:

(1)汽油机油:SC、SD、SE、SF、SG、SH 共 6 个级别。
(2)柴油机油:CC、CD、CD-Ⅱ、CE、CF 共 5 个级别。
(3)二冲程汽油机油:ERA、ERB、ERC 和 ERD 共 4 个级别。

每种使用级别又有若干种单一黏度等级和多黏度等级的润滑油牌号。例如,CC 级润滑油有 3 个单一黏度等级和 6 个多黏度等级的润滑油牌号,它们分别是 30、40 和 50 号,以及 5W-30、5W-40、10W-30、10W-40、15W-40 和 20W-40。

我国润滑油分类与 API 分类的对应关系见表 9-1。

表 9-1 我国润滑油分类与 API 分类的对应关系

我国润滑油分类	API 分类	我国润滑油分类	API 分类
SC	≠SC	SF	= SF
SD	≠SD	CC	= CC
SE	= SE	CD	= CD

三、润滑油的选用

(1)根据汽车发动机的强化程度选用合适的润滑油使用级别。

汽油机的强化程度往往与生产年份有关。后生产的汽车的强化强度比早年生产的汽车的强化程度高,应选用使用等级较高的润滑油。

柴油机的强化程度用强化系数 K 表示。强化系数为

$$K = P_{me} C_m \tau$$

式中　P_{me}——平均有效压力,MPa;
　　　C_m——活塞平均速度,m/s;
　　　τ——冲程系数(对于四冲程,$\tau = 0.5$;对于二冲程,$\tau = 1$)。

$K \leq 50$ 时,应选用 CC 级润滑油;$K > 50$ 时,应选用 CD 级润滑油。

(2)根据地区的季节气温选用适当黏度等级的润滑油。

按当地的环境温度选用润滑油时,可参考图 9-10。

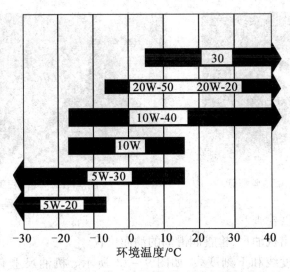

图 9-10 发动机润滑油的选用

四、合成润滑油

合成润滑油是利用化学合成方法制成的润滑剂。其主要特点是有良好的黏度-温度特性,可以满足大温差的使用要求;有优良的热氧化安定性,可长期使用不需要更换。使用合成润滑油,发动机的燃油经济性会稍有改善,并可降低发动机的冷启动转速。目前,合成润滑油的价格比从石油提炼出来的润滑油贵。但是,随着生产规模的扩大和制造工艺的改进,合成润滑油的价格将会越来越便宜。未来将是合成润滑油的时代。

五、润滑脂

润滑脂具有良好的黏附性,在常温下可附着于垂直表面而不流淌,可以在敞开或密封不良及受压较大的摩擦部位工作,并有防水、防尘、密封作用。

汽车发动机主要在水泵轴承及发电机轴承上使用润滑脂。目前普遍推荐使用的是通用锂基润滑脂,它具有良好的高低温适应性,可在 -30~120 ℃ 的温度范围内使用,具有良好的抗水性、防锈性、安定性和润滑性,在高速运转的水泵及发电机轴承上使用,不变质、不流失,保证润滑。

第三节 润滑系统的使用维护与常见故障

一、润滑系统的使用维护

1. 润滑油的选用

严格按照汽车使用说明书的要求选用合适类型和牌号的润滑油和润滑脂;避免不同牌号的发动机润滑油混用,以免发生化学反应。

选购时,应尽可能地购买有影响、有知名度的正规厂家的发动机润滑油,要特别注意辨别真假,确保发动机润滑油的质量。使用不良润滑油会导致的严重后果,如图 9-11 和图 9-12 所示。

图9-11 火花塞结胶积碳

图9-12 气门积碳严重

2. 润滑油油面高度检查

每次出车前应抽出机油尺,检查润滑油的油面位置。

机油尺上有上刻度线和下刻度线,如图9-13所示。机油尺上有2/4、4/4两道刻线,正常的润滑油油面应位于两道刻线之间,低于2/4刻线时,应及时补充润滑油;高于4/4刻线时,易造成发动机漏油,运转阻力增加,应及时放出多余的润滑油。

检查润滑油油面高度时,汽车要停放在平地上,发动机熄火3 min,待润滑油流回油底壳后,抽出机油尺并将其擦净;然后将机油尺插回并插到底,重新抽出机油尺,在机油尺上就可以观察到润滑油油面的位置。若油面处于机油尺下刻度线的下方,应从加润滑油口处加注润滑油,直到油面位置符合要求为止。若油面位置超过上刻度线,应放出多余的润滑油。

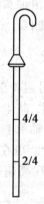

图9-13 机油尺

3. 润滑油压力检查

对于在驾驶室仪表盘上有润滑油压力表的汽车,可从润滑油压力表上直接读取主油道润滑油压力。对于驾驶室仪表盘上装有润滑油压力报警灯的汽车,当汽车在正常行驶中报警灯亮时表示润滑油压力过低,如果进一步检测主油道的润滑油压力,则需要拧下安装在主油道上的润滑油压力传感器,利用其连接螺口安装润滑油压力表,由此表读取发动机工作时主油道内的润滑油压力。

4. 定期更换滤芯和润滑油

按照汽车使用说明书的要求,定期检查和更换机油滤清器的滤芯。

汽车在完成走合里程后或汽车每行驶5 000 km(不同品牌润滑油厂家的要求不同)

或每 6 个月应更换一次滤芯和润滑油。注意检查润滑油颜色、气味、黏度的变化,如润滑油已变质,应及时更换。

更换润滑油时,在发动机熄火后的热机状态下,拧下油底壳底部的放油螺塞,放净发动机内的旧润滑油,装回放油螺塞后从加润滑油口加注新的润滑油,直到油面位置符合要求为止。

在更换润滑油时,应同时对润滑油道进行清洗。

5. 润滑油散热器维护

保持润滑油散热器外表干净,经常检查并清除杂物和油垢。

在寒冷地区或冬季使用装有水冷式润滑油散热器的发动机时,若冷却系统中没有采用防冻液而用的是冷却水,在停车后放水时,应拧开水冷式润滑油散热器下面的放水开关,把润滑油散热器内的水放干净,以防润滑油散热器冻裂。

二、发动机润滑系统的常见故障诊断与排除

发动机润滑系统的故障主要包括机油压力过低或过高以及机油消耗过多 3 个方面的内容。其中以机油压力过低较多见,且危害最为严重。机油压力过低,不但会使摩擦表面润滑不良而加快磨损,而且严重时还会导致烧瓦、拉缸等大事故。所以,润滑系统技术状况的好坏对于发动机能否正常工作是至关重要的。

机油压力和机油消耗量的变化可以用机油压力表和机油尺检测。所以,上述故障的发生一般是不难发现的。

1. 影响机油压力过低或过高的原因分析

机油泵的泵油能力(在规定转速下的流量和压力)、油路的通过面积(如油道、阀门、滤芯及润滑部位的间隙等)、机油的黏度等因素(母因素)及其相关因素(子因素)都会影响机油压力。机油压力过低或过高的原因及排除方法见表 9-2。

表 9-2 机油压力过低或过高的原因及排除方法

母因素	子因素	油压过低		油压过高	
		原因	排除方法	原因	排除方法
机油泵的泵油能力	机油泵各部的间隙大,泵油量少,机油压力低	机油泵各部间隙逾限	更换机油泵零件或总成		
	转速低,泵油量少,油压低;转速高,泵油量多,油压高	机油泵转速低		机油泵转速高	
油路的通过面积	各压力润滑部位间隙(曲轴、凸轮轴、摇臂轴等轴与轴承的配合间隙)	润滑部位间隙逾限	修复各部间隙		

续表 9-2

母因素		子因素	油压过低		油压过高	
			原因	排除方法	原因	排除方法
机油泵的泵油能力	油路中各阀门的技术状况	机油泵限压阀	限压阀开启压力低或关闭不严	调整、修复	机油泵限压阀开启压力高	调整
		机油粗滤器旁通阀	粗滤器旁通阀开启压力高	调整	粗滤器旁通阀开启压力低或关闭不严	调整
		机油细滤器进油限压阀	细滤器进油限压阀开启压力低或关闭不严	调整	细滤器进油阀开启压力高	调整
		机油散热器开关	散热器开关堵塞,油不能流入散热器,油温过高	修复开关		
		机油泵进油管	机油泵进油管接头松动进气	紧固或换新件		
		集滤器	集滤器堵塞或松脱	清洁、紧固或换新件		
	油道、油管、滤芯	机油粗滤器滤芯	粗滤器滤芯脏污、堵塞	更换新滤芯	粗滤器滤芯破损	更换新滤芯
		主油道、隔板油道、曲轴油道			油道堵塞	清洗疏通油道
		细滤器滤芯	纸质滤芯破损	更换新滤芯	细滤器滤芯堵塞	更换或清洗(离心式)
		机油散热器油管	堵塞、散热不良,油温高	清洗、疏通油管		
		油路中的各管接头或密封面	密封不严,漏油	修复		
	机油黏度	机油牌号:夏季用机油黏度高;冬季用机油黏度低	夏季仍用冬季用机油	更换夏季用机油	冬季仍用夏季用机油	更换冬季用机油

续表 9-2

母因素	子因素	油压过低		油压过高	
		原因	排除方法	原因	排除方法
机油黏度	机油温度低时黏度高；温度高时黏度低	油温高，黏度低	检查发动机温度；检查机油散热器	油温低，黏度高	如仅在暖机时油压高，属正常现象
	机油变质或混入汽油及水	机油黏度变低	更换新机油		

发动机运转时,必须保持正常的机油压力。如果机油压力过低,各种摩擦表面会因得不到足够的润滑而加快磨损;如果机油压力过高,易使油封、油管压坏,且浪费发动机的动力。汽车行驶时,润滑油的压力一般应保持在 0.2~0.5 MPa;发动机温度较高而转速较低时,机油压力应不低于 0.2 MPa;发动机温度较低而转速较高时,机油压力应不高于 0.5 MPa。发动机怠速运转时,机油压力应不低于 0.1 MPa(精确的油压规定值,可参看各汽车的说明书)。

2.机油压力表及其传感器和报警电路的故障及检测

当机油压力表显示的机油压力过低或过高时,有可能是油道中的机油压力真的过低或过高;也有可能是实际机油压力正常而机油压力传感器、机油压力表等机油压力显示装置出现了故障,呈现的数值与实际不符。因此,在诊断机油压力不正常的原因时,应首先进行后者的排除诊断。

若主油道中的实际机油压力正常(将合格的机械式油压表接在主油道上检查),而机油压力表指示的机油压力不正常,或低压报警灯点亮,则为机油压力传感器的导线断路(无机油压力指示)或搭铁(指示机油压力过高),或机油压力传感器、机油压力表损坏;若机油压力过低时,机油压力报警灯不亮,则为机油压力报警开关断路损坏或其导线断路、报警灯烧坏等。检查断路故障可用万用表逐点测直流电压法,检查搭铁故障可用逐点拆线法。

3.机油压力过低

(1)故障现象。

①发动机发动后,机油压力表读数迅速下降至 0 左右。

②发动机在正常温度和转速下,机油压力表读数始终低于规定值。

(2)故障原因(表 9-2)。

(3)故障诊断与排除方法。

①行车中,通过查看机油压力表或报警灯,发现机油压力过低或为 0 时,应立即停车熄火检查,以防止发生烧瓦抱轴等机械事故。先拔出油底壳的机油尺检查机油量及品质,若不足,应及时添加;若机油中含水或燃油时,应拆检,查出渗漏部位;若机油黏度过小,应更换合适牌号的机油。

②若机油量充足,再检查机油压力传感器的导线是否松脱。若连接良好,在发动机运转时拧松机油压力传感器或主油道螺塞,若机油从连接螺纹孔处喷出有力,则为机油压力表或其传感器、连接线路接触不良或断路故障。应急时可继续行驶,收车后再进行修复。

③在发动机运转时检查主油道,若机油喷出无力,则应立即熄火,检查集滤器、机油泵、机油限压阀、机油粗滤器滤芯是否堵塞且旁通阀是否无法打开,各进、出油管和油道、油堵是否开裂漏油(指机油内漏)。

④若机油压力表显示压力过低,而离心式细滤器却旋转得更快,则为主油道堵塞(使机油压力传感器安装处压低),机油粗滤器滤芯过脏,且旁通阀堵塞(主要为粗、细滤器并联的发动机的故障原因)。

若以上检查均正常,而发动机的使用已接近或超过发动机的大修间隔里程,且产生了曲轴轴承异响,则为曲轴主轴承、连杆轴承和凸轮轴轴承间隙过大,或轴瓦表面合金脱落。机油通过轴承间隙泄漏过快,致使机油压力过低,可通过磨轴、配瓦来恢复。

4. 机油压力过高

机油压力表的读数如果长期接近或超过机油限压阀的开启压力则表明机油压力过高。

(1)故障现象。

①发动机在正常的温度和转速下,机油压力表读数高于规定值。

②发动机在运转中,机油压力表读数突然增高。

③机油压力表读数低,但机油却冲裂机油压力传感器或机油滤清器盖等。

(2)故障原因(表9-2)。

(3)故障诊断与排除方法。

发现机油压力过高时,应熄火排除故障,否则易冲裂机油压力传感器或机油滤清器及其连接处。

①首先检查机油黏度是否过大,若黏度过大,应换为正确牌号的机油。

②若机油压力表读数突然增大,而未见其他异常现象,应首先检查机油压力传感器上的导线是否搭铁,若有搭铁,应使之绝缘。为了进一步确认,可接通点火开关后不启动发动机,若该机油压力表读数升至很大,则为机油压力传感器内部损坏。

③为了进一步确认是否是真的机油压力偏高,可用精确的机械式油压表连接在主油道上(机油压力传感器的连接螺纹孔处或主油道的螺塞处)测量,若机油压力正常,则为机油压力表或其传感器、线路故障;若机油压力也偏高,则属于润滑系的油路及机件的故障。

④检查机油限压阀是否调整不当或失灵后不能开启。若机油限压阀不能开启,当发动机高速运转时,很容易冲破机油滤清器盖上的密封垫,连续更换几个密封垫也照样冲破,有时也冲破空气压缩机的进油软管等薄弱连接部位。此时应清洗和调整机油限压阀,必要时换新件。

⑤若油压冲坏机油滤清器的密封垫,甚至把滤清器的盖冲裂,而机油压力表的读数却很低,则为机油粗滤器的滤芯堵塞且旁通阀开启困难或缸体的主油道堵塞。对于上述情况,应首先清洗或更换机油滤清器滤芯,清洁旁通阀、限压阀及缸体的油道;其次再考虑调整限压阀,只有在润滑系统各油路及机件均正常的情况下,油压仍不合适时,才可调整限压阀,以免掩盖其他故障隐患。

⑥对于新装的发动机,若曲轴主轴承、连杆轴承或凸轮轴轴承间隙偏小时,会引起油压略微偏高,但不会使油压过高。

5. 机油消耗过多

一般情况下,消耗的机油与燃油之比为 0.5%~1% 为正常,技术状况良好的发动机机油的消耗可降至 0.3% ~0.6%。若机油的消耗大于 1% 就不正常了。机油消耗过多的主要原因有两个方面：一是烧机油；二是漏机油。

检查发动机的机油油面时，汽车必须保持水平位置。发动机熄火几分钟后再拔出油尺，以便机油靠自重流回油底壳内，然后把油尺上的油迹擦净，重新插入，一直到底卡住。最后再次拔出油尺，油面必须在上限与下限之间。加注机油时，应使油面接近上限。

(1)故障现象。

①机油消耗量逐渐增多。

②排气管冒蓝烟。

(2)故障原因。

烧机油的原因有：活塞与缸壁间隙过大；活塞上的扭曲环装反；活塞环抱死或对口；活塞环磨损过甚或弹力不足；气门杆油封损坏（尤其是进气门杆油封损坏）；进气门导管磨损过甚。

漏机油的原因有：曲轴箱通风不良；正时齿轮室密封不良；曲轴后油封密封不良；凸轮轴后端油堵漏油；油底壳或气门室盖密封不严、漏油；空气压缩机的活塞与缸壁间隙过大（装用空气压缩机的汽车采用发动机润滑系统强制润滑）；润滑系各零部件的外漏。

(3)故障诊断与排除方法。

①首先检查外部是否有漏油处，应特别注意曲轴前端和后端的漏油。曲轴的前端油封破裂损坏、老化或曲轴带轮与油封接触面磨损，会引起曲轴前端漏油。曲轴的后端油封破裂损坏，或后主轴承盖的回油孔过小，回油受阻，会引起曲轴后端漏油。另外还应注意凸轮轴后端油堵是否漏油。然后再详细检查出其他漏油部位。

②若发动机前后气缸盖罩、前后气门挺杆室、机油粗（细）滤清器、油底壳衬垫及发动机的前后油封中的多处有机油渗出，但又找不出明显的漏油处，应检查曲轴箱通风装置，清理曲轴箱通风管道，尤其是通风流量控制阀处的积炭和结胶。若通风受阻，就会引起曲轴箱内压力升高，出现多处机油渗漏故障。

③若机油滤清器盖和一些管路接头处经过紧固后还是漏油，应注意机油压力是否过高，且检查机油限压阀是否失灵。

④若排气管明显冒蓝烟，则是烧机油造成的。当发动机大负荷、高速运转时，排气管大量冒蓝烟，同时机油加注口（设在下曲轴箱内）也向外冒蓝烟，则为活塞、活塞环与气缸壁磨损过甚，或活塞环的端隙、背隙和侧隙过大，多个活塞环对口、扭曲环装反等，使机油窜入燃烧室。

⑤若发动机大负荷运转时，排气管冒大量蓝烟，但机油加注口不冒烟，而气缸盖罩内却向外窜烟，则为气门杆油封损坏，气门导管磨损过甚（尤其是进气门），使机油被吸入燃烧室烧掉。

⑥对于用压缩空气制动的汽车，若从储气筒的放污螺塞放出较多的机油，则为空气压缩机的活塞、活塞环与气缸壁磨损过甚。

⑦有些汽车的机油散热器管装在水套内或水泵的进水管内，机油主要靠水来冷却，若发现水箱内有机油，其原因多为散热器管子脱焊、腐蚀或破裂，或进出油管接头处密封垫损坏。

本章小结

（1）润滑系统具有减轻机件磨损、减小摩擦损失、降低功率消耗的作用，还具有密封、冷却、清洁和防氧化锈蚀功能。

（2）汽车发动机润滑有压力润滑、飞溅润滑和润滑脂润滑3种方式。曲轴主轴承、连杆轴承及凸轮轴承等负荷较大的摩擦表面采用压力润滑；负荷较轻的气缸壁面和配气机构的凸轮、挺柱、气门杆、摇臂等采用飞溅润滑；水泵及发电机轴承采用润滑脂润滑。

（3）发动机润滑系统一般由油底壳、机油集滤器、机油泵、机油滤清器及机油冷却器等组成。为了保证可靠润滑，在机油泵、机油滤清器等部件上安装有相应的安全阀门和旁通阀门。

（4）汽车发动机润滑剂有润滑油和润滑脂两类。润滑油的黏度、防腐性、氧化安定性等对使用性能影响较大。我国润滑油分汽油机机油、柴油机机油和二冲程汽油机机油三大类，每类又分若干级别和牌号。润滑油的选用应根据发动机类型、强化程度及气温等条件确定。润滑脂主要应用于水泵轴承及发电机轴承，一般推荐使用通用锂基润滑脂。

（5）注意润滑系统的正确使用和定期维护。

思 考 题

9-1 名词解释：压力润滑、飞溅润滑、全流式滤清器和分流式滤清器。

9-2 润滑系统作用有哪些？车用发动机有哪几种润滑方式？润滑油 SAE5W-40 和 SAE10W-30 有什么不同？

9-3 润滑系统一般由哪些零部件组成？各有何功用？

9-4 转子式和齿轮式机油泵结构与工作原理各有什么特点？

9-5 复合滤清器中的安全阀和旁通阀各起什么作用？

9-6 为什么在润滑油中加入各种添加剂？

9-7 润滑系统在日常使用中应注意什么问题？

参 考 文 献

[1] 史文库,姚为民.汽车构造(上册)[M].6版.北京:人民交通出版社,2013.

[2] 惠有利,沈沉.汽车构造[M].北京:北京理工大学出版社,2016.

[3] 关文达.汽车构造[M].4版.北京:机械工业出版社,2016.

[4] 王世震.汽车构造[M].北京:机械工业出版社,2012.

[5] 陈礼璠,杜爱民.汽车构造[M].北京:人民交通出版社,2010.

[6] 孙仁云,付百学.汽车电器与电子技术[M].北京:机械工业出版社,2011.

[7] 蔡兴旺.汽车构造与原理[M].北京:机械工业出版社,2009.

[8] 齐晓杰.汽车液压与气压传动[M].北京:机械工业出版社,2012.

[9] 陈新亚.汽车为什么会跑[M].北京:机械工业出版社,2015.

[10] 尹紫恒.机械增压器在小型直喷发动机中的应用优势[J].汽车制造业,2012(6):36-39.

[11] 刘楠,周磊,刘瑞林,等.车用发动机冷却系统智能控制研究进展[J].军事交通学院学报,2015,17(11):43-48.

参考文献

[1] 农业部渔业渔政管理局.中国渔业统计年鉴[M].北京：中国农业出版社，2013.
[2] 雷霁霖.海水鱼类养殖理论与技术[M].北京：中国农业出版社，2016.
[3] 关长涛.名优海水鱼类工厂化养殖技术及设施模式[M].北京：海洋出版社，2018.
[4] 王吉桥.海水鱼类苗种培育理论与技术[M].北京：海洋出版社，2012.
[5] 陈昌福，陈辉.鱼类免疫学[M].北京：中国农业出版社，2010.
[6] 郑曙明.海水鱼类养殖及病害防治[M].北京：化学工业出版社，2012.
[7] 战文斌.水产动物病害学[M].北京：中国农业出版社，2009.
[8] 李爱华.水产动物疾病学[M].北京：科学出版社，2012.
[9] 杨先乐.水产动物疾病诊断与防治彩色图鉴[M].北京：化学工业出版社，2015.
[10] 陈昌福，孟思妤.水产养殖用药勘误与指南[M].北京：中国农业出版社，2012：64-95，146-230.
[11] 刘鹰，刘宝良.我国工厂化循环水产养殖现状及发展对策分析[J].中国农业科技导报，2014，16(5)：40-45.